인터넷 생태계 진단

인터넷 생태계 진단

김성철 · 김용환 · 류민호 · 백현미 · 윤형원
이새롬 · 정세훈 · 정일권 · 최보름 · 황신영 지음

KOREA
UNIVERSITY
PRESS
고려대학교
출판문화원

※ 이 책은 2019년 대한민국 교육부와 한국연구재단의 지원으로 수행된 연구임 (NRF-2019S1A3A2099973). 또한, 이 책은 네이버의 후원으로 진행된 연구모임의 결과임.

책을 시작하며

정보의 바다 인터넷의 기원은 1969년에 미국 국방성의 지원으로 미국의 4개 대학을 연결하기 위해 구축한 아르파네트(ARPANET)라고 할 수 있다. 인터넷은 처음에는 군사적인 목적으로 구축되었지만 TCP/IP 프로토콜을 채택하면서 일반인을 위한 네트워크가 따로 분리되어 현재의 모습으로 진화하게 됐다.

필자가 유학을 준비하던 1994년에는 월드 와이드 웹(WWW, World Wide Web)이 제대로 자리를 잡지 못한 시기라서 고퍼(Gopher)라는 메뉴 방식의 인터넷 정보검색서비스로 입학정보를 검색했었다. 이후 유학하는 과정에서 수업 중의 과제로서 그 당시 사례연구 대상이었던 기업의 홈페이지를 개발했던 기억이 난다. 어쨌든 1990년대 중반 이후에는 인터넷이 빠르게 자리를 잡으면서 미국에서는 인터넷 기반 스타트업들이 이른바 '닷컴 붐'을 일으켰고 필자는 자연스럽게 전자상거래를 주제로 박사학위 논문을 작성하게 됐다.

인터넷이 등장한 지 반세기가 지난 2020년 시점에서 인터넷을 생각하면 정말 격세지감을 느끼게 된다. 인터넷은 이미 글로벌 현상으로서 인류가 생활하는 삶의 터전으로 자리를 잡았다. 개인의 생활뿐만 아니라 기업이나 정부의 활동을 위한 공간이 됐고 전 세계적으로 사회문화적인 영향력을 갖는 거대한 생태계로 계속 진화하고 있다. 최근에는 인터넷이 사람을 연결하는 네트워크를 넘어 모든 사물을 연결하는 단계까지 발전하고 있고 이 인터넷에서 생성되고 24시간 수집되는 빅데이터가 인공지능을 통해 분석되면서 우리가 사는 세상은 지능정보사회로 접어들었다.

인터넷이 현재의 모습으로 진화하는 과정에서 인터넷 생태계의 기회와 위협에 대해 많은 연구가 이루어졌지만 우리나라 인터넷 생태계 관점에서 중요한 질문이 제기되고 충실한 답변이 제공된 경우는 많지 않았다. 필자를 포함한 열 명의 학자들이 2016년에 함께 발간한《인터넷 생태계에 대한 9가지 질문》은 인터넷 생태계와 관련된 몇 가지 중요한 질문들에 대해 다학제(多學際) 간 관점에서 답변을 제공하려는 노력의 일환이었다. 이번에 발간하는 책은《인터넷 생태계에 대한 9가지 질문》의 후속작으로서 역시 다양한 학문 분야에 속한 열 명의 인터넷 전문가들이 우리나라 인터넷 생태계에 대해 2년 동안 함께 공부하고 고민한 결과이다. 특히 이 책은 인터넷 생태계의 건강한 발전을 위해서는 인터넷 생태계의 현재와 미래를 체계적으로 진단하는 것이 매우 중요하다는 인식하에 우리나라 인터넷 생태계를 진단하는 몇 가지 중요한 질문들을 던지고 그에 대해 나름대로의 답변을 제공하려고 했다.

이 책은 총 열 가지 질문에 각각 대응하는 열 개의 장으로 구성되어 있다. 1장에서는 고려대 미디어학부 정세훈 교수가 우리는 인터넷을 올바르게 사용하고 있는가를 묻고 다양한 자료를 바탕으로 답을 제시한다. 2장에서는 광운대 미디어커뮤니케이션학부의 정일권 교수가 인터넷이 아이들을 망치고 있는가를 자신의 경험과 실증자료를 바탕으로 묻고 답한다. 고려대 미디어학부에서 데이터 사이언스를 가르치는 백현미 교수는 3장에서 최근 문제가 됐던 뉴스 댓글을 얼마나 신뢰할 수 있는가에 대한 실증적인 답변을 시도한다. 1장부터 3장에서 우리나라 인터넷 생태계의 이용이나 소비부분을 진단했다면 4장부터 7장까지는 인터넷 생태계의 공급 측면을 다룬다. 네이버 윤형원 씨가 생존 위기의 만화가들이 어떻게 세계적 웹툰작가로 성장했는지를 4장에서 설명하며, 5장에서는 네이버 V Live는 후발주자로서 동영상 플랫폼 시장에서 성공할 수 있을지에 대해 고려대 미디어학부 황신영 박사과정이 답을 한다. 경북대 경영학부 이새롬 교수는 6장에서 유튜브에서 유튜버나 구독자가 시도하는 모방은 어떻게 다른가를 묻고 답한다. 동아대학교 경영정보학과 류민호 교수는 7장에서 왜 한국에는 우버가 없을까를 묻고 답하면서 공유경제 서비스가 막혀 있는 우리나라의 현실을 진단한다. 8장과 9장은 인터넷 생태계의 미래를 조망하는 주요 이슈들에 대한 구체적인 답변으로 그 내용이 채워져 있다. 8장에서는 서울시립대학교 경영학부 최보름 교수가 인공지능은 인간과 친구가 될 수 있을까를 인공지능 스피커를 중심으로 설명한다. 9장에서는 네이버 김용환 부장이 우리가 정말 맞춤 추천 정보로 인한 필터 버블에 조정당하고 있는가를 분석해 본다. 마지막 10장은 일종의 마무리인데 고려대 미디어학부 김성철 교수가 우리나라 인터넷 기업들은 잘 하고 있는가를 구체적으로 묻고 답하면서 이 책을 마무리한다.

좋은 교육이나 연구는 좋은 질문에서 시작된다. 마찬가지로 인터넷 생태계를 진단하는 것도 좋은 질문이 있어야 가능하다. 이 책을 집필한 저자들은 전공이나 개인적인 배경에서는 차이가 있지만 인터넷 생태계에 대한 학문적이고 실용적인 관심과 호기심을 갖고 있는 전문가들이다. 그렇기에 비록 정답을 제시하지는 못했을지라도 인터넷 생태계를 진단하기 위한 중요한 질문을 던지는 의미 있는 도전을 할 수 있었다. 원고를 집필하느라 수고한 저자들에게 감사의 말씀을 드리며 집단지성의 과정에서 보여준 그들의 열정과 노력에도 감사한다. 또한 인터넷 생태계에 대한 연구모임을 물심양면으로 후원해 주신 네이버 한성숙 대표와 채선주 부사장 그리고 송대섭 실장께 깊은 감사를 드린다. 연구모임을 지원하는 실무를 맡아 고생한 김용환 부장, 김정환 박사, 윤형원 씨, 그리고 연구모임 간사를 맡아 수고한 황신영 조교에게도 감사하는 마음이다. 부디 이 책을 통해 우리나라 인터넷 생태계를 진단하는 중요한 질문들이 널리 공유되고 나아가 더 많은 질문들이 제기되기를 기대한다.

안암동 연구실에서,

김성철

차례

우리는
인터넷을 올바르게
사용하고 있는가?

정세훈 고려대 미디어학부

Q1. 미디어 시장은 어떻게 변화했는가?

최근 "보람튜브"라는 유튜브 채널이 크게 화제가 되었다. 6살에 불과한 이보람 어린이의 일상을 보여주는 이 유튜브 채널이 한 달 평균 수십억 원에 달하는 수익을 내고, 그 수익을 바탕으로 빌딩을 구매했다는 사실이 알려지면서이다. 어떻게 개인 유튜버들은 웬만한 중소기업에 맞먹는 규모의 많은 수익을 낼 수 있을까? 유튜버의 수익은 일부 후원금 등도 있지만, 대부분 광고 수익으로부터 나온다. 그렇다면 유튜버들이 이렇게 많은 광고 수익을 얻을 수 있는 이유는 무엇일까? 이는 바로 최근 변화하는 광고 환경, 그리고 더 나아가 변화하는 미디어 환경과 관련이 있다.

최근 인터넷 시대에는 신문과 방송 (TV 및 라디오)이 미디어의 중심이던 과거에는 상상할 수 없는 변화가 일어나고 있다. 광고비가 기업에게서 나오고

〈그림 1-1〉 보람튜브 관련 뉴스 보도 출처: KBS 뉴스 (2019.7.24.)

기업들은 광고를 통해 자신들의 브랜드와 제품을 최대한 많이 알리고자 하므로, 기업들이 특정 미디어에 광고비를 많이 쓴다는 것은 그만큼 그 미디어를 이용하는 사람들이 많고 미디어를 이용하는 시간이 많다는 것으로 해석할 수 있다. 다시 말해, 과거에는 신문과 방송(TV 및 라디오)이 미디어의 중심이었다면, 이제는 인터넷이 미디어의 중심으로 변화하고 있다는 의미이다. 즉, 과거에는 사람들이 가장 많이 이용하던 미디어가 신문과 방송이었으므로 신문과 방송에 광고비가 집중되었던 것이고, 최근에는 인터넷 이용이 급증하면서 인터넷 광고비가 따라서 증가하게 되었다.

2019년 과기정통부와 한국방송광고진흥공사의 광고비 자료(그림 1-2)에 따르면, 지상파 TV 광고비는 2013년 약 2조 1,600억 원에서 5년 뒤인 2018년에는 1조 5,000억 원가량으로 약 30% 가량 감소하였다. 반면, PC와 모바일 인터넷을 합친 인터넷 광고비는 2013년 2조 7,000억 원에서 2018년 5조 5,000억 원 이상으로 거의 2배가 되었다. 특히 모바일 인터넷 광고비는 2013년 5,000억 원도 안 되었으나 2018년에는 3조 5,000억 원 이상으로 7

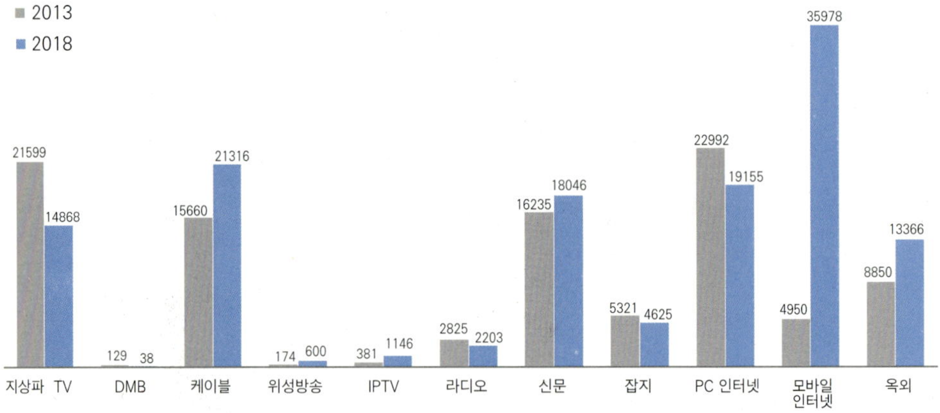

〈그림 1-2〉 매체별 국내 광고비 (단위: 억원) 출처: 과학기술정보통신부/한국방송광고진흥공사 (2019)

배 가량 증가하여 괄목할 만한 성장을 하였다.

기업들이 광고에 쓰는 전체 광고비 총액은 크게 변하지 않는다. 그런데, TV 광고비는 점차 감소하고 있는 반면, 모바일 인터넷 광고비가 비약적으로 증가한 이유는 바로 우리 일상에서 중요한 미디어가 TV에서 모바일 인터넷으로 변하고 있기 때문이다.

Q2. 우리는 미디어를 얼마나 이용하는가?

불과 몇 년 전만 하더라도 우리는 TV를 PC나 모바일 인터넷보다 많이 이용했다. 하지만 최근 PC 및 모바일 인터넷 이용시간이 TV 이용시간과 거의 비슷해졌으며, 연령대에 따라 PC 및 모바일 인터넷을 TV보다 많이 이용하기도 한다. 2018년 정보통신정책연구원 한국미디어패널 조사의 미디어 사용시간 자료(그림 1-3)에 따르면, 40대 이상에서는 TV 이용시간이 인터넷 이

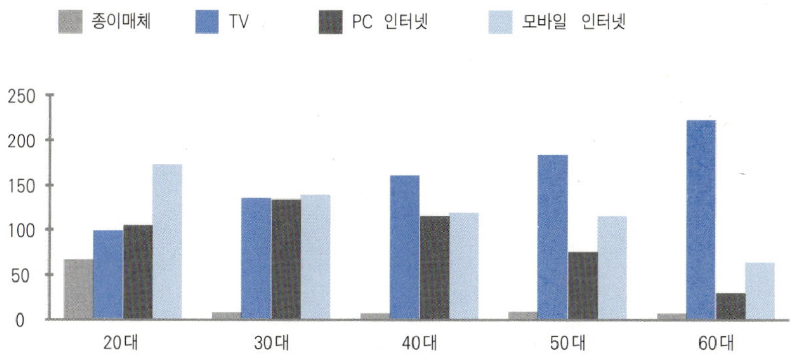

〈그림 1-3〉 연령대별 및 미디어기기별 평균 사용시간 (단위: 분)
출처: 정보통신정책연구원 한국미디어패널조사 (2018)

용시간보다 많은 반면, 30대는 TV와 인터넷 이용시간이 비슷하며, 20대 이하의 경우 인터넷 이용시간이 월등하게 많은 것으로 나타났다.

최근 미디어 이용시간의 변화는 이용방식의 변화를 수반하는데, TV 콘텐츠를 인터넷을 통해 접하는 경우가 많다. 예를 들어, 과거에는 TV 뉴스나 드라마를 제시간에 맞춰서 '본방송'을 봤지만, 최근에는 미디어 이용자들이 원하는 시간에 인터넷 '다시보기'를 통해 시청하는 경우가 많다. 2019년 마크로밀 엠브레인의 TV 뉴스 시청 자료(그림 1-4)에 따르면, TV 뉴스를 방송 시간에 맞춰 본방송으로 보는 비율이 2013년에는 52% 정도였으나 2019년에는 40% 이하로 현저히 떨어졌고 지속적으로 감소 추세임을 알 수 있다.

TV 뉴스뿐만 아니라, TV 드라마 역시 TV 기기를 통해 시청하기보다는 인터넷으로 웹/모바일 드라마를 보거나 아니면 인터넷 다시보기 방식으로 시청하는 경우도 빈번하며, 이러한 경향은 특히 10-30대에서 빈번하게 발견된다. 2019년 마크로밀 엠브레인의 TV 드라마 시청 자료(그림 1-6)에 따르면, 10-30대의 경우 50% 이상이 TV 드라마를 '본방송'보다는 '다시보기' 형식으로 시청하는 것으로 나타났다. 다시보기는 OTT(over the top)라고 불리는 동영상 스트리밍 서비스를 통해 이용 가능하다. 이러한 서비스는 국내의 티

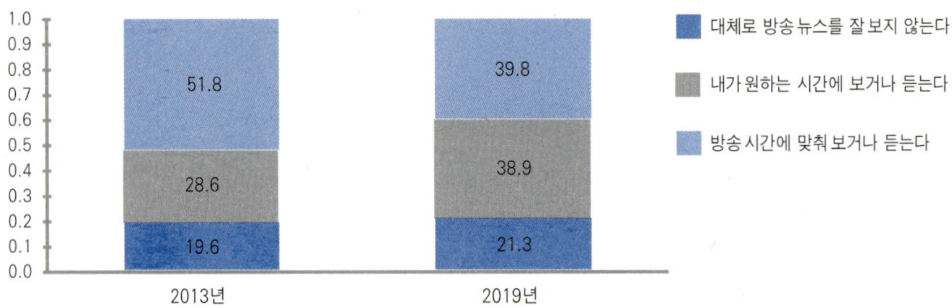

〈그림 1-4〉 TV 뉴스 시청 방식의 변화 (단위: %)　　출처: 마크로밀 엠브레인 (2019)

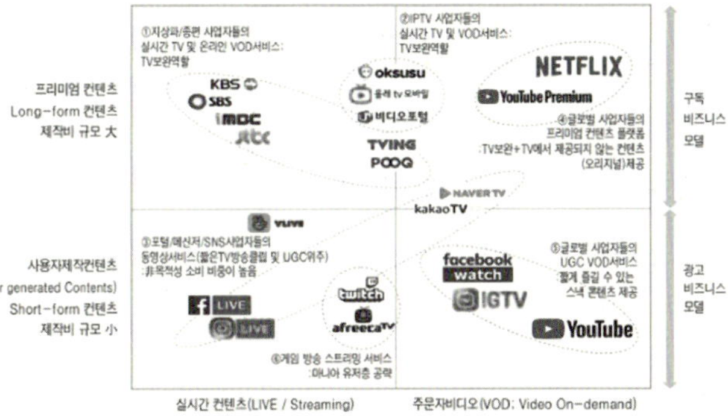

〈그림 1-5〉 미디어 플랫폼 지형도 출처: KTB투자증권 Investory (2018.10.29.)

빙(www.tving.com)이나 웨이브(www.wavve.com) 등과 해외의 넷플릭스(www.netflix.com)와 훌루(www.hulu.com) 등이 있다.

이렇듯 젊은 세대일수록 인터넷 이용시간이 많을 뿐만 아니라, TV 뉴스와 드라마 같은 기존 매체의 콘텐츠를 인터넷을 통해 원하는 시간에 '다시보기' 방식으로 시청하는 경향이 뚜렷함을 알 수 있다. 그렇다면 연령별로 미디어 이용시간 및 이용방식에 차이가 나는 이유는 무엇일까?

연령별로 인터넷 이용시간의 차이가 나는 것은 디지털 격차(digital divide)의 관점에서 이해할 수 있다. 디지털 격차(digital divide)란 뉴미디어 기기와 인터넷 서비스를 포함한 디지털 기술을 소유한 사람들(haves)과 그렇지 않은 사람들(have-nots) 간에 생기는 격차를 의미한다. 디지털 격차는 사회경제적 수준(socio-economic status)의 차이에 의해 유발되기도 하고 연령에 의해서도 유발될 수 있다. 태어나면서 또는 어린 시절에 디지털 기술을 접해옴으로써 디지털 기술에 보다 친숙한 디지털 네이티브(digital native)인 저연령층이 고연령층에 비해 더 디지털 리터러시가 높기 때문에 디지털 격차가 발생할 수 있다.

디지털 리터러시 (digital literacy)란 디지털 기술을 얼마나 잘 활용하는가의

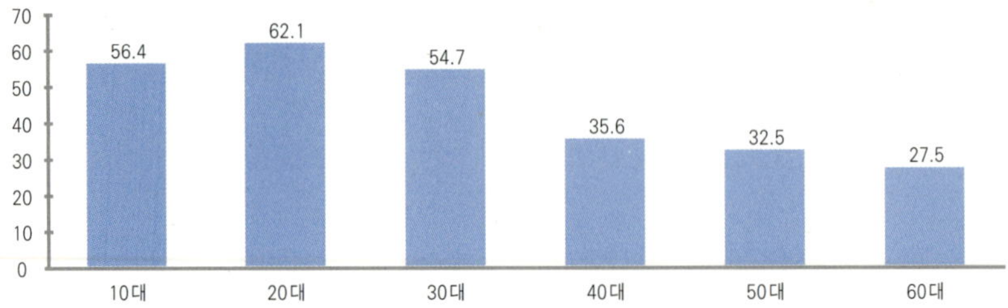

〈그림 1-6〉 연령대별 TV 드라마 "다시보기" 시청 비율 (단위: %) 출처: 마크로밀 엠브레인 (2019)

능력을 의미하는데 디지털 리터러시에는 소비(consumption)의 영역과 생산(prosumption)의 영역, 그리고 기능적(functional) 영역과 비판적(critical) 영역을 포함하여 총 4가지 차원이 있을 수 있다. 디지털 네이티브인 저연령층은 기능적 소비와 생산의 영역에 강할 수 있지만, 기능적으로 소비와 생산을 잘 한다고 해서 비판적 능력이 우수함을 의미하지는 않는다. 다시 말해, 디지털 콘텐츠를 잘 소비하고 생산할 수 있다고 해서, 가짜뉴스를 비판적으로 판단하는 능력을 갖추었다고 볼 수 없다. 따라서 다양한 형태의 디지털 리터러시 능력을 함양할 필요가 있다고 할 수 있다.

Q3. 우리는 인터넷을 PC로 접속하는가, 모바일로 접속하는가?

인터넷이 미디어 이용의 중심으로 떠오른 가운데, 우리나라 사람들은 PC와 모바일 중에서 주로 어떤 기기를 사용해서 인터넷에 접속할까? 결론부터 말하자면, 인터넷 접속 기기는 점차 PC에서 모바일 기기로 옮겨가고 있는데, 주중과 주말 그리고 하루 중에서 어느 시간대냐에 따라 조금씩 차이가 발견된다.

2019년 나스미디어(NASMEDIA)의 PC 및 모바일 인터넷 이용 자료(그림 1-7)에 따르면, 주중에는 PC를 통한 인터넷 접속 시간이 상대적으로 많은 반면, 주말에는 모바일 기기를 통한 인터넷 접속 시간이 월등히 더 많은 것으로 조사된다. 또 시간대별 PC 및 모바일 인터넷 이용 자료(그림 1-8)에 따르면, 아침과 밤 시간대에는 모바일 인터넷 접속이 더 많은 반면, 9시-11시 그리고 13시에서 17시 사이에는 PC 인터넷 접속시간이 더 많은 것으로 조사된다. 흥

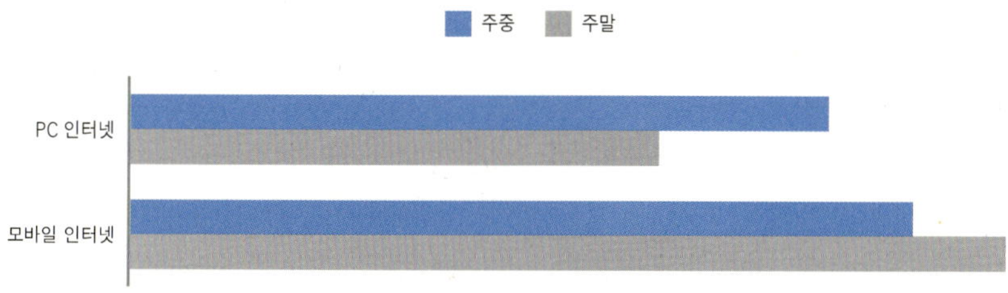

〈그림 1-7〉 PC vs. 모바일 인터넷의 주중/주말 이용 빈도 (단위: %) 출처: 나스미디어 (2019)

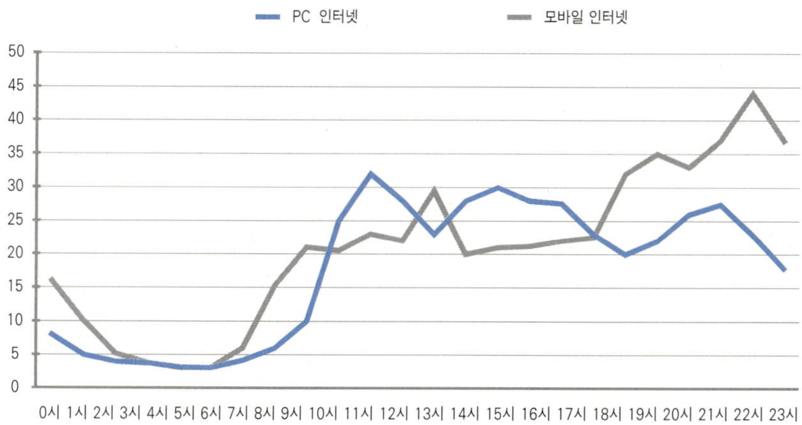

〈그림 1-8〉 PC vs. 모바일 시간대별 이용시간 (단위: %) 출처: 나스미디어 (2019)

미로운 것은 12시 전후에는 또 모바일 인터넷 접속이 더 많다는 점이다. 왜 일까? 결국 사람들의 일상생활의 패턴과 관련이 있다. 직장 또는 학교에 있을 경우, 또 집에 있더라도 오전 9시-11시 그리고 오후 13시에서 17시에는 PC 매체를 많이 사용한다는 것이고, 반면 밤늦은 시간대에는 모바일 매체를 많이 사용한다는 것이다.

이렇듯 시간대별 미디어 이용방식의 차이에 대해 미국의 미디어 학자 웹스터 등 (Webster, Phalen, & Lichty, 2000)의 미디어 노출 모형 (model of exposure to media)으로 설명하고 있다. 웹스터 등의 모형에 따르면, 미디어 이용자들의 미디어 이용은 여러 가지 개인적 및 구조적 요인에 의해 설명 가능하다. 개인적 요인에는 이용자의 심리적 성향 등이 있는 반면, 구조적인 요인에는 사회적인 가용성이 포함된다. 예를 들어, 집에서 각 방마다 TV 기기가 있으면 TV를 자연스럽게 더 많이 보게 될 것이고, 공공장소에 와이파이 서비스가 잘 구축되어 있으면 사람들이 자연스럽게 인터넷을 더 많이 이용하게 될 것이다. 따라서 미디어 이용자들이 직장 또는 학교에서는 PC 인터넷을 많이 사용하게 되고, 점심시간이나 이동 중에는 모바일 인터넷을 많이 사용하게 된다는 것이다.

밤 시간대에 미디어 이용자들은 왜 모바일 인터넷을 많이 사용할까? 일반적으로 밤 시간대는 집에서 인터넷에 접속할 것이고, 대부분의 가정에는 PC 기기가 있음에도 불구하고 왜 밤 시간대에 모바일 인터넷을 많이 사용할까? 그 이유는 미디어 이용자들이 모바일 인터넷을 사용할 때 모바일 매체만 단독으로 사용하기보다는 TV를 보면서 모바일 인터넷을 많이 사용하기 때문이다. 다시 말해 모바일 인터넷만 이용하기보다 TV를 보면서 모바일 기기를 동시에 이용하는 멀티태스킹을 자주 한다는 것이다.

여러 미디어를 동시에 사용하는 멀티태스킹 행위는 최근 미디어 이용의 보편적인 방식으로 자리잡았다. 하지만 미디어 멀티태스킹을 할 경우 우리는 미디어를 제대로 이용하고 있는 것일까? 쉽게 예상할 수 있듯, 멀티태스킹 상황에서는 미디어 정보를 제대로 주목하고 기억하지 못하게 된다 (Jeong & Hwang, 2016). 따라서 수업 시간에 멀티태스킹을 하는 학생의 학업 성적은 집중하는 학생에 비해 낮으며, 수업 시간에 하는 멀티태스킹은 주변 학생들의 학업 성적에 나쁜 영향을 미치기도 한다는 연구 결과도 있다.

하지만, 멀티태스킹이 항상 나쁘기만 한 것일까? 반드시 그렇지는 않다. 멀티태스킹이 정보처리를 도울 가능성이 있는데, 이는 관련성이 높은 콘텐츠를 멀티태스킹할 경우이다. 예를 들어, TV에서 시청하는 정보와 관련하여 용어를 찾아본다든지 아니면 관련 정보를 검색할 경우 멀티태스킹은 정보처리에 도움을 줄 수 있다.

Q4. 우리는 인터넷을 통해 무엇을 하는가?

우리나라 사람들은 인터넷에서 어떤 서비스를 얼마나 이용할까? 앞서 정보적 미디어 이용 행위가 가진 의의를 설명했는데, 미디어 이용자들은 인터넷을 얼마나 정보적으로 이용할까? 2017년 정보통신정책연구원 통계보고(STAT Report) 자료에 따르면(그림 1-9), 다른 매체 (TV)를 주매체로 쓰고 스마트폰을 보조매체로 이용하면서 멀티태스킹을 할 경우, 스마트폰으로 가장 많이 하는 행위는 채팅/메신저 이용으로 나타났다. 정보적 콘텐츠 이용은 8.8%에 불과하다. 하지만 이전 조사 (2013년 5.2%)에 비해서는 소폭 증가했다.

2017년 정보통신정책연구원 통계보고(STAT Report) 자료에서(그림 1-10), 주매체 유형별로 구분해 보면 TV를 보면서 스마트폰 멀티태스킹을 할 경우 약 11%는 정보콘텐츠를 이용하는 것으로 조사되었다. 즉, 적지 않은 미디어 이용자들은 TV를 보면서 스마트폰으로 관련한 정보를 검색해 보는 행위를 하

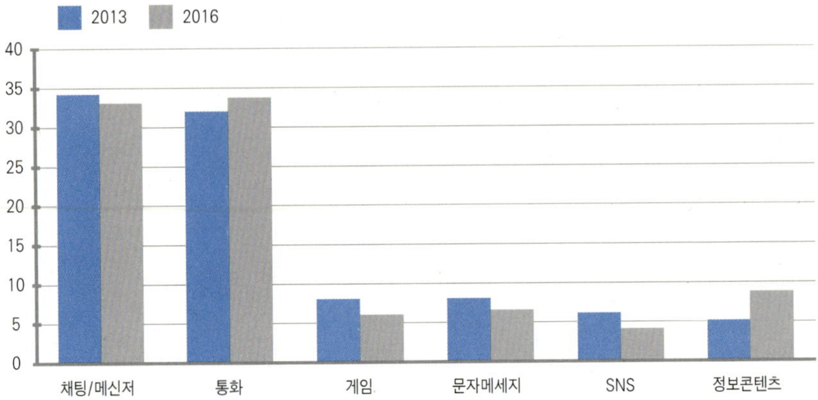

〈그림 1-9〉 미디어 동시 이용시 부매체로써 스마트폰 이용 행위 (단위: %)
출처: 정보통신정책연구원 통계보고 (2017)

고 있으며, 이러한 정보 검색 행위는 TV 콘텐츠의 이해를 돕고 기억을 증가시키는 긍정적인 효과가 있을 뿐만 아니라, 이는 나아가 앞서 언급한 지식격차와 디지털 격차를 감소시킬 수 있다는 점에서 바람직하다고 평가할 수 있다. 예를 들어, 얼마 전 일본의 우리나라에 대한 경제 보복에 대한 대응 방안으로서 지소미아(한일군사정보보호협정) 파기 또는 종료에 대한 논쟁이 있었고, 또 검찰 개혁 방안으로서 공직자 비리수사처 설치 논쟁이 활발했다. 하지만 이러한 주제에 대한 찬반 주장은 복잡한 반면 TV 매체는 시간적 제약 때문에 정보를 충분히 전달하지 못하는 경우가 많다. 이러한 TV 뉴스의 속성은 티치너 등(Tichenor et al., 1970)이 지식격차가설을 통해 설명하듯 사회경제적 지위와 교육수준이 높은 집단과 낮은 집단 간의 뉴스 이해도의 격차를 증폭시키는 역할을 할 수 있다.

하지만, TV 뉴스를 시청하면서 인터넷 멀티태스킹을 하게 되면, TV를 통해 접하게 된 주제에 대한 궁금증을 인터넷을 통해 심층적으로 찾아볼 수 있다. 예를 들어, 미디어 이용자들은 특정 이슈를 검색하고, 그와 관련된 여러

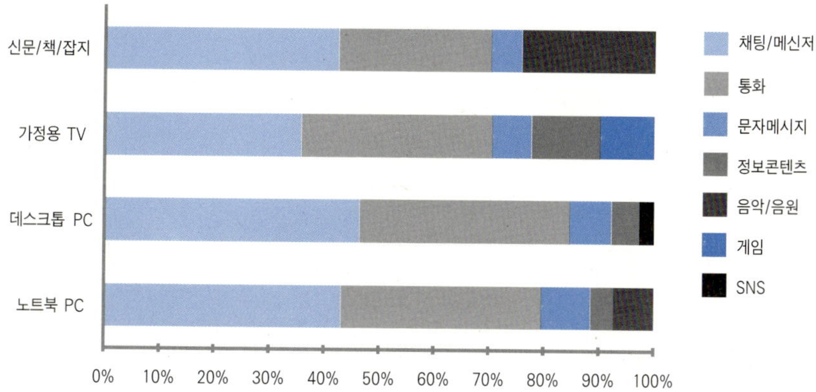

〈그림 1-10〉 주매체별 스마트폰을 통한 동시 이용 행위 (단위: %)
출처: 정보통신정책연구원 통계보고 (2017)

분야 전문가의 의견과 여론을 확인해 볼 수 있다는 점에서 정보 검색 행위는 지식격차와 디지털 격차를 감소시키는 결과로 이어질 수 있다는 점에서 긍정적이라고 평가할 수 있다.

Q5. 우리는 어떤 서비스로 정보를 검색하는가?

그렇다면 우리나라 사람들은 어떤 인터넷 서비스를 통해 정보를 검색할까? 2019년 나스미디어 자료에 따르면(그림 1-11), 중복 응답을 포함하여 92%의 사람들이 네이버를 사용하고, 그 다음으로 유튜브, 구글, 다음, 인스타그램을 사용하는 것으로 조사되었다. 주목할 만한 점은 유튜브를 통해 정보를 검색한다는 것이다.

한편, 동영상 시청의 경우 88%의 미디어 이용자들이 유튜브를 사용하여 가장 많이 이용하는 서비스로 조사되었다(그림 1-12). 그런데 유튜브가 동영

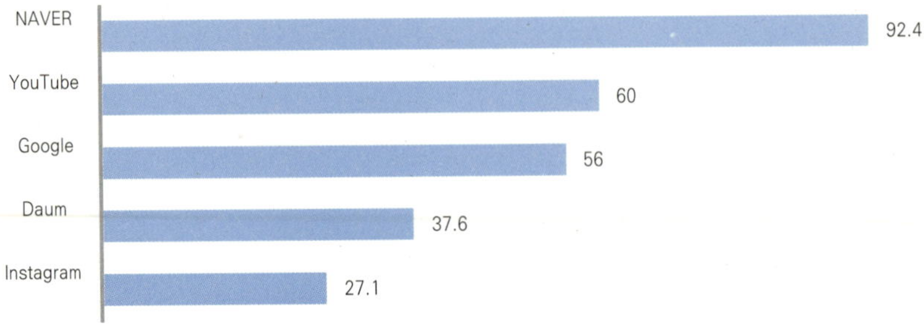

〈그림 1-11〉 검색 서비스 이용 채널 (단위: %) 출처: 나스미디어 (2019)

상 시청을 위해서만 사용되는 것이 아니라 정보 검색을 위해서도 사용된다는 것이다. 예를 들어, 수학 문제를 푸는 방법이라든지 특정 요리를 하는 방법이라든지 물건을 수리하는 방법을 알아내기 위해 네이버에서 정보를 찾기보다 유튜브에서 정보를 찾아보는 경우가 많다는 것이다.

네이버에서 검색되는 정보는 문자 또는 텍스트 위주의 정보인 반면, 유튜브에서 검색되는 정보는 영상 위주의 정보이다. 그리고 이러한 영상 정보의 검색은 연령이 낮을수록 더 선호하는 경향이 강하다고 할 수 있다. 또한 유튜브 등은 정보의 검색뿐만 아니라 정보의 공유에 유리하다.

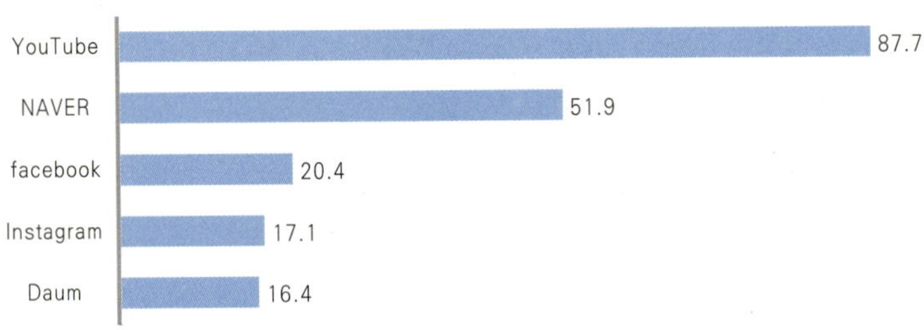

〈그림 1-12〉 동영상 시청 플랫폼 (단위: %) 출처: 나스미디어 (2019)

Q6. 우리는 어떤 서비스로 정보는 다른 사람과 공유하는가?

인터넷은 정보의 검색뿐만 아니라 정보 공유도 가능하다. 정보 공유는 특히 소셜미디어나 SNS를 통해 많이 이루어지는데, 우리나라 미디어 이용자들의 SNS 이용률은 꾸준히 증가하고 있다. 2019년 정보통신정책연구원 통계보고(STAT Report) 자료에 따르면(그림 1-13), SNS 이용률은 2011년 17%가량에서 2018년 48%로 거의 절반에 달하는 미디어 이용자들이 SNS를 사용하는 것으로 나타났다. 이러한 SNS 이용률은 성별에 따라서는 차이가 없으나 연령에 따른 차이는 있는 것으로 나타났다(그림 1-14, 1-15). 20대 이용률이

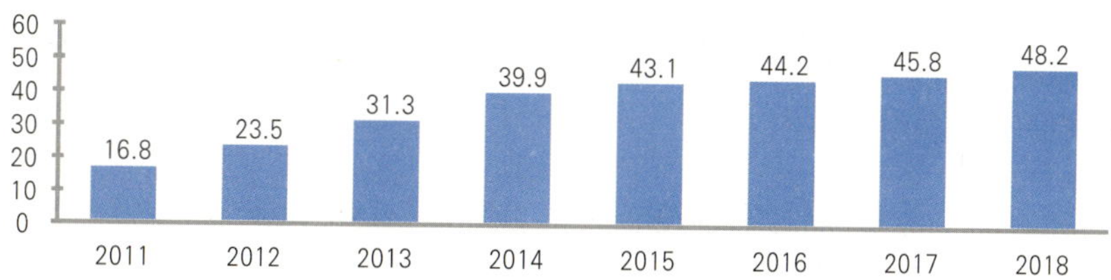

〈그림 1-13〉 SNS 이용률 추이 (단위: %) 출처: 정보통신정책연구원 (2019)

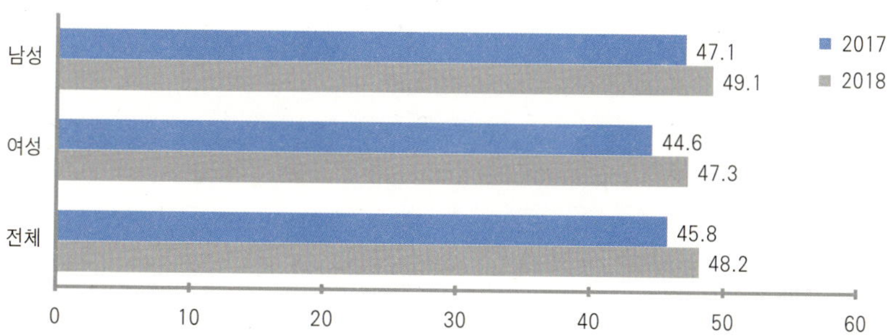

〈그림 1-14〉 2017-2018년 성별 SNS 이용률 추이 (단위: %) 출처: 정보통신정책연구원 (2019)

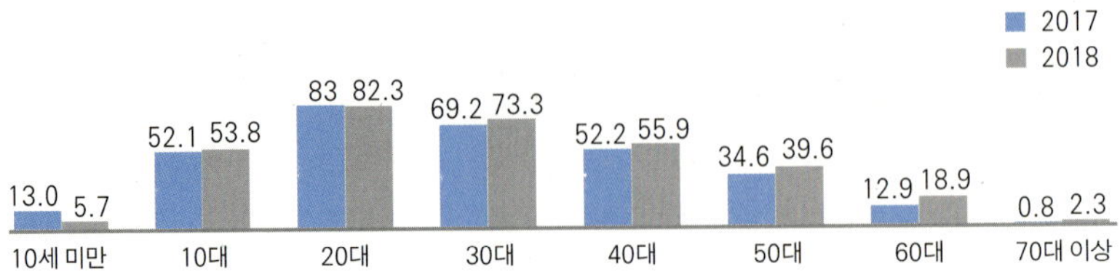

〈그림 1-15〉 2017-2018년 연령대별 SNS 이용률 추이 (단위: %)　출처: 정보통신정책연구원 (2019)

80% 이상으로 가장 높으며, 연령이 높아질수록 감소하는 것으로 나타났다. 하지만 주목할 점은 20대는 전년도에 비해 이용률의 차이가 없으나, 30대 이상은 모두 전년도에 비해 이용률이 꾸준히 증가한다는 점이다. 향후에는 고연령층에서도 SNS 이용률이 높게 나타날 것으로 예상된다.

소셜미디어의 유형에는 여러 가지가 있는데, 협업, 네트워킹, 이미지 공유, 비디오 공유, 블로깅, 마이크로 블로깅 등이 있다.

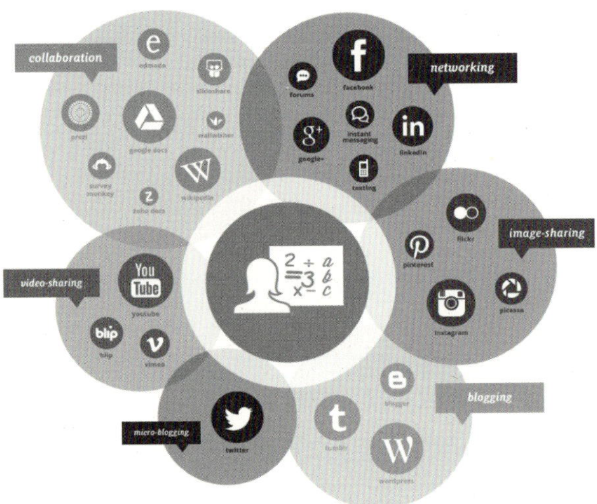

〈그림 1-16〉 소셜미디어의 종류　출처: SocialMaurice

Q7. 인터넷의 폐해는 무엇인가?

소셜미디어와 SNS 이용을 포함한 인터넷 이용은 지식과 정보를 얻고 감정을 공유함으로써 사회적 지지를 얻는 등 여러 가지 장점도 있지만, 과다한 이용과 과의존 및 과몰입 그리고 그로 인한 중독이라는 심각한 결과를 초래할 수도 있다는 점에서 경계해야 한다.

2018년 과학기술정보통신부와 한국정보화진흥원의 스마트폰 과의존 관련 자료에 따르면(그림 1-17), 우리나라 스마트폰 이용자들의 5명 중 1명(약 19%)이 위험상태이며, 이는 통계가 시작된 첫해 2011년에 8%가량이었던 것에 비해 2개 이상 증가한 상황이다.

중독이 심각한 사회적 문제로 부상한 만큼, 인터넷 중독, 스마트폰 중독, 그리고 게임 중독 등에 대한 학문적 연구가 많이 이루어졌다. 구체적으로 어떤 사람들이 왜 중독이 되는가에 대한 원인을 살펴보고 그 해결 방안을 모색한 연구들이 대다수이다.

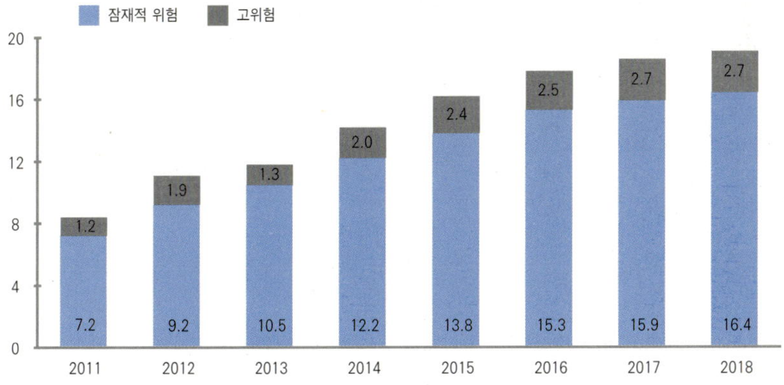

〈그림 1-17〉 2011-2018년 연도별 스마트폰 과의존 위험군 현황 (단위: %)
출처: 과학기술정보통신부/한국정보화진흥원 (2018, 2019)

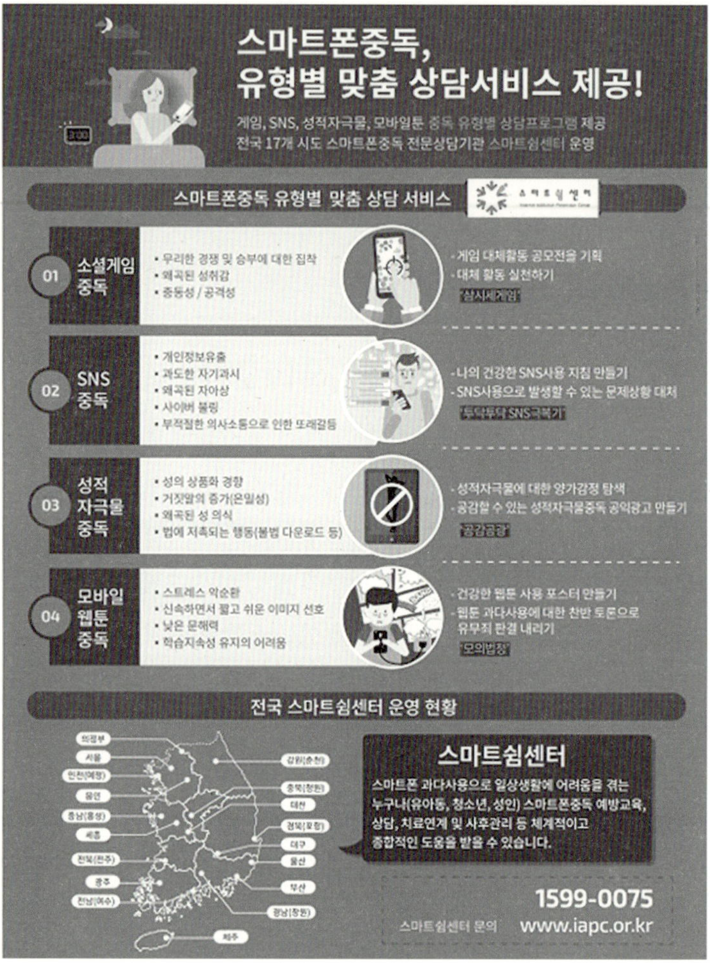

〈그림 1-18〉 중독예방 교육 서비스 출처: 한국정보화진흥원 스마트쉼센터

중독의 원인은 크게 개인적 요인과 사회적 요인으로 나뉜다. 우선 개인적 요인에는 대표적으로 성격이 있는데, 사람의 대표적 성격 유형 5가지 (신경증, 개방성, 성실성, 친화성, 외향성) 중에서, 신경증은 인터넷 중독을 증가시키는 반

면, 개방성, 성실성, 친화성, 그리고 외향성은 인터넷 중독을 감소시키는 방향으로 나타났다(Kayis et al., 2016). 또한, 스마트폰 중독의 경우 신경증뿐만 아니라 충동성 역시 중독을 증가시키는 성격 유형으로 밝혀졌다(Carvalho, Sette, Ferrari, 2018). 중독을 유발하는 개인적 요인에는 성격뿐만 아니라 우울증이나 불안증 또는 분노와 같은 감정도 기여하는 것으로 밝혀졌다(Fumero et al., 2018; Koo & Kwon, 2014).

한편 중독을 증가시키는 사회적 요인에는 대표적으로 가족 간의 불화나 친구와의 만족스럽지 못한 대인관계 등과 같은 또래 집단의 영향력이 있다. 반대로, 중독을 줄이는 예방적 요인에는 특히 자존감이나 가족의 보호와 응집도 등이 긍정적으로 작용하는 것으로 알려져 있다(Fumero et al., 2018). 특히 자율이나 성취를 격려하는 부모의 긍정적 양육태도, 개방적이고 효과적인 부모-자녀의 의사소통 등도 중요하지만, 가장 중요한 것은 부모-자녀가 친밀감과 신뢰감을 느끼는 애착관계가 잘 형성되어 있을 경우 중독 가능성은 현저히 줄어들 수 있다.

Q8. 맺음말 – 올바른 인터넷 이용은 어떻게 해야 하나?

인터넷이 현재의 미디어 환경에서 중심적 매체로 자리 잡은 것은 분명하며, 이는 매체별 광고비 지출과 이용자들의 이용시간의 변화를 통해 확실히 알 수 있다. 인터넷 이용은 특히 스마트폰과 같은 모바일 기기를 통해 더욱 증가해 왔으며, 언제 어디서나 접속 가능한 모바일 인터넷의 속성상 미디어 이용자들은 끊임없이 집에서, 이동 중, 그리고 직장이나 학교에서 끊임없이 멀티태스킹을 하고 있다. 인터넷을 통해 무엇을 하는가도 중요한데, 정보적 콘텐츠와 오락적 콘텐츠를 적절히 검색하고 공유하는 행위는 올바른 인터넷 이용을 위해 필수적이다. 특히 인터넷을 통한 정보적 콘텐츠 이용은 사회 집단 간 불평등 격차를 감소시킬 수 있다는 점에서 긍정적 의의가 있다. 아직까지 우리나라에서 정보 검색은 네이버를 통해 많이 이루어지는 경향이 있지만, 최근 유튜브 동영상의 오락적 이용뿐만 아니라 정보적 이용이 급증하고 있다. 특히, 저연령층을 중심으로 유튜브를 통해 텍스트 위주의 검색보다 영상 위주의 검색이 활발히 이루어지고 있다. 한편, 정보의 공유는 소셜미디어와 SNS를 통해 많이 이루어지는데, 소셜미디어와 SNS는 사회적인 관계에 도움을 주는 긍정적인 효과도 있지만, 이용자들에게 부정적인 정신적, 신체적 영향을 미친다는 연구 결과도 다수 있으므로 이용에 주의가 필요하다. 특히 지나친 소셜미디어와 SNS 이용은 과의존 및 중독과 같은 결과를 낳을 수 있으므로, 이를 예방하기 위한 가족 및 사회적 노력이 중요하다.

참고문헌

과학기술정보통신부, 한국방송광고진흥공사(2018). 〈2018 방송통신광고비조사보고서〉.

과학기술정보통신부, 한국정보화진흥원(2018). 〈2018년 스마트폰 과의존 실태조사〉.

나스미디어(2019). 〈2019 인터넷 이용자 조사〉(Netizen Profile Research, NPR). http://onlinead.or.kr/17/?bmode=view&idx=1697183

마크로밀 엠브레인(2019). 〈트렌드 모니터〉. https://www.trendmonitor.co.kr/tmweb/ main.do

정보통신정책연구원(2017). 〈미디어 동시 이용행태 분석-스마트폰을 중심으로〉. KISDI STAT Report 17-08.

정보통신정책연구원(2019). 〈SNS(소셜네트워크서비스) 이용추이 및 이용행태 분석〉. KISDI STAT Report 19-10.

한국미디어패널조사 연구팀(2018). 〈2018 한국미디어패널조사〉. 정보통신정책연구원.

Carvalho, L. F., Sette, C. P., & Ferrari, B. L. (2018). Problematic smartphone use relationship with pathological personality traits: Systematic review and meta-analysis. *Cyberpsychology: Journal of Psychosocial Research on Cyberspace, 12*(3), article 5. http://dx.doi.org/10.5817/CP2018-3-5

Fumero, A., Marrero, R. J., Voltes, D., & Penate, W. (2018). Personal and social factors involved in internet addiction among adolescents: A meta-analysis. *Computers in Human Behavior, 86*, 387-400.

Jeong, S. H., & Hwang, Y. (2016). Media multitasking effects on cognitive vs. attitudinal outcomes: A meta-analysis. *Human Communication Research, 42*, 599-618.

Kayis, A. R., Satici, S. A., Yilmaz, M. F., Simsek, D., Ceyhan, E., & Bakioglu, F. (2016). *Computers in Human Behavior, 63*, 35-40.

Koo, H. J., & Kwon, J. H. (2014). Risk and protective factors of Internet addiction: a meta-analysis of empirical studies in Korea. *Yonsei Medical Journal, 55*(6), 1691-1711.

Tichenor, P. J., Donohue, G. A., & Olien, C. N. (1970). Mass media flow and differential growth in knowledge. *Public Opinion Quarterly, 34*(2), 159-170.

Webster, J. G., Phelan, P. F., & Lichty, L. W. (2000). *Rating analysis: The theory and practice of audience research*(2nd ed.). Hillsdale, NJ: Lawrence Erlbaum.

인터넷이 아이들을 망치고 있다고?

정일권 광운대 미디어커뮤니케이션학부

"에이 씨발… 진짜 짜증나." 깜짝 놀랐다. 우리 애가 욕을 하다니. 그것도 엄마에게. 올해 중학교에 입학하면서 갑자기 생전 처음 듣는 외계어를 쓰기 시작했다. '개이득, 아싸, 실화냐, 오진다, 지린다, 기모띠, 빼박캔트', 불량한 학생들이나 쓸 것 같다는 생각에 불안해 했었는데… 급기야 욕까지 하다니. 작년까지만 해도 친구들이랑 모여 아파트 놀이터나 근처 학교 운동장에서 농구도 하고 자전거 타기도 하더니 올해는 통 나가질 않는다. 분명히 혼자 있는 걸로 아는데 제 방에서 친구들이랑 이야기하는 소리가 자주 들린다. 전화 통화를 하는 것 같기도 하고 게임을 하면서 동시에 통화를 하는 것 같기도 하다. 그만 놀고 공부 좀 하라고 서너 번은 이야기해야 비로소 책상에 앉는다. 그러나 몇 분 뒤 들어가 보면 책은 보지 않고 컴퓨터 화면이나 스마트폰을 열심히 들여다보고 있다. 화가 나서 소리를 친다. "어떻게 엄마 말을 이렇게 안 듣니, 커서 뭐가 될래?" "엄만 왜 화를 내? 난 열심히 공부하고 있거든." 그러고는 제 방문을 쾅 닫아버린다. 컴퓨터 화면에서 뭘 배우는지, 스마트폰을 가지고 무엇을 찾아보는지 이게 공부란다. 옆집 지민이 엄마 말이 생각난다. "인터넷이 우리 애들 다 망치고 있어."

요즘 가정에서 흔히 볼 수 있는 모습이다. 누군가는 직접 경험하고 누군가는 전해 들었을 법한 사례다. 인터넷 때문에 우리 애들이 잘못 되고 있다는 이 말이 맞을까? 이 질문에 답하는 것은 생각보다 간단하지 않다. 무엇보다도 좋은 행동과 나쁜 행동에 대한 판단은 주관적이다. 부모의 눈에 나쁘게 보이는 행동이 자녀의 눈에는 좋게 보일 수 있다. 이런 점을 염두에 두고 이 장에서는 몇 가지 질문에 순차적으로 답하면서 인터넷이 우리 애들을 망치고 있는지 아닌지를 따져보기로 하자.

Q1. 인터넷이 뭘까?

"인터넷이 애들을 망치고 있다는데 도대체 인터넷이 뭐지?" "아니, 인터넷을 모르는 사람도 있어?"라고 반문하는 사람이 있을지도 모르겠다. 그러나 일상에서 이 용어가 어떻게 쓰이고 있는지를 살펴보면 사람들이 동일한 대상을 칭하는 용어로 인터넷을 쓰고 있지 않다는 것을 쉽게 발견할 수 있다. 인터넷이 뭔지에 대해 초중고 학생 자녀를 둔 평범한 부모들과 IT 산업 종사자들 그리고 관련 분야 박사들과 같은 전문가들의 생각은 다르다. 특히, 인터넷 범위와 관련해서는 그 차이가 명확히 드러난다.

인터넷의 사전적 의미를 찾아보면, '아르파네트(ARPANET)에서 시작된 세계 최대 규모의 컴퓨터 통신망'이라고 나온다. 그런데 여기서 '통신망'의 범위가 명확하지 않다. 기술 전문가와 연구자 중에는 컴퓨터 통신망 중에서 '월드 와이드 웹(World Wide Web)'에 한정해서 인터넷이라는 용어를 쓰는 사람이 많다. 1991년 8월 6일에 처음 WWW 서비스가 시작되면서, 동시에 온라인 홈페이지(home page)도 처음 공개되었다. 이때부터 사람들은 컴퓨터를 켜고 웹 브라우저(web browser, HTML 문서를 화면에 표시하는 프로그램)를 구동해 홈페이지를 방문해서 각종 인터넷 문서를 읽고 검색할 수 있게 되었다. 이후에 이와 유사한 서비스를 제공하지만 기술적으로는 구분되는 여러 형태가 나타났다. 예를 들어, 모바일 미디어를 이용하여 어플리케이션(APP)을 내려 받고 이를 통해 온라인 자료와 사람을 찾아가는 방식이 새로 개발되었다. 많은 전문가들은 이를 이전의 인터넷과 다른 것으로 구분한다.

그러나 전문 지식이 없는 우리 주변의 보통 부모들은 미디어 기기를 통해 접하게 되는 온라인 세상 모두를 통틀어 인터넷이라고들 한다. 즉, 사람을 실제로 만나지 않고 컴퓨터, 태블릿 PC, 스마트폰 등의 미디어 기기를 이용하여 다른 사람과 대화하고 정보를 나누는 이 모든 과정이 일어나는 공간을

〈그림 2-1〉 우리는 일상적으로 인터넷을 접하고 있다 출처: pixabay

인터넷이라고 부른다. 기술적으로 정확하지 않지만, 의미가 모호해서 일상적 커뮤니케이션 과정에서 오해를 불러일으킨다고 불만을 토로하는 사람은 없다.

그러므로 이 글에서 인터넷은 사이버 혹은 온라인에서 다른 사람을 직간접적으로 만날 수 있는 모든 공간을 통칭하는 의미로 쓰기로 하자. 그리고 여기에서 직접 만난다고 하면 동시에 인터넷 공간에 접촉하여 사진, 음성, 혹은 문자를 교환하는 것을 의미하고, 간접적으로 만난다고 하면 누군가가 이미 남긴 콘텐츠를 시간이 지난 뒤에 접하게 되는 것을 의미하는 것으로 정해두자. 이렇게 인터넷을 광범위하게 정의하면, 우리는 사무실이나 집의 책상머리에 앉아서 컴퓨터를 들여다보는 시간은 물론이고 갤럭시탭이나 아이패드와 같은 태블릿PC를 쓸 때 그리고 스마트폰을 쓸 때도 인터넷에 접속할 수 있다. 심지어 인터넷 텔레비전(IPTV)이나 스마트TV를 이용하면 방송 프로그램을 보면서 동시에 인터넷에 접속할 수도 있다. 이제 우리는 일상적으로 인터넷에 연결되어 있고 과거에 비해 훨씬 많은 사람들을 훨씬 자주 인터넷 공간에서 만나게 된 것이다.

특히, 자녀 세대는 부모 세대에 비해 인터넷을 더 많이 이용하고 이 과정에서 더 많은 사람들을 더 자주 만난다. 그리고 이때 부모 눈에는 거슬리는 많은 행동을 한다. 이해할 수 없는 외계어 같은 축약어와 신조어를 사용하고, 과장된 표현과 욕설을 섞어 대화하기도 하고, 누가 시키지도 않았는데 자기 몸을 찍은 사진을 올리거나 개인 정보를 노출하기도 하고, 불법인 줄 알면서도 콘텐츠를 복제하고 다운로드를 한다. 게다가 친구들과 함께 있으면서도 옆에 있는 친구는 몰라라 놔둔 채 그 자리에 없는 다른 친구들과 '카카오톡'으로 대화하기도 한다. 많은 부모들이 이런 행동을 잘못되었다고 생각한다. 일부 부모는 이해는 하지만 권하고 싶지는 않은 행동이라고 말한다. 강도는 다를지라도 나쁜 행동으로 간주한다는 점에서는 차이가 없다.

인터넷이 등장하기 전에는 이런 행동들을 볼 수 없었다는 점을 생각해 보면, "이제 인터넷이 우리 애들을 망치고 있다"는 부모들의 주장은 타당하다. 그러나 조금 더 차분하게 살펴보면, 객관적인 사실은 인터넷이 등장한 후 새로운 형태의 '나쁜 행동'이 나타났다는 점뿐임을 알 수 있다. 이것은 인터넷과 나쁜 행동이 연관되어 있다는 근거는 되지만 인과관계 즉 인터넷 때문에 우리 애들이 나빠졌다는 주장을 뒷받침할 근거는 아니다.

사회적으로 주목받는 청소년 범죄가 발생할 때면 흔히 "디지털 게임을 많이 하다 보니 애들이 저렇게 폭력적으로 변하게 된 거야"라는 말을 하는 사람들이 있다. 그런데 이들은 게임 과정에서 구체적으로 어떤 경험이 왜 청소년들을 폭력적으로 변하게 하는지를 설명하지 못한다. 이들은 청소년이 게임과 폭력적인 행동 모두를 했다는 점만을 확인했을 뿐이다. 인과관계를 주장하기에는 근거가 턱없이 부족하다. 인터넷 이용과 나쁜 행동의 관계도 마찬가지다. 두 행동이 동시에 관찰되었을 뿐이다. 어쩌면 알려지지 않은 다른 요인에 의해 인터넷과 새로운 형태의 나쁜 행동이 동시에 나타난 것일 수도 있고, 인터넷이 없었더라도 이러한 행동은 나타났을 수도 있다. 게다가 인터넷이 어떻게 나쁜 행동을 불러일으키는지에 대한 그럴듯한 설명도 없다. 그저 이유는 모르지만 인터넷이 청소년들에게 나쁜 영향을 미치고 있다고 주장하고 있는 것으로 보인다. 그럼에도 불구하고 이 주장이 맞을 가능성을 배제할 수는 없다. 다만, 이 시점에서 이 주장이 옳다고 인정하기에는 아직 근거가 많이 부족하다는 점은 인정해야 한다.

Q2. 옆집 애의 나쁜 친구가 우리 애는 아닐까?

자녀의 잘못된 행동과 관련하여 부모들이 실제 비난하고 있는 것은 인터넷 그 자체는 아니다. 인터넷의 본래 의미는 기기 혹은 온라인 공간을 의미하는데 이 자체가 사람의 태도나 행동에 영향을 미치는 지침을 제공하거나 따를 수밖에 없는 지시를 내리는 것은 아니다. 인터넷 이용자에게 영향을 미치는 것은 기기나 공간 그 자체가 아니라 그러한 기기를 통해 혹은 그 공간에서 만나는 사람과 보고 듣게 되는 메시지. 인터넷을 비난하는 부모 입장에서 보면 인터넷은 자녀에게서 그렇게 떨어뜨려 놓으려고 했던 '나쁜' 친구들을 훨씬 쉽게 만날 수 있는 공간이기에 화가 나는 것이다.

2018년에 펴낸 《연결된 개인의 탄생》에서 미디어 학자 김은미는 인터넷이 발전할수록 정보 그리고 개인 간의 연결이 강화된다고 주장한다. 이에 따르면, 인터넷이 발전할수록 우리 애는 더 많은 '나쁜' 친구를 만날 수 있게 된다. 그리고 나쁜 행동을 배우고 함께할 기회도 그만큼 늘어난다. 특히 소셜미디어가 등장한 이후로는 이용자들이 서로에게 영향을 미칠 가능성이

〈그림 2-2〉 인터넷으로 우리는 더 많은 사람들과 연결된다 출처: pixabay

급격하게 증가했다. 소셜미디어는 메시지와 정보의 교환을 통해 인적 관계가 형성되고 유지되는 온라인 공간 혹은 채널이다. 따라서 이 공간에서 누구를 만나는가는 우리 애가 좋은 행동을 할지 나쁜 행동을 할지와 직접적으로 연관된다.

여기서 한 가지를 짚고 넘어가자. 우리 애가 나쁜 친구의 영향으로 나쁜 행동을 하게 되었다면 그 나쁜 친구를 나쁜 행동으로 이끈 친구는 누구일까? 나쁜 아이의 부모도 나처럼 생각한다면 그 부모는 내 아이를 나쁜 친구라고 생각하지 않을까? 왜 내 아이는 본래 착했고 친구는 본래 나쁜 아이라고 생각할까? 여러 아이들이 함께 관련된 나쁜 행동에 왜 우리 아이는 첫째가 아니라 마지막일까? 다른 아이들이 먼저 하고 우리 아이가 이들을 따라 한 것이 맞을까? 우리 아이가 먼저 하고 다른 아이가 따라 하지는 않았을까? 이런 주장이 틀렸다고 반박하는 것은 쉽지 않다. 근거가 없기 때문이다. 그럼에도 불구하고 사람들은 자기 자녀가 다른 아이의 나쁜 친구일 수는 있다고 생각하지는 않는다.

이와 같은 비논리적 행동은 사회심리학의 '귀인 편향(attribution bias)' 개념을 빌어 이해해 볼 수 있다. 사람들은 안 좋은 일이 생기거나 잘못을 저지르면 근거가 불확실함에도 불구하고 늘 핑계를 늘어놓는다. "OO 때문이야"라는 변명은 인터넷이 등장하기 훨씬 전부터 널리 쓰이던 상투적인 표현이다. "차가 막혀서 늦었어." "회사 이미지가 안 좋아서 영업을 제대로 할 수가 없어." "과장 때문에 할 수 없이 술을 마신 거야"라는 식이다. 핑계의 대상은 대략 세 가지다. 상황, 사물, 그리고 사람. 그런데 이런 판단은 본래 근거가 없었기 때문에 결국 틀린 것으로 판명될 때가 많다. 사회심리학자들은 이런 잘못된 판단이 지속적으로 특정한 방향으로 쏠릴 때를 가리켜 귀인 편향이라 부른다. 여기에서 귀인은 주관적으로 결과에 대한 원인을 판단하는 머릿속 작용을 의미하는데 흔히 자신이 유리한 방향으로 진행된다. 예를 들어, 내가 지각한 것은 길이 막혀서고 남이 지각한 것은 게을러서라고 판단하는 식이다. 일상에서 잘못된 결과에 대해 자신이 책임져야 할 상황이면 환경

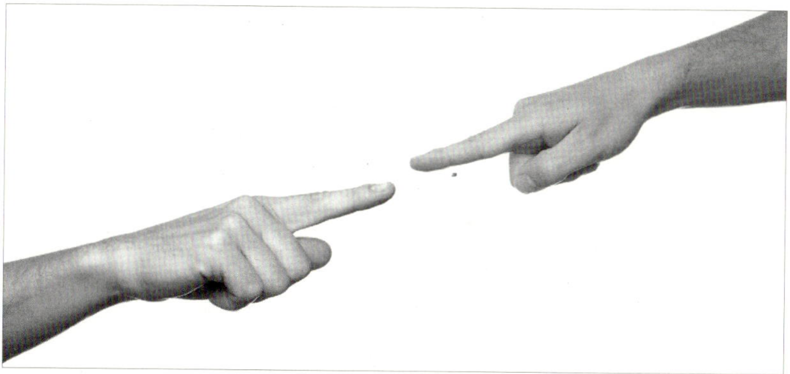

〈그림 2-3〉 "너 때문이야"라는 판단은 일상적이지만 틀린 경우가 많다 출처: pixabay

탓, 남이 책임져야 할 상황이면 인간성 탓을 하는 사람들을 만나는 것은 어렵지 않다. 귀인 편향은 특별한 사람만이 보이는 특이 성향이 아니라 보통의 사람들이 빈번하게 저지르는 일반적 오류다.

여러 아이들이 함께 연관된 문제의 경우 대부분 누구의 잘못이 가장 큰지 혹은 누가 선동했고 누가 따라했는지를 명확히 가려내는 것은 어렵다. 그럼에도 불구하고 대부분의 부모들은 다른 아이들 때문에 내 아이가 휩쓸려갔다고 판단하는 귀인 편향을 보인다. 귀인편향에 대한 사회심리학적 논의를 따르면, 이는 사람들이 자녀를 자신과 동일시한 탓으로 볼 수 있다. 부모 입장에서 자녀는 '확장된 나'로 심리적 공동체다. 따라서 자녀의 실망스러운 모습을 볼 때마다 부모는 마치 나의 잘못에 대한 원인을 찾을 때처럼 자녀 내부가 아니라 외부에서 그 원인을 찾는다. 이런 외부적 요인 중에서 가장 많이 채택되는 것이 "나쁜 친구"다. 부모를 걱정하게 하는 나쁜 행동은 우리 아이가 스스로 선택한 것이 아니라 친구들의 꼬임에 빠져서 혹은 그들의 강요에 못 이겨서 하게 된 것으로 판단하는 것이다. 동시에 그 친구들은 가정교육이 잘못되어서 혹은 성격이 나빠서 본래 나쁜 아이들이었다고 생각한다.

중요한 것은 귀인이 옳든 그르든 이후의 행동에 영향을 준다는 점이다. 내 아이가 나쁜 친구 때문에 잘못을 저지른다고 판단하게 되면 부모는 자녀를 보호하기 위해 친구들과 따로 떼어 놓으려고 하게 된다. "걔랑 놀지 마, 어울리지 마." 그러나 부모가 말한 "나쁜 친구"가 자녀의 눈에는 그저 "친구"로 보이기 때문에 부모의 조언을 잘 따르지 않을 뿐만 아니라 때때로 적극적으로 부모에게 저항한다. 이런 일이 반복되면 결국 나쁜 친구와 갈라놓으려는 부모의 노력은 오히려 자신과 자녀의 관계를 악화시키는 결과로 이어진다. 그리고 이런 가정이 늘어날수록 세대 간 갈등의 골은 더욱 깊어진다.

〈그림 2-4〉 인터넷 이용 관련 부모와 자녀 간의 갈등은 흔한 일이다
출처: Designed by fwstudio / Freepik

이제 인터넷이 그 나쁜 친구를 대신하게 되었다. 자녀가 부모들이 보기에 눈에 거슬리는 혹은 걱정되는 행동을 할 때 흔히 인터넷을 탓한다. 부모는 나쁜 친구에게 그런 것처럼 또 자녀에게서 인터넷을 멀리 떼어 놓으려 한다. "자주 하지 마라. 꼭 해야 한다면 하루에 한 시간만 해라"는 식으로 인터넷을 이용할 시간을 일방적으로 정한다. 미디어 기기에 대한 접근, 이용시간, 게임 시간 및 종류, 스마트폰 이용시간, 소셜미디어 활동의 결정 과정에서 부모가 생각하는 옳은 방식을 자녀에게 강요한다. 이러한 부모의 지도에 자녀는 쉽게 동의하지 않는다. 때때로 부모 몰래 인터넷을 이용하기도 한다. 그러다 부모에게 발각되면 야단을 맞게 된다. 이런 일이 반복될수록 자녀는 더욱 부모에게 부당하게 간섭받는다고 생각하게 되고 부모에게서 멀어지게 된다. 한두 집만의 문제가 아니다. 주변 사람들과 이야기 해 보면 거의 모든 집에서 일어나는 일이다. 부모 세대는 인터넷이 문제라고 말하고 자녀는 부모가 문제라고 말한다. 인터넷이 일상과 밀접해질수록 세대 간 갈등은 더욱 깊어지는 듯하다.

Q3. 부모는 무엇으로 자녀의 행동이 옳은지를 판단할까?

특정 행동이 옳은 행동인지 잘못된 행동인지는 어떻게 판단할 수 있을까? 기준이 뭘까? 사회학자들은 행동의 올바름을 판단하는 기준에 '사회 규범'이라는 이름을 붙였다(Hechter & Opp, 2001). 인터넷 이용 관련 세대 간 갈등을 규범 개념을 빌어 설명해 보면, 부모는 인터넷 등장 이후 자녀들이 보이는 많은 새로운 행동들이 규범에 어긋난다고 판단하기에 나쁜 행동이라고 생각하는 것이다.

사람들이 더불어 살아가기 위해서는 서로가 받아들일 수 있는 행동의 기준이 필요하다. 질서를 유지하고 보다 편리하게 살기 위해서이다. 이런 이유에서 만들어진 행동 지침을 사회 규범이라고 한다. 즉 사회적으로 요구되는 행동이 무엇인지 그리고 타인이 이러한 행동을 수행했을 때와 그러하지 못했을 때 어떻게 반응하는 것이 적절할지에 대한 사회적 합의가 규범인 것이다(Ajzen & Fishbein, 1980).

바람직한 행동에 대한 사회 성원들 간에 인식이 공유되면 그 기대되는 행동은 곧 사회적 규범의 지위를 얻게 되며, 이후로는 개인행동을 규제하는 압력이 된다. 이론적으로 특정 규범의 수용 여부는 개인의 자율적 판단에 따르지만 실제로 개인이 다른 사회 성원과의 관계로부터 독립적으로 수용 여부를 판단하는 경우는 드물다. 이는 규범과 일치하지 않는 행동에 대해 "탈규범"이라는 사회적 평가가 내려지면서 개인에게서 스스로 순응을 택할 수밖에 없는 굴레가 되기 때문이다. 이런 측면에서 보면, 규범은 개인의 동의를 바탕으로 개인을 통제하는 사회적 수단이라고 할 수 있다.

예를 들어, 우리나라 사람이 집에서 식사 중에 그릇 채 들고 국을 마시면 잘못된 행동이라고 야단을 맞는다. 이렇게 국을 먹는 것을 편하게 생각하는 사람들도 야단맞지 않기 위해 식탁에 국그릇을 놓은 채 숟가락으로 떠먹는다. 사회적 제재를 피해 자신의 행동을 교정하는 것이다. 또한, 규범은 집단의 정체성을 확립시키고 집단 성원 간의 결속력을 공고히 하여 다른 집단과 구별하는 역할도 한다. 예를 들어, 한국에 있는 일본 식당에서 그릇을 들어 입에 가까이 대고 젓가락으로 음식을 먹는 사람을 보면 일본 사람일 것이라고 추측하거나 한국 사람이 아닌 외국인이라고 추측한다. 이것은 한국 사람들에게 요구되는 식사에 관한 규범을 지키고 있지 않기 때문이다. 이처럼 규범은 개인이 어느 집단 소속인지를 추론하는 기준이 된다. 이것을 역으로 생각해 보면, 집단의 소속된 사람은 심리적으로 특정 집단에 속하고 싶어서 그 집단에 적용되는 규범을 따르는 것으로 해석할 수 있다.

규범은 적용 과정뿐만 아니라 형성 과정도 철저히 사회적이다. 규범은 다른 사람과 주고받는 커뮤니케이션 행위 즉 상호작용의 산물이기 때문이다. 그런데 여기서 '다른 사람들'은 모든 사람을 의미하는 것이 아니다. 규범

〈그림 2-5〉 규범은 다른 사람들의 행동과 그러한 행동에 대한 다른 사람의 반응을 보면서 인식하게 된다
출처: pixabay

은 일정한 사건이나 관념에 대해 행위자가 속한 사회구성원이 생각하는 평균적인 기대가 아니라 개인이 중요하게 생각하는 사람들이나 내가 의견을 귀담아듣는 사람들에게 특정 행동이 얼마나 보편적인가에 대한 인식이다(Ajzen & Fishbein, 1980). 내게 특별히 중요한 이런 사람들을 가리켜 준거집단이라고 한다. 개인은 준거집단의 행동을 보고 무엇이 규범인지 규범을 어기게 되면 무슨 일이 생기는지에 대해 인식하게 된다. 그리고 이런 인식을 바탕으로 어떤 행동이 보편적인지 혹은 바람직한지를 판단하게 된다.

규범에 관한 중요한 단서를 제공하는 존재인 준거집단은 개인이 자율적으로 구성한다. 따라서 동일한 사회에 속한 사람도 준거집단을 달리할 수 있고 이에 따라 각자에게 적용되는 규범의 내용과 강도는 달라진다. 예를 들어, 나의 준거집단은 가족이지만 내 단짝 친구의 준거집단은 또래 친구일 수 있다. 그러나 자율은 거기까지다. 일단 선택하고 나면 해당 준거집단의 규범을 주관적으로 해석하거나 선별적으로 수용할 수는 없다. 스스로 선택한 준거집단에 개인이 구속되는 것이다.

사람들은 대다수의 준거집단이 하는 행동을 따라 하게 되고 그러한 행동을 따르지 않은 사람들에 대한 준거집단에 반응을 보면서 소위 '튀는' 행동에 대한 사회적 대가가 무엇인지를 인식하게 된다. 이 중에서 전자 즉 준거집단 다수의 행동이 개인의 행동에 영향을 미치는 것을 흔히 규범의 기술적 영향력 혹은 기술적 규범(descriptive norms) 이라고 부른다. 반면에 후자인 행동에 대한 사회적 반응(처벌과 보상)이 개인의 행동에 영향을 미치는 것은 규범의 명령적 영향력 혹은 명령적 규범(injunctive norms) 이라고 부른다.

기술적 규범이 개인의 행동에 영향을 미친다는 것은 개인이 "다른 사람들이 그렇게 행동하기에 나도 그렇게 행동하겠다"라고 결정하거나 실제로 실천에 옮긴다는 의미다. 예를 들어, 수업 중에 궁금한 것이 있어 선생님께 질문할 때 다른 학생들이 손을 드는 것을 보고 따라서 손을 들어 질문하게 될 때 교실에서 요구되는 규범을 인식하게 된 것이라고 할 수 있다. 한편, 명령적 규범이 개인의 행동에 영향을 미친다는 것은 특정 행동이 사회적으로 용인되거나 혹은 비난받는다는 생각 때문에 개인이 그러한 행동을 강화하거나 회피하는 것을 의미한다. 예를 들어, 나 또는 제3자가 한 행동에 대해 다른 사회 성원들이 비난하는 것을 보게 되면 이런 행동을 회피하게 된다. 반면에 칭찬이나 격려를 본 경위에는 그러한 행동을 따라 하고자 하는 마음이 강해진다.

두 가지 성격의 규범의 개념을 적용해 보면, 인터넷이 개인에게 영향을 미친다는 것은 인터넷을 준거집단으로 보는 개인이 대부분의 인터넷 이용자들이 하는 행동을 따라하거나(규범의 기술적 영향력) 혹은 하지 않으면 다른 사람들에게 처벌받게 될 것이라는 예측(규범의 명령적 영향력) 때문에 특정한 행동을 하거나 하지 않게 되는 것으로 해석할 수 있다.

Q4. 부모는 언제까지 자녀의 준거집단이 될 수 있을까?

부모의 준거집단과 자녀의 준거집단은 다르다. 그리고 준거집단이 다르면 보게 되는 대다수 사람들의 행동과 그러한 행동에 대한 사회적 반응도 다르다. 따라서 준거집단이 다른 사람들 간에는 인식하는 규범이 차이가 날 가능성이 높다. 이런 맥락에서 부모의 입장에서 자녀가 규범을 어긴다고 생각하는 것은 자녀가 부모가 생각하는 규범에 일치하지 않는 행동을 한 경우라고 해석할 수 있다. 그러나 자녀의 입장에서 부모는 늘 준거집단의 일부를 구성하기에 부모의 규범을 전면적으로 부정하는 것은 쉽지 않다. 다른 한편으로 자녀는 부모와는 다른 또래집단을 준거집단에 포함하고 있다. 따라서 부모의 규범 인식과 똑같은 경우는 거의 없다. 결국 규범을 둘러싸고 부모와 자녀는 일상적 갈등 상황에 놓이게 된다.

부모와 자신의 규범이 일치하는 상황임에도 불구하고 자녀가 규범을 준수하지 않는 경우에는 규범 위반 행위에 대한 부모의 처벌에 자녀가 적극적으로 저항하기 어렵다. 스스로 일탈이라 생각하기에 행동에 대한 자신의 통제력 부족을 탓할 가능성이 높다. 가장 흔하게 목격할 수 있는 부모와 자녀 간의 규범 갈등 유형이다. 그러나 부모의 규범에 의문을 품거나 잘못되었다고 생각한 상태에서 부모의 규범을 위반했을 경우에는 자신의 행동이 잘못이라고 인정하지 않을 것이다.

대개의 경우 기술적 규범의 근거를 제공하는 준거집단과 명령적 규범의 준거집단은 같다. 따라서 기술적 규범과 명령적 규범은 충돌하지 않는다. 즉, 다른 사람들이 하는 행동을 따라 하면 문제가 되지 않는다. 그러나 때때로 두 규범이 일치하지 않는 경우가 있다. 즉, 많은 사람들이 하는 것처럼 해도 야단을 맞거나 대부분의 사람들이 하는 것을 따라 하지 않아도 칭찬을 듣게 되는 경우가 있다. 이런 일은 흔히 명령적 규범의 근거를 제공하는 집단과 기술적 규범의 근거를 제공하는 집단이 다를 때 발생한다. 두 규범이 불일치한 상황에서 어떤 규범을 따라야 할 것인가는 규범 거부에 대한 사회적 제재의 강도에 따라 결정된다. 즉, 다른 사람을 따라 해도 심하게 야단맞지 않을 것이라고 판단되면 기술적 규범을 따르고 반대의 경우에는 명령적 규범을 따르게 된다.

청소년의 경우, 흔히 기술적 규범의 근거를 제공하는 집단은 또래집단이고 명령적 규범의 근거를 제공하는 집단은 부모다. 따라서 자신이 느끼는 부모의 권력이 또래집단에 비해 강할 때는 명령적 규범을 따르게 되고 약할 때는 기술적 규범을 따르게 된다. 부모와 자녀의 관계처럼 명령적 규범의 단서를 제공하는 주체가 규범을 따라야 할 이에 비해 우월적 권력을 지닐 때는 여전히 규범 준수의 압력을 느끼게 된다. 기술적 규범이 명령적 규범과 일치

〈그림 2-6〉 기술적 규범과 명령적 규범이 불일치할 때는 규범의 행동 규제력이 약화되고 이는 규범 변화가 시작되고 있음을 의미한다
출처: pixabay

하지 않을 경우 명령적 규범의 정당성에 의문을 가질 수는 있지만 차마 규범을 거스를 생각을 하지는 못한다. 또래 집단과의 상호작용을 통해 기존의 규범을 위반하는 행위가 오히려 보편적 행동으로 기술적 규범의 변화를 목격했을지라도 부모와 같은 또래 외 집단성원을 통해 인지하는 명령적 규범에 의해 여전히 이러한 행위가 규범 위반이라고 규정된다고 생각하면 자녀들은 따르게 된다. 특히 전통적인 유교 사상이 여전히 남아 있는 우리 사회의 경우에는 부모의 명령적 규범이 틀렸다는 확신이 없는 경우라면 여전히 부모를 따라야 한다는 생각이 강하다. 따라서 부모의 규범이 싫지만 틀리지는 않았다고 생각한다면 최소한 겉으로나마 부모에게 순응하는 모습을 보이게 된다.

하지만 자녀가 부모의 규범에 반하는 행동을 드러낸다면 이는 이제 주어진 규범을 의문스럽게 생각하는 것을 넘어 잘못된 것으로 판단했음을 의미한다. 그리고 이때는 부모의 명령적 규범이 아닌 다른 준거집단의 명령적 규범을 고려하고 있을 가능성이 크다. 즉, 명령적 규범 간의 경쟁에서 부모가 아닌 다른 집단의 명령적 규범이 우위를 차지한 경우다. 예를 들어, 부모의 지시를 따르지 않는 것에서 오는 부담보다 또래 집단과 달리 행동했을 때 오는 따돌림을 더 크게 우려할 때는 명령적 규범에 대한 인식마저도 변하게 된다. 그리고 이 경우에는 다시 기술적 규범과 명령적 규범이 일치하는 방향을 선택하게 된다. 결국 예전의 규범은 더 이상 규범으로 인식되지 않고 새로운 규범을 인식하게 되는 것이다. 이때가 부모의 규범에 전면적으로 벗어난 행동을 하는 시기가 된다. 부모가 "우리 애가 망가졌어"라고 푸념하는 때인 것이다.

정리해 보면, 부모 입장에서 이해되지 않는 자녀들의 탈규범적 행동은 나쁜 행동에 대한 인식 차가 원인이다. 그리고 그 인식은 구체적으로 규범이 무엇이며 규범을 어겼을 때 어떤 일을 감내해야 할지에 대한 생각이다. 규범에 대한 생각이 다를 때 자녀는 부모가 '나쁜' 행동으로 간주한 바로 그 행동을 하게 되는 것이다. 그리고 이런 규범 인식의 차이는 준거집단이 다름에서 오는 결과다. 그리고 규범의 변화는 기술적 규범의 변화에서 시작하여 명령적 규범의 차이로 이어진다. 그런데 인터넷을 둘러싼 세대 간 갈등을 규범 인식 차이 때문이라고 생각하기에는 아직 풀어야 할 문제가 있다. 자녀뿐만 아니라 부모도 인터넷을 쓰는데 왜 규범 인식의 변화가 자녀에게만 일어날까?

Q5. 인터넷은 왜 애들의 규범 인식만 바꿀까, 왜 나는 아닐까??

부모 세대들은 가정과 학교 그리고 또래 집단과의 놀이와 지역 사회에서의 체험을 통해서도 규범을 배웠다. 부모, 선생, 친구, 그리고 이웃 이렇게 주변 사람들의 행동을 직접 보고 들었으며, 이들이 다른 사람들에게 이렇게 하라 혹은 하지 말라는 말을 하는 것을 보았고, 또 그런 말을 따르지 않았을 때 어떤 일이 생기는지를 보면서 어떻게 행동해야 할지를 배워 왔다.

이러한 직·간접적 경험을 통해 사회생활을 하는 방법을 배우는 과정이 곧 사회화다. 규범을 배우게 되는 과정도 사회화의 일환이다. 이렇게 보면 주변 사람들과의 직·간접적 커뮤니케이션은 사회화와 규범 인식에 영향을 미치는 핵심 요인이라고 할 수 있다. 따라서 미디어 환경의 변화는 규범 인식을 변화시키고 나아가서는 규범 실천 행위의 변화와 밀접하게 연관될 수밖에 없다.

우리 애를 포함하여 요즘 청소년들의 생활 터전은 디지털 미디어 공간, 즉 인터넷이다. 온라인 카페, 온라인 커뮤니티, 소셜 관계망 등에서 친구를 만나고 문제 해결 방법을 배우고 새로운 지식과 사람을 접한다. 그리고 인터

〈그림 2-7〉 이제 인터넷은 청소년들의 생활 터전이다 출처: pixabay

넷 접속이 가능한 디지털 매체를 통해, 대화, 오락, 학습, 작업, 사고하면서 새로운 가치관을 형성하고 있다는 주장도 제기된다(Tapscott, 2008). 부모 세대가 집에서, 마을에서, 학교에서 다른 사람들을 만나 했던 많은 행동들을 이들은 인터넷에서 만나 사람들과 함께하는 것이다. 온라인에서의 이러한 교류 경험은 이들의 사회화에 지대한 영향을 미치는데 기술이 발전할수록 교류의 범위는 넓어지고 속도는 빨라진다(김은미, 2018). 이에 따라, 언어, 사고방식, 생활양식 등에서 어릴 적부터 디지털 미디어 환경에 노출된 자녀 세대와 그렇지 않은 부모 세대 사이의 차이가 점점 커지게 된 것이다. 이러한 세대 간 차이에 주목하여 교육학자 마크 프렌스키(Mark Prensky)는 디지털 환경에서 나고 자란 세대를 디지털 원주민(digital natives)이라고 명명하고 이와 대비되는 개념으로 디지털 세상에 태어나지는 않았지만, 이 시대를 살면서 제2언어로 디지털 미디어를 배우는 기성세대를 디지털 이주민(digital immigrants)이라 부른다(Prensky, 2001).

디지털 원주민과 이주민 간의 차이는 일상생활의 곳곳에서 목격된다. 우선, 부모 세대인 디지털 이주민은 전통적 문화와 가치를 지향하는 반면 디지털 원주민인 자녀 세대는 새로운 문화와 가치를 추구하는 경향이 강하다. 디지털 원주민은 기존 관습에서 좀 어긋날지라도 새롭고 흥미로운 것을 경험하는 데 주저하지 않기 때문에 이전 세대들이 미처 추구하지 못했던 새로운 삶의 여정을 찾아가는 일에 상대적으로 적극적이다. 그리고 디지털 원주민들은 논리보다 감성에 따라 움직이며, 새로운 문화를 매우 빠르게 받아들이고, 수평적 인간관계와 탈권위적 조직문화를 상대적으로 더 선호하는 특징을 보인다. 또한 본래의 기능 외에 자신의 개성이나 경제력을 표현하는 상징으로 디지털 기기를 사용하며, '관종'이라는 디지털 용어가 생겨난 것에서 유추할 수 있듯이 주위 사람들의 시선을 강하게 의식한다.

디지털 이주민은 기존 매체에 대한 관성이 크고, 익숙하지 않은 새로운 매체에 대해 일종의 두려움을 느끼는 경우가 많지만 디지털 원주민은 인터넷과 다양한 정보통신 기술의 활용에 적극적이고 이를 통해 새로운 형식의 의사소통 방식과 의미를 생산한다. 따라서 인터넷을 이용하는 방식에 관해서는 디지털 이주민과 원주민 사이의 차이가 보다 명확하게 드러난다. 디지털 원주민은 일방적으로 주어지는 정보가 아닌 자신의 입맛에 맞는 정보를 선택적으로 받아들이는 일에 익숙하다. 그리고 동시적인 대화를 선호하고 대화 속도를 높이기 위해 줄임말을 사용하고, 음성 전화보다 문자를 선호한다. 또한 사회 변화와 사건들에 대한 자기 의견을 인터넷 공간에서 활발히 표현하면서 온라인 커뮤니티를 구성한다. 또한, 이 과정에서 자신의 정체성이 표현된 아이디를 스스로 부여하고 이 이름으로 커뮤니티 활동을 이어간다.

그런데 디지털 이주민인 부모 세대도 자녀들이 인터넷에 노출된 기간만큼 경험할 수 있었다는 점을 고려하면 두 세대 간 차이가 나는 것은 이해하기 힘든 면이 있다. 이와 관련해서는 기회가 동일하다고 결과까지 동일한 것은 아니라는 점을 생각해 봐야 한다. 고대 인류에게 동일하게 철이라는 물질이 제공되었지만 어떤 이는 이를 경작을 위한 농기구를 만드는 데 사용했고 다른 이는 전쟁을 위한 무기를 만드는 데 사용했다. 디지털 이주민은 인터넷 공간을 오프라인과 구분되는 새로운 공간으로 사용했다. 일상과 분리되는 특별한 공간이기에 이 공간에서 관찰하고 배운 지식과 행동은 보편적으로 적용할 수 있는 것이 아니라 온라인이라는 제한된 공간에서만 적용된다고 생각했다. 그러나 디지털 원주민인 자녀 세대에게 인터넷 세계는 오프라인 세계와 분리되지 않는 공간이다. 어디까지가 실제 세상이고 어디까지가 온라인 세상인지 그 경계가 불명확할 뿐만 아니라 굳이 이를 구분하려고 시도도 하지 않는다. 이들에게 온라인 공간 즉 인터넷은 그냥 세상 그 자체다. 인터넷 이웃이 아니라 그냥 이웃인 것이다. 동일한 인터넷 공간을 이용했지만 디지털 원주민들의 경험은 디지털 이주민의 경험과 같지 않았던 것이다. 그

〈그림 2-8〉 자녀 세대에게 온라인은 오프라인과 분리된 공간이 아니다 출처: pixabay

리고 이러한 경험의 차이는 지금도 계속 유지되고 있다.

이런 이유에서 인터넷 이용 경험이 자녀 세대에게 미치는 영향은 부모 세대와는 사뭇 다르다. 부모 세대는 인터넷의 경험을 오프라인에서의 경험과 비교해서 걸러 받아들이지만 자녀 세대는 인터넷 즉 온라인 공간에서의 경험과 오프라인의 경험을 구별하지 않고 동일하게 받아들이는 것이다. 이것이 같은 공간에 살고 있는 사람을 '이주민'과 '원주민'으로 나눈 이유인 것이다(Prensky, 2001). 디지털 원주민들은 디지털 활동을 통해 자신의 감정을 표현하고 능력을 과시하며 정체성을 형성해 나간다. 이들에게는 디지털 공간에서 배운 행동 양식을 실재 세계에 적용하는 것이 지극히 자연스럽다.

다른 사회화 환경을 경험한 사람들이 상이한 가치관을 지니는 것은 자연스럽다. 따라서 디지털 원주민과 이주민 사이의 규범의 차이도 불편할 수는 있지만 부자연스러운 것은 아니다. 문제는 모든 세대는 자기 세대를 다른 세대에 비해 '똑똑하다'고 생각하기에(Pew Internet, 2010) 자신들의 행동 양식이나 가치와 불일치하는 규범을 대체로 부정적으로 평가한다는 점이다. 그래서 부모 세대는 자녀 세대의 행동을 규범 위반으로 간주한다. 그러나 자녀 세대는 부모가 바뀐 규범을 못 받아들이고 있다고 주장한다. 두 세대 모두 각각 자신의 규범에 충실하게 생활하고 있는 것이다. 세대 간에 서로 다른 두 규범에 충실한 행동이 결국 지금 우리가 겪고 있는 세대 간 갈등의 본모습이다.

Q6. 우리 애가 인터넷에서 규범을 위반한 것은 철이 없어서일까? 아니면 강요당해서일까?

자녀의 '나쁜 행동'을 친구 혹은 인터넷 탓이라고 주장하는 부모들이 자녀의 행동에 이해를 구하면서 내세우는 변명은 크게 두 가지다. 첫째, 우리 애는 강요되었거나 최소한 다른 선택의 여지가 없는 상황이었거나 둘째, 깊이 생각하지 않고 그저 따라 했을 뿐이라는 것이다. 과연 그럴까?

내가 한 행동이 다른 사람 때문이라고 말할 수 있는 경우는 크게 세 가지로 나눠볼 수 있다. 첫째는 강요로 하지 않으면 남에게서 해를 입을 수 있다는 두려움에 행동하게 되는 경우다. 위에서 부모가 내세우는 변명 중 첫 번째에 해당한다. 여기에서 강요를 거부한다는 것은 내게 가해질 해(害)를 감당하겠다는 의지의 표현이다. 이때의 해는 생명을 잃는 것에서부터 손가락질 당하는 것까지 범위가 넓다. 둘째는 모방으로 눈에 익은 행동이기에 별다른 의식 없이 따라 하는 경우다. 부모가 내세우는 변명 중 두 번째에 해당한다. 모방의 경우 사후적으로 그 행동을 평가할 수는 있지만 행동 당시에는 행동의 옳고 그름에 대한 판단 과정이 없을 때가 대부분이다. 그런데 모방은 선례를 전제하기 때문에 다른 사람이 보여주지 않으면 할 수 없는 행동이다.

〈그림 2-9〉 아이들은 강요나 단순한 모방이 아니라 자율적으로 인터넷 이용을 선택한다 출처: Designed by Freepik

최초 행위자의 의지와는 무관하게 반복적으로 동일한 행동에 노출될 때 관찰자가 이를 모방할 가능성이 높다. 마지막은 선택으로 행위자가 여러 행동 중 하나를 골라내는 경우다. 선택의 이유는 자신에게 이익이 될 것으로 판단했기 때문일 수도 있고 수동적으로 예상되는 피해를 최소화할 수 있다고 기대했기 때문일 수도 있다.

인터넷에서 만난 다른 사람들에게 영향을 받아 규범을 어기게 되었다고 했을 때는 강요, 모방, 선택 중 어디에 해당할까? 이론적으로 강요와 모방이 가능하지만 실제로는 압도적으로 선택에 의한 경우가 많다. 인터넷 공간은 자유롭게 진입과 탈출이 가능하며 내가 원하지 않는다면 나의 신분을 밝히지 않을 수 있기 때문에 강요의 정도가 매우 낮다. 그리고 인터넷을 이용하기 위해서는 접속이라는 자기 주도적 행위가 선행되어야 하기 때문에 이용자는 대개 목적의식이 뚜렷하다. 목적의식이 뚜렷한 사람이 강요의 정도가 낮은 상황에서 본인이 내키지 않는 행동을 할 가능성은 낮다. 또한 결과를 예측하지 않은 채 막연히 많이 본 행동을 그대로 따라 할 가능성도 낮다. 따라서 인터넷에서의 행동은 이를 통해 얻을 수 있는 이익과 손해에 대한 판단 후에 이뤄진 자율적 선택의 결과로 보는 것이 타당하다. 인터넷을 이용하는 일부 청소년들만 불법적으로 다운로드하는 것은 누군가는 이를 선택했고 누군가는 선택하지 않았다는 의미로 받아들여야 한다.

한편, 인터넷에서 관찰되는 많은 행동은 다른 사람들에게 그런 행동의 결과가 무엇일지에 대한 단서가 된다. 즉 다른 사람의 행동과 그 결과에 대한 관찰이 나의 행동을 선택하는 데 기본 정보를 제공하는 셈이다. 따라서 행동에 대한 결과 즉 사회적 보상이 긍정적이라면 이를 관찰한 이들이 이 행동을 되풀이하게 될 것을 예상할 수 있다.

인터넷에서 보고 배운 행동이 나쁜 행동으로 유도했다면 그 의미는 첫째는 인터넷이 없었더라면 생각해 내지 못할 선택지(행동)를 제공받은 경우, 둘째는 선택지는 알고 있었지만 인터넷이 없었더라면 다른 선택(행동)이 더 낫다고 판단했을 경우다. 이를 규범에 적용해 보면, 전자는 인터넷을 통해 새로운 기술적 규범을 인식하게 된 경우에 해당되며 후자는 명령적 규범에 대한 기존 판단이 바뀐 경우라고 할 수 있다. 두 경우 모두 인터넷에서 다른 사람들이 어떻게 행동하는지 그리고 그 결과가 무엇인지를 유심히 관찰하고 그에 대해 자율적으로 판단한 결과다. 철없이 맹목적으로 남을 따라 한 행동이거나 강요에 못 이겨 할 수 없이 한 행동이 아니다. 우리 애가 인터넷에서 한 규범을 벗어난 나쁜 행동은 우리 애가 깊이 생각해서 선택한 행동인 것이다. 따라서 부모들의 바람과는 달리 '나쁜 행동'에 대한 책임에서 내 자녀는 자유롭지 않다. 그럼에도 불구하고 우리 애가 착한 아이라고 믿고 싶다면 이제 남은 길은 우리 애가 한 행동이 나쁘지 않다는 점을 인정하는 것뿐이다.

예컨대 이런 식으로 생각해 볼 수 있다.

부모님이 "나쁜 친구"라고 낙인찍었던 그이는 여전히 내게는 "친구"로

남아 있다. 부모님에게 나쁜 친구가 되어 버린 그 행동이 어쩌면 나에게 도움을 주려는 좋은 의도에서 한 행동일지도 모른다. 아니 여전히 나는 그렇게 믿는다. 다만 부모님들이 생각을 달리했을 뿐이다. 그 '나쁜 친구'는 위기에 빠진 나를 마지막까지 지켜주고 있었고 부모님은 내가 어떤 상황에 처해 있는지도 몰랐다. 그 '나쁜 친구'는 내가 정말 필요로 한 그 순간에 내 곁에 있었고 부모님은 없었다.

아니면, 그 순간은 나쁜 행동이었을지 모르지만 길게 보면 그런 행동이 필요한 행동, 유익한 행동이라고 생각해 볼 수도 있다. 일종의 성장통으로 받아들이는 것이다. "애들은 그렇게 커 가는 거지. 그렇지 않으면 뭐가 좋고 나쁘고를 어떻게 알아." "내가 시키는 대로 책상에 앉아서 공부만 했다면 그리고 내가 생각하는 모든 나쁜 것들을 멀리했다면 우리 애가 지금처럼 강인한 애로 잘 자랐겠어? 여전히 온실 속 화초처럼 나약하겠지." 이렇게 생각하면 그때의 나쁜 행동은 지금의 아들과 딸을 만든 자양분인 것이다. 마냥 나무랄 수만은 없는 행위다.

결론을 대신하여

: "규범을 따르지 않는 것과 나쁜 행동은 같은 말이 아니다."

이 글은 인터넷 등장 이후 자녀가 보이는 낯선 행동을 부모가 나쁜 행동으로 규정한 것을 당연한 것으로 받아들이고 전개해 왔다. 이제 다시 돌아가 이 출발점이 적절했는지 따져보자.

인터넷과 관련해서 부모의 눈에 거슬리는 대표적인 행동, 예를 들어, 축약어와 신조어 사용, 과장된 표현과 욕설, 신체와 개인 정보 노출, 불법 다운로드, 유해한 콘텐츠 전달하기, 친구 '왕따'시키기, 장시간 게임하기 등이 나쁜 행동일까? 이런 행동은 부모가 알고 있는 규범을 위반하는 행동이다. 그래서 부모가 이런 행동을 나쁜 행동으로 간주하는 것은 논리적이고 타당하다.

그러나 문제는 이 결론이 자녀에게도 논리적이고 타당한지를 따져 보지는 않았다는 점이다. 규범은 같은 시대를 살아가는 사람들 간의 행동 규약이다. 부모의 규범은 부모 세대의 사람들이 합의한 기준이지 자녀 세대가 합의한 것은 아니다. 물론 규범 형성 과정에 관여하지 않았다는 이유만으로 규범을 준수하지 않아도 되는 것은 아니다. 그러나 최소한 이들에게는 규범을 수정할 수 있는 권한은 주어져야 한다.

부모가 생각하는 규범이 자녀에게도 유효하려면 규범은 변하지 않아야 한다. 그러나 이미 규범의 정의와 형성 과정에서 살펴본 것처럼 규범은 그 시대를 살아가는 사람들의 커뮤니케이션을 통해 인지, 전달, 수용, 집행되는 것으로 커뮤니케이션이 변하면 규범 역시 변할 수밖에 없다. 물론, 세대가 변하면 늘 커뮤니케이션이 큰 변화를 겪는 것도 아니고 규범의 수명이 한 세대에 지나지 않을 정도로 짧지도 않다. 그러나 그렇다고 그 변화의 시점이 내 생애에는 없을 것이라고 생각할 수도 없다. 더군다나 앞에서 설명한 것처럼 인터넷은 사회 변화의 속도를 급격하게 앞당겨 왔다. 바로 지금 이 순간이 규범이 교체되고 있는 순간일 수도 있다.

최근에 저자는 소셜미디어를 이용하는 중학생을 대상으로 설문자료를 수집하여 분석한 연구 결과를 발표했다(정일권, 2019). 이 연구에 따르면, 부모의 규범에 저항하는 정도는 본인의 태도 외에 소셜미디어에서 탈규범 행위에 대한 다른 사람의 반응 즉 규범의 명령적 영향력과 관련이 깊다. 그리고 탈규범과 관련하여 네 가지 행동(언어적 공격, 축약어 사용, 불법 다운로드, 자기 정보 노출)에 대한 세부 분석 결과를 보면, 상대방을 전제로 하는 행동인 언어적 공격과 축약어 사용의 경우에 비해 상대방 없이 혼자서 할 수 있는 행동인 불법 다운로드와 자기 정보 노출의 경우 기존의 규범에 대한 저항이 더 강했다. 결국 이와 같이 불특정한 다수와 관련된 규범이 상대적으로 더 빨리 새로운 규범으로 대체될 것을 예상할 수 있다. 이 연구를 통해 유추해 보면, 소셜미디어 혹은 다른 인터넷 공간에서의 경험이 단기간에 규범에 대한 인식과 행동을 바꿀 것 같지는 않지만, 이런 온라인 공간에서의 타인 행동에 대한 관찰 경험은 그 공간 안에서의 자신의 행동을 바꾸고 이런 바뀐 행동 경험이 장기간 누적되면 오프라인에서의 규범 인식과 행동에도 영향을 미치게 될 것으로 예상된다. 즉, 부모 세대가 정해 놓은 행동의 방식을 거부하게 될 것이다.

자녀 세대는 이미 일부 행동과 관련해서는 새로운 규범의 탄생을 인식하고 있고 이러한 규범적 도전과 관련하여 인터넷 공간에서 기술적 규범과 명

〈그림 2-10〉 아이들은 인터넷 이용 경험을 바탕으로 자신들에게 맞는 규범을 새롭게 만들어 가고 있다
출처: pixabay

령적 규범이 일치하는 경험을 하고 있는 것으로 보인다. 즉, 부모 세대의 규범이 자신들 세대의 규범으로 대체되었고 이 새 규범이 최소한 또래들로부터 승인되었음을 확인한 것으로 보인다. 앞으로 디지털 원주민들은 인터넷을 통해 이전의 규범이 도전받는 모습을 더 많이 관찰하고 이러한 도전이 사회적으로 승인받는 모습도 더 자주 관찰하게 될 것이다. 그리고 이러한 관찰은 규범에 도전하는 선택을 본인 스스로 하도록 유도할 것이다. 또한 인터넷 공간에서의 이러한 시도에 대한 긍정적인 사회적 반응을 통해 오프라인 즉 실제 생활에서도 규범에 도전할 자신감을 얻게 될 것이다.

이제 부모 세대는 자녀 세대가 다른 규범 틀에 놓여 있다는 현실을 받아들여야 한다. 다가올 시간에 어떻게 행동해야 하는가? 혹은 어떤 행동을 바람직하다 할 것인가?에 대한 대답은 부모가 아니라 자녀의 몫이다. 미래는 부모보다는 자녀들이 더 오랫동안 머물러야 할 시간이기 때문이다. 부모는 자신의 경험을 자녀에게 전달하고 새로운 규범의 형성과 적용 과정에서 고려할 것을 요청할 수 있을 뿐이다.

처음 질문으로 돌아가 보자. “인터넷이 우리 애를 망치고 있을까?” 그렇지 않다. 애들은 인터넷을 그들의 부모와는 달리 활용하고 있을 뿐이다. 부모가 생각하는 규범을 따르지 않는 행동이 곧 나쁜 행동은 아니다. 규범이 변화되는 시점에서 규범을 벗어난 행동은 비행(非行)이 아니라 충실히 규범을 따르던 이들에게 낯설게 보이는 행동일 뿐이다. 인터넷과 함께 등장한 많은 새로운 행동은 기존의 규범에서 분명 벗어난 행동이지만 그렇다고 이것이 나쁜 행동은 아니다. 오히려 이 과정에서 부모가 받아들였던 규범과는 다른 새로운 규범을 만들어 가고 있는 것이다. 따라서 이러한 행동에 대해 부정적 의미를 지닌 “탈규범”이라는 용어를 사용하는 것은 적절하지 않다. 이들의 행동은 규범을 어기는 것이 아니라 새로운 규범을 실천하는 것이라는 해석도 가능하다. 이제 우리는 인터넷이 우리 애를 망치고 있는 것이 아니라 우리 애를 변화시키고 있다고 말해야 한다. 변화를 위해 우리 자녀들이 인터넷을 선택한 것인지 인터넷 때문에 우리 자녀가 변할 수밖에 없는 상황이 된 것인지는 명확하지 않지만 자녀들의 살아갈 미래가 지금과는 다를 것이고 그 다름이 인터넷이라는 환경과 조화로울 것이라는 점은 인정해야 할 것이다.

인터넷과 조화되는 모습에 부모는 적지 않게 당황하고 때로는 실망하기도 하고 화가 나기도 하는 것이 사실이다. 그러나 부모의 기분이 나쁘다고 아이들의 행동이 잘못되었다고 판단하는 것이 당연시될 수는 없다. 아이들의 행동은 우리가 알고 있는 규범과 일치하지 않을 뿐이다. 규범은 동시대 사람들의 행동 규약이므로 과거의 규약이 영원토록 후세를 구속할 수는 없다. 어느 시점이 되면 대부분의 세대가 규범을 위반하는 때가 온다. 우리는 지금 바로 그 순간에 놓여 있다. 우리 자녀 세대가 규범을 위반하는 것에 분노하거나 걱정할 것이 아니라 이들이 슬기롭게 규범을 바꿔 나가도록 지켜보고 응원하고 조언해야 할 때다. 냉철하게 지나간 세대와 다가올 세대의 위상을 받아들여야 한다.

참고문헌

김은미(2018). 《연결된 개인의 탄생 – 디지털 미디어 시대의 인간관계》. 서울: 커뮤니케이션북스.

정일권(2019). 〈소셜미디어에서의 직·간접적 탈규범 경험이 청소년의 사회 규범 인식에 미치는 영향〉. 《한국언론학보》 63권 4호, 85-120.

Ajzen, I., & Fishbein, M. (1980). *Understanding attitudes and predicting social behavior*. Englewood Cliffs, NJ: Prentice Hall.

Hechter, M., & Opp, K. D. (Eds.). (2001). *Social norms*. New York: Russell Sage Foundation.

Pew Internet. (2010). Generations 2010. Retrieved from http://pewinternet.org /Reports/2010/Generations-2010

Prensky, M. (2001). Digital natives, digital immigrants part 1. *On the Horizon*, *9*(5). 1-6.

Tapscott, D. (2008). *Growing up digital: How the net generation is changing your world*. New York, NY: McGraw-Hill.

뉴스 댓글, 얼마나 신뢰할 수 있을까?

백현미 고려대 미디어학부

Q1. 뉴스 댓글은 얼마나 큰 영향력을 가지나?

어렸을 적 아버지가 아침 식사 때 읽으실 수 있도록 대문 앞에 배달된 신문을 밥상까지 가져다 두는 것은 내 몫이었다. 아버지는 수십 년간 특정 신문사의 신문을 읽으셨다. 가끔 혀를 끌끌 차면서 어머니와 나에게 기사 내용을 설명하며 당신의 의견에 대해 열변을 토하기도 하셨다. 어렸을 때 세상 돌아가는 것에 관심이 별로 없던 나는 아버지가 말씀하시는 것이 진리이고 대한민국 국민 모두의 의견일 것이라고 받아들였다.

2019년 추석 명절이 되어 온 가족이 오랜만에 모여 TV 뉴스를 보다 보니 자연스럽게 대화 주제는 요즘 이슈가 되는 정치적인 쟁점으로 넘어갔다. 가족들은 현재 뉴스에서 나오는 내용을 옹호하는 쪽과 다른 온라인 매체를 통해 취득한 정보를 근거로 뉴스 내용을 반박하는 쪽으로 나뉘어 마치 뉴스에 달린 서로 다른 댓글처럼 설전을 벌이게 되었다. 다행히 주방에서 나오신 어

〈그림 3-1〉 온라인 신문으로의 변화의 중심에는 뉴스 댓글이 있다
출처: (좌) https://search.creativecommons.org/photos/f0b81923-683e-4c8d-9977-31b4715dbe47, (우) https://plus.hankyung.com/apps/newsinside.view?aid=201510107469A&category=AA006&sns=y

머니의 버럭 한방으로 토론은 어느 쪽의 승리도 없이 훈훈하게 마무리될 수 있었다.

과거에는 소수의 매스미디어와 오프라인상에서의 구전 활동을 통해 전달되는 제한된 정보가 전부였다면, 지금은 뉴스 댓글을 포함한 다양한 형태의 온라인 커뮤니케이션을 통해 스스로 정보를 만들어내고 다른 사람들이 만들어낸 엄청난 양의 정보를 손쉽게 접할 수 있게 되었다. 온라인에서 뉴스를 읽으면서 동시에 기사 내용에 대해 본인의 의견을 피력하고 다른 사람들의 의견을 들을 수 있는 기회가 많아진 것이다. 실제로 이미 대부분의 한국인은 뉴스 댓글을 읽고, 쓰고, 공감하는 활동이 일상화되었다. 2018년 한국언론진흥재단의 설문 결과에 따르면, 지난 일주일 기준 댓글을 한 번이라도 작성한 응답자가 전체의 21.1%, 공감 표시를 한 응답자는 30.9%이며, 댓글 읽기를 한 응답자는 70.2%에 해당하는 것으로 나타났다.

'동조 현상'이라는 말을 들어본 적 있는가? 동조 현상은 집단이 기대하는 대로 생각이나 행동을 바꾸는 현상을 이야기한다. 판단의 근거가 부족할 때 안전하게 다수의 의견을 따르거나, 집단으로부터 배척당하지 않고 인정받기 위해 이런 동조 현상이 일어난다. 맛집이라고 소문난 곳에 줄을 1시간 이상씩 서서라도 방문하고자 하는 욕구, 잇템이라 불리는 상품을 소비하고자 하는 욕구도 이런 동조 현상의 사례라고 볼 수 있다. 찢어진 청바지, 롱패딩이 유행하여 어디에 가든 이런 옷차림을 쉽게 볼 수 있고 나도 그런 옷 하나쯤은 가지고 있어야 할 것만 같았던 것도 이런 동조 현상 때문이다.

미국의 심리학자 애쉬는 1955년 동조 현상을 밝히는 실험을 진행하였다. 왼쪽 카드에는 특정 길이의 선분 하나를 그리고, 오른쪽 카드에는 그 선분을 포함한 서로 다른 세 가지 길이의 선분을 그린 후, 실험 참여자들에게 왼쪽 카드의 선분과 동일한 길이의 선분을 오른쪽 카드에서 찾도록 하였다. 이는 보통 사람이 문제를 풀 경우 99% 이상의 정답률을 보이는 단순한 문제이다.

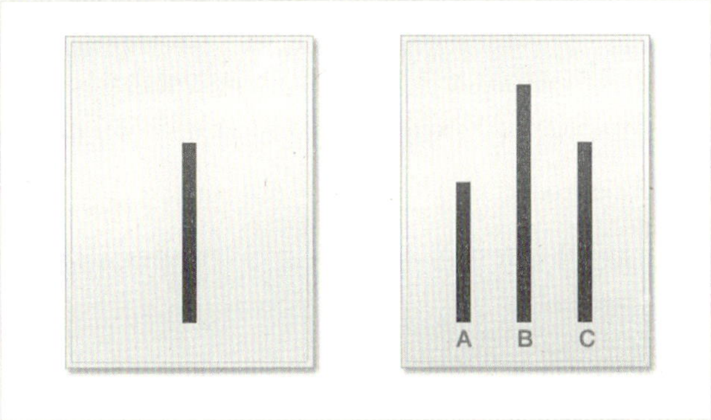

〈그림 3-2〉 동조 현상은 집단이 기대하는 대로 생각이나 행동을 바꾸는 현상이다
출처: http://mediask.co.kr/506

애쉬는 동조 현상을 확인하기 위해 실험 대상자 한 명 외 여러 명의 실험 조력자를 같은 실험에 투입했다. 실험 조력자들은 첫 번째, 두 번째 시도에서는 모두 정답을 맞혔지만, 세 번째 시도에서 오답을 정답이라고 주장하였다. 이때 실험 대상자는 크게 당황하였고, 결국 37%의 실험 대상자는 다수의 의견에 따라 오답을 정답이라고 대답하였다. 동조 현상이 나타난 것이다.

과거의 일방향 뉴스 전달과 달리 뉴스 댓글을 통한 다수의 의견 표출은 이런 '동조 현상'을 이끌어 내고, 댓글을 읽는 독자의 의사 결정에도 큰 영향을 주게 된다. 특정 뉴스 기사를 이해하는 데 있어 기사 아래에 달린 댓글들이 여론을 형성하는 데 큰 영향을 미치는 것도 이를 통해 설명할 수 있다. 이처럼 인간의 동조 심리는 명확한 사실에 대한 판단도 바꿀 수 있을 만큼 무서운 힘을 가진다. 이는 뉴스 댓글에 나타난 의견만으로도 대중의 의사 결정에 영향을 미칠 수 있다는 뜻이고, 바꿔 말하면 어떤 민감한 이슈에 대해 뉴스 댓글을 조작하여 소수의 의견을 대다수의 의견인 것처럼 포장한다면 동조 현상을 일으켜 민심의 방향도 바꿀 수 있다는 뜻이다.

실제로 대한민국에서는 댓글의 동조 현상을 조작하여 정치적 목적으로 악용한 사건들이 지속적으로 문제가 되어 왔다. 2000년대부터 댓글 부대 의혹이 있었고, 2012년에는 국가정보원 여론조작 사건이 이슈가 되기도 하였다. 2018년 대한민국은 '드루킹 댓글 공감 조작 사건'으로 크게 들썩였다. 드루킹 사건은 댓글의 공감 수를 자동으로 올려주는 매크로 프로그램을 통해 상위에 노출되는 댓글을 의도적으로 조작한 사건이다. 댓글의 노출 정도를 본인들의 입맛에 맞게 조작한 것이다. 이러한 댓글 조작 문제는 건전한 여론 형성을 저해하는 수준에서 더 나아가 특정 세력들이 본인들의 의견을 다수의 의견으로 가장하여 민주적 의사 결정을 방해할 수 있다는 점에서 문제가 심각하다.

Q2. 뉴스 댓글의 순기능과 역기능은 무엇인가?

그렇다면 이렇게 말도 많고 탈도 많은 뉴스 댓글은 필요한 걸까? 여기에 대한 답변을 제시하기 위해서 뉴스 댓글이 가지는 순기능과 역기능에 대해 먼저 살펴볼 필요가 있다.

뉴스 댓글은 기사에 대한 독자들의 생각과 정보를 공유할 수 있는 공간으로 활용된다. 뉴스 댓글 참여에 있어서 모든 국민은 평등하다. 어느 누구든 댓글을 통해 의견을 피력할 수 있는 기회를 동등하게 가질 수 있다. 기사에 대한 본인들의 찬반 의견을 제안할 수도 있고, 잘못된 언론의 보도에 대해서 문제를 지적할 수도 있으며, 기사에 대한 부연 정보를 덧붙일 수도 있다. 뉴스 기사에 대한 본인의 의견을 댓글로 작성하는 것뿐만 아니라, 다른 사람들이 작성한 댓글에 대해서도 투표 및 대댓글을 통해 본인의 의견을 표현할 수 있다. 댓글 작성에 참여하지 않는 사람들도 댓글을 읽음으로써 언론사의 뉴스를 비판적으로 받아들이기도 하고, 기사에 대한 다수의 일반 시민들의 생각도 확인할 수 있다. 이처럼 우리는 댓글 작성, 댓글에 대한 공감 표현, 댓글 읽기 등 다양한 형태로 뉴스 댓글 활동에 참여하고 있다.

이러한 댓글은 소셜미디어나 게시판을 통한 의견 개진과는 또 다른 의미를 가진다. 특정 이슈에 관여도가 높은 사람들은 이에 대한 다른 사람들의 의견을 살펴보기 위해 적극적으로 소셜미디어나 여타 게시판 등의 글을 살펴볼 가능성이 있지만, 그렇지 않은 사람들은 이런 노력을 기울이기가 쉽지 않다. 하지만 뉴스 댓글은 특정 이슈에 대한 언론사의 뉴스와 이에 대한 다양한 의견이 한곳에 모여 있다는 점에서 별도의 노력 없이도 타인의 생각을 쉽게 접하고 토론에 참여할 수 있게 해 준다. 이러한 이유로 뉴스 댓글은 특정 이슈에 대해서 다른 소셜미디어나 게시판의 글보다 양적으로 많은 의견이 집결하여 표출될 수 있으며, 이로 인해 여론의 바로미터 역할을 하게 된다. 이로 인해 댓글은 국가의 중요 의사 결정에도 영향을 미칠 수 있는 민주주의 수단이 되기도 한다. 또한 언론인이 보다 책임 있게 기사를 작성할 수 있도록 자극하는 역할을 하며, 무엇보다 기존의 일방향적인 언론을 견제할 수 있다는 점에서 뉴스 댓글은 가치가 있다.

하지만 뉴스 댓글은 순기능만큼이나 많은 역기능 또한 가지고 있다. 첫 번째 역기능은 사회갈등을 심화시키는 수단으로 오용될 수 있다는 점이다. 맘충, 급식충, 틀딱 등의 특정 세력을 비하하는 신조어가 나타나는 등 악성 댓글을 통해 세대 간, 젠더 간 심각한 사회갈등이 이루어지고 있다. 이러한 악성 댓글은 오프라인상의 사회갈등을 부추기는 수단으로 다시 작용한다. 타인에게 해가 될 수 있는 확인되지 않은 댓글이 문제가 되기도 한다. 확인된 사실이 아니거나, 의도적으로 본인의 의견을 관철하기 위해 누군가를 비방하는 댓글을 쓰기도 한다.

두 번째로 뉴스 댓글이 대다수 시민을 대표하는 여론으로 오인될 수도 있다. 인터넷 쇼핑몰에서 상품에 대한 후기를 담고 있는 온라인 리뷰의 재미있는 현상 중 하나는 별점의 분포가 J 모양을 보이는 경우가 많다는 점이다. 온라인 리뷰의 별점 분포가 평균을 중심으로 한 정규분포 종모양이 아니라, 1점과 5점의 양극단 별점 분포가 높은 꼭 알파벳 J 모양을 보이는 현상을 말한다. 상식적으로는 정규분포를 따르는 것이 맞을 것 같지만, 그렇지 않은 경우가 많다. 이유는 간단하다. 상품을 구매하여 사용하고 난 후, 만족도가 아주 높거나, 아주 낮은 경우에 다시 인터넷 쇼핑몰에 방문하여 본인의 의견을 작성하기 때문이다. 큰마음 먹고 물건을 구매했는데 기대치보다 너무 낮은 품질일 경우, 리뷰를 작성하고자 하는 욕구가 커진다. 상품에 대한 만족도가 그저 그런 경우에는 이에 대한 의견을 굳이 남길 유인을 받지 못한다. 이러한 현상과 비슷하게 뉴스 댓글 또한 중립적 의견을 가진 사람들은 침묵하는 반면, 양극단의 의견을 가진 사람들이 댓글을 작성하거나 댓글에 대해 공감을 표하는 활동에 적극적으로 참여한다. 댓글을 통해 소수의 사람만이 댓글 활동에 참여하여 본인의 의견을 나타내고 다수의 사람들은 침묵하는 양상을 보임에도 불구하고, 사람들은 댓글을 다수의 의견으로 오인하는 오류를 범하는 것이다.

마지막으로, 앞서 언급한 바와 같이 드루킹 사건과 같은 댓글의 조작 문제 또한 심각한 역기능이다. 다수의 의견인 것처럼 가장하고 특정 세력의 이익을 위해 댓글이 악용될 수도 있다. 이는 민심을 왜곡하는 것으로 민주주의의 근간을 흔드는 심각한 문제가 된다.

일반 시민들도 이러한 댓글의 문제점을 인식하고 있으며, 어떤 방식으로든 이를 해결하기 위한 노력이 필요하다고 보고 있다. 한국언론재단에서 포털의 뉴스 댓글 정책과 관련하여 일반 시민을 대상으로 조사한 바에 의하면, 86% 사용자들은 '포털이 비속어나 욕설을 사용한 댓글을 차단해야 한다'에 찬성하였으며, '포털이 댓글란을 실명으로 운영해야 한다'는 응답자도 78.5%인 것으로 나타났다. '포털이 댓글란을 폐지해야 한다'는 응답은 45.5%, '포털이 좋은 댓글을 선별해서 배치해야 한다'는 응답자도 전체의 43.6%로 나타났다. 즉 뉴스 댓글에 대해서 일반인들 또한 현재의 문제점을 인지하고 있으며, 이에 대해서 포털의 개입 및 선별이나 실명제와 같은 정책적 접근이 필요하다고 보고 있다.

Q3. 그렇다면, 뉴스 댓글은 필요한가?

뉴스 댓글은 순기능도 많지만 위에서 이야기한 역기능도 있기 때문에 뉴스 댓글 자체를 없애야 한다는 의견도 존재한다. 실제로 댓글창을 더 이상 제공하지 않는 해외 언론사도 다수 존재하며, 댓글창을 없애고 소셜미디어나 특정 게시판을 통해 댓글을 운영하는 해외 언론사도 있다. 그럼, 과연 뉴스 댓글은 필요가 없는 것일까?

이에 대해 알아보기에 앞서, 앞에서 언급한 동조 현상과 관련한 애쉬의 추가적인 실험에 주목할 필요가 있다. 앞의 동조실험에서는 실험 참여자 외에 다른 실험 조력자 모두가 만장일치로 오답을 말하는 상황을 연출하였다. 애쉬는 여기에서 더 나아가 오답이 아니라 정답을 말하는 실험 조력자를 한 명 추가로 투입한 경우, 오답률이 어떻게 달라지는지를 살펴보았다. 실험 결과, 실험 조력자 중 한 명이 정답을 말할 경우, 오답률이 4분의 1 수준으로 떨어지는 결과가 나타났다. 즉, 만장일치에 의해 어느 한쪽의 의견이 지배적인 상황에서 단 한 명의 이탈자라도 생기면 동조 현상이 약해질 수 있음을 실험으로 증명한 것이다.

이런 실험 결과는 언론이 잘못된 방향으로 편향이 되는 경우, 올바른 의견을 말하는 소수의 뉴스 댓글도 전체 여론이 잘못된 방향으로 가는 집단

동조를 막는 역할을 할 수 있음을 말해 준다. 다양한 의견의 댓글은 동조에 의해 자칫 비이성적인 판단을 내릴 수 있는 상황을 견제할 수 있는 수단이 된다.

뉴스 댓글이 모든 분야에서 심각한 문제를 일으키고 있는 것도 아니다. 뉴스 댓글의 부작용은 정치 분야에서 주로 심각하다. 그러면, 드루킹 댓글 사건의 중심이 된 정치 분야의 댓글 문제가 뉴스 댓글 전체의 문제라고 볼 수 있을까? 정치 분야에서 두드러지게 나타나는 댓글의 문제점을 일반화하여 뉴스 댓글을 모두 없애야 한다는 주장을 할 수 있을까? 세계신문협회는 지역에 상관없이 정치와 관련된 기사에는 선동적 댓글이 몰리고 댓글 폭력이 빈번하게 이루어진다고 하였다(류동협, 2017). 정치 기사 댓글에서는 보수와 진보로 나뉘어 본인들의 의견을 관철시키기 위해 욕설이나 비판을 서슴지 않는 경우가 많다. 특히 온라인상에서의 익명성에 기대어 이러한 현상은 더욱 극대화된다. 정치 분야에서는 댓글 노출에 있어서 경쟁도 치열해진다. 반대되는 의견에 대한 비난이 거세지며, 본인들의 의견을 옹호하는 댓글을 상위에 노출시키기 위해 댓글 공감을 조작하거나, 댓글 도배(밀어내기) 등의 의도적 행위가 일어나기도 한다. Kwon과 Cho (2017)의 연구에서는 팔만여 개의 한국의 뉴스 댓글 데이터 분석을 통해, 정치 기사의 악성 댓글은 비정치 기사에 비해 더욱 큰 공감을 받음을 실증적으로 증명한 바 있다. 즉, 정치 분야에서는 악성 댓글을 걸러내고자 하는 공감, 비공감 기능이 제대로 작동되지 않는 것이다. 이러한 연구 결과는 정치 분야에서의 댓글 부작용을 일반화하는 것은 무리가 있음을 증명하며, 정치 분야와 비정치 분야 댓글 활동을 구분하여 접근할 필요가 있음을 시사한다.

재스민 혁명이라고도 불리는 튀니지 혁명을 통해 24년간 튀니지를 통치한 제인 엘아비디네 벤 알리 대통령은 대통령직을 그만두고, 사우디아라비아로 망명하였다. 튀니지 혁명을 시작으로 반독재운동이 아랍 국가 여기저기에서 나타났고, 이를 '아랍의 봄'이라 부른다. 이러한 혁명의 뒤에는 소셜미디어가 존재한다. 반정부 시위에 대한 정부의 언론 통제 및 군경 진압에 맞서서 혁명이 진행될 수 있었던 배경에는 블로그, 유튜브, 페이스북, 트위터와 같은 소셜미디어가 있다. 이 사례가 아니더라도, 한국에서도 세월호 사건, 대통령 탄핵 등의 시민 운동에 소셜미디어, 뉴스 댓글의 역할이 컸음을 부인할 수는 없다. 이처럼 일반인들이 목소리를 내는 것은 큰 의미를 가진다. 뉴스 댓글 또한 이러한 맥락에서 중요한 의미를 가진다. 단지 뉴스 댓글의 역기능으로 댓글을 없애는 것이 바람직할지는 신중히 생각해 볼 문제이다. 만약 우리에게 뉴스 댓글이 필요하다면, 뉴스 댓글 시스템의 역기능은 줄이고 순기능은 살리기 위해 어떻게 운영하고 관리해야 할지 진지하게 고민해야 한다.

Q4. 해외 뉴스 댓글은 어떻게 운영되고 있는가?

뉴스 댓글의 역기능을 최소화시키기 위한 방안을 논의하기에 앞서, 해외에서는 뉴스 댓글을 어떻게 운영하고 있는지 살펴보자. 해외 주요 포털 사업자들은 다음과 같이 뉴스 댓글을 운영하고 있다. 구글, 빙(Bing)은 기사를 클릭하면 각 언론사 홈페이지로 트래픽을 넘기는 아웃링크 방식을 택하고 있으며, 포털 내에서 기사를 확인할 수 있는 인링크 방식을 택하고 있는 MSN은 온라인 댓글 서비스를 제공하지 않고 있다. 야후는 국내 포털들과 가장 유사한 형태의 댓글 서비스를 제공한다. 공감순(top reactions) 댓글 정렬이 이루어지고 있으며, 댓글창을 클릭해야 댓글을 확인할 수 있다. 댓글 작성자의 댓글 활동을 모두 공개하고 있으며, 특정 댓글 작성자의 댓글을 차단할 수 있는 서비스 또한 제공한다.

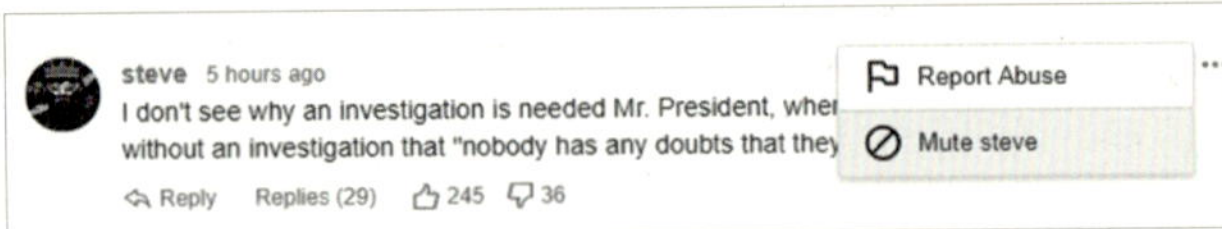

〈그림 3-3〉 야후는 독자들이 특정 댓글 작성자의 댓글을 차단할 수 있도록 한다
출처: https://news.yahoo.com/giuliani-given-bad-information-on-biden-formertrump-official-testifies-222831277.html

해외 포털뿐만 아니라 해외 언론사들도 다양한 댓글 정책을 운영하고 있다. 2016년 세계신문협회 조사 결과에 따르면, 46개국 78개 단체를 상대로 조사한 결과, 몇몇 언론사들이 댓글 기능을 없애고 있는 것으로 나타났다. 하지만 전체 언론사의 82%는 여전히 댓글 기능을 유지하고 있었다(류동협, 2017). 워싱턴 포스트의 경우에는 댓글을 쓰기 위해 이메일 계정을 통한 회원 가입이 진행되며, 악성 댓글이나 지식재산권을 침해하는 글을 올리지 못하도록 가이드라인을 제공하고 있다. 가디언은 인종과 이민 등과 같이 논쟁을 초래할 수 있는 기사의 댓글을 불허하며, BBC의 경우에는 개별 댓글창은 없애고 온라인 게시판을 통해서 의견을 개진할 수 있도록 한다. CNN이나 로이터의 경우에는 아예 댓글 서비스를 제공하지 않고 있다.

눈여겨볼 만한 해외 댓글 운영 사례는 뉴욕타임스 사례이다. 성공적인 댓글 운영 언론사로 뉴욕타임스가 주로 언급된다. 뉴욕타임스의 경우, 모든 기사에 대한 댓글은 허용하지 않고 있다. 전체 기사의 10% 정도만 24시간 동안 댓글을 허용한다. 작성된 댓글에 대해서는 모두 검토한 뒤 승인한 것만 사이트에 노출시키고 있다. 인신공격, 악성 댓글, 맞춤법 문제가 있는 댓글, 같은 글의 반복 게재, 가짜 이메일을 사용한 댓글 등은 승인하지 않고 있다. 작성된 댓글 중에서 소수의 몇 개는 에디터가 선별하여 "Times Pick"이라는 이름으로 표시한다. 이 외에도 뉴욕타임스는 실명제는 아니지만, 기사에 댓

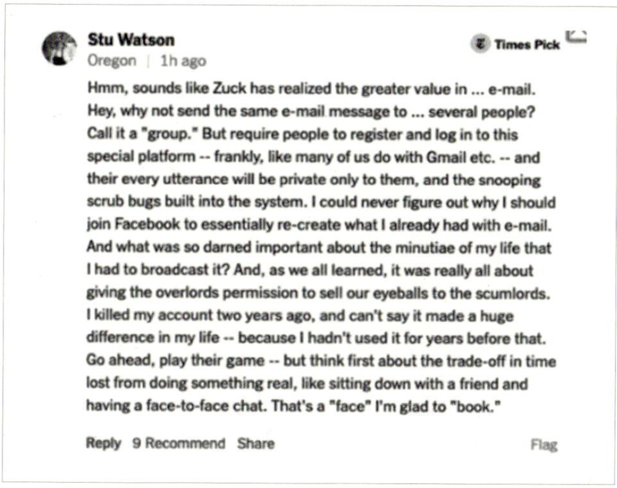

Stu Watson
Oregon | 1h ago

Times Pick

Hmm, sounds like Zuck has realized the greater value in ... e-mail. Hey, why not send the same e-mail message to ... several people? Call it a "group." But require people to register and log in to this special platform -- frankly, like many of us do with Gmail etc. -- and their every utterance will be private only to them, and the snooping scrub bugs built into the system. I could never figure out why I should join Facebook to essentially re-create what I already had with e-mail. And what was so darned important about the minutiae of my life that I had to broadcast it? And, as we all learned, it was really all about giving the overlords permission to sell our eyeballs to the scumlords. I killed my account two years ago, and can't say it made a huge difference in my life -- because I hadn't used it for years before that. Go ahead, play their game -- but think first about the trade-off in time lost from doing something real, like sitting down with a friend and having a face-to-face chat. That's a "face" I'm glad to "book."

Reply 9 Recommend Share Flag

〈그림 3-4〉 뉴욕타임스에서는 에디터가 선별한 댓글을 Times Pick이라는 이름으로 표시한다
출처: https://www.thecut.com/2019/03/thecouple-behind-the-best-nytimes-comment-exchange-ever.html

글을 달기 위해서는 이름과 지역을 입력하도록 요구함으로써 익명성을 낮추어 작성자의 책임감을 높이는 전략을 취한다. 실제 이러한 뉴욕타임스의 댓글 관련 노력은 유료 구독자 수의 증가로 연결되었다. 뉴욕타임스는 댓글 관리나 댓글 작성자의 정보 공개 측면에 보다 적극성을 가지며, 표현의 자유보다는 댓글의 품질을 높임으로써 댓글의 긍정적 측면을 십분 활용하고자 노력하고 있다.

Q5. 온라인 리뷰는 어떻게 운영되고 있는가?

인터넷 쇼핑몰 등에서 온라인 리뷰가 어떻게 관리되고 있는지도 참고할

만하다. 상업적 측면에서 의미가 있는 온라인 리뷰는 공익성이 강조되는 뉴스 댓글과는 차이가 분명히 있지만, 무엇보다 객관적이고 공정한 리뷰 시스템을 운영하는 것이 플랫폼 사업자의 성패를 좌우한다는 점에서 참고해 볼 만한 가치가 있다.

최근 글로벌 기업으로 성장한 아마존, 에어비앤비, 우버 등은 모두 플랫폼 사업자이다. 플랫폼 사업자는 생산자와 소비자를 중간에서 매개하는 역할을 한다. 아마존은 판매자와 구매자를, 에어비앤비는 호스트와 숙박을 하려는 사람을, 우버는 승객과 드라이버를 연결한다. 플랫폼 사업자들이 성장하기 위해서는 소비자와 생산자 사이에서 이루어지는 거래에 대한 신뢰를 제공해 주어야 한다. 온라인 리뷰가 이러한 신뢰를 제공해 주는 역할을 하며, 플랫폼 사업자들의 중요한 자산이 된다. 특정 상품 홍보를 위해 의도적으로 작성된 리뷰라든지, 제품이나 리뷰에 대한 평가를 조작하는 행위를 차단하는 것은 플랫폼 사업의 성패와도 직결된다. 이러한 이유로 플랫폼 사업자는 많은 고민과 노력을 거쳐 리뷰 시스템을 운영하고 있다.

그렇다면, 플랫폼 사업자들은 온라인 리뷰를 어떤 방식으로 효과적으로 운영하고 있을까? 플랫폼 사업자들은 크게 두 가지 측면에서 중점 관리를 하고 있는데 하나는 온라인 리뷰의 선별 방식이고, 다른 하나는 익명성을 해치지 않는 범위에서 최대한 리뷰 작성자의 신뢰도를 드러내는 것이다.

아마존에 접속하여, 삼성 갤럭시 탭을 구매하려고 한다. 구매 의사를 결정하기 전에 다른 고객들이 남긴 리뷰를 살펴보려고 하지만, 작성된 고객평이 수천 개에 달한다. 모든 리뷰를 읽어 볼 수 없어서 맨 첫 페이지에 작성된 십여 개의 고객평을 꼼꼼히 읽어 보았다. 첫 번째로 노출된 고객평은 수백 명의 사람들이 유용하다고 투표를 한 고객평이었다. 나머지 고객평들도 모두 다른 사람들에 의해 유용하다는 투표를 많이 받은 고객평들이었다.

위의 사례와 같이 하나의 상품에 수백 수천 개씩 달리는 온라인 리뷰를 모두 읽어 보고 상품 구매 결정을 하는 건 불가능하다. 온라인 리뷰를 선별하고 배치하는 문제가 중요한 것도 이러한 이유 때문이다. 따라서 대부분의 인터넷 쇼핑몰에서는 양질의 리뷰 선별을 위해 투표 기능을 도입하여 사용하고 있다. 다른 고객들의 리뷰가 구매 의사 결정에 얼마나 유용하게 활용될 수 있는지를 투표를 통해 결정하는 것이다. "이 상품평이 당신에게 도움이 되었습니까?"라는 물음에 대한 사람들의 투표를 통해, 상품평을 나열한다. 집단지성을 활용하여 소비자들이 상품평을 선별하여 살펴볼 수 있도록 하는 것이다. 예를 들어, 아마존의 경우에는 투표수를 통해 유용한 리뷰를 선별하고, 상품에 대해 긍정적 의견을 준 리뷰와 부정적 의견을 준 리뷰를 각각 뽑아서 맨 상단에 노출시키고 있다. 상품에 대한 의견의 다양성을 반영하면서 대다수가 생각하는 유용한 리뷰를 선별하여 보여 주는 것이다.

누군가가 의도적으로 유리한 상품평을 상단에 노출시키도록 투표 결과를 조작한다면, 혹은 유리한 상풍평을 의도적으로 작성한다면 어떻게 될까? 사람들이 이러한 이유로 고객평을 신뢰하지 않기 시작한다면, 고객평을 자산으로 여기는 인터넷 쇼핑몰에게는 큰 타격일 것이다. 실제로 영화사나 영화 홍보 대행사의 경우, 리뷰 아르바이트를 고용하여 홍보하는 영화에 대한 평점을 상향 조정하거나, 경쟁 관계에 있는 영화의 평점을 낮추기도 한다. 이렇게 소위 알바라고 불리는 리뷰의 조작이 이루어진다면, 사람들은 그 리뷰 사이트를 더는 신뢰할 수 없을 것이다. 따라서 플랫폼 사업자는 리뷰 작성자나 투표자가 진짜 구매자였는지 구분하는 것에도 적극적이다. 일례로, 영화 리뷰 플랫폼인 네이버영화의 경우 2014년 네이버를 통해 영화를 예매한 관람객이 쓴 평점을 따로 표시해 주는 관람객 리뷰 기능을 도입하였다. 리뷰를 쓴 사람의 예매 여부를 확인함으로써 믿을 수 있는 리뷰를 고객들에게 제공하고자 하는 것이다. 아마존과 트립어드바이저 등의 글로벌 플랫폼들의 경우에도 리뷰를 작성하는 사람들의 책임감 있는 활동을 위해, 플랫폼

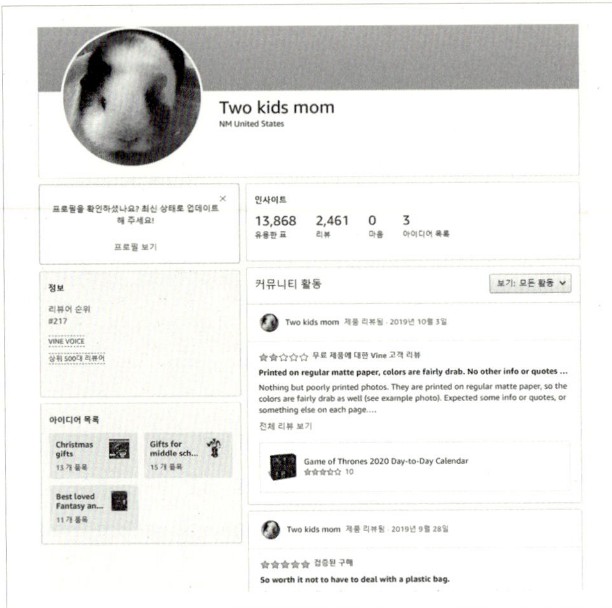

〈그림 3-5〉 아마존에서는 리뷰어의 정보를 공개하기 위해 별도의 리뷰어 페이지를 운영한다
출처: https://www.amazon.com/gp/profile/ amzn1.account.
AGLG4ZYGTLKOXZNVUPMBD6Q6YDTA/ref =cm_cr_arp_d_gw_btm?ie=UTF8

차원에서 리뷰어들의 등급을 매기고, 실명과 사는 지역 등에 대한 정보를 제공하도록 유도한다. 또한 리뷰어 페이지를 만들어 그들이 플랫폼 내에서 활동한 내역에 대한 정보를 공개하기도 한다. 트립어드바이저와 같은 몇몇 플랫폼의 경우에는 리뷰를 작성하는 사람에 대한 팔로잉 기능을 도입함으로써, 특정 작성자에 대한 글을 선별하여 볼 수 있는 기능 또한 제공하고 있다.

뉴스 댓글을 운영하는 언론사들이나 온라인 리뷰를 활용하는 플랫폼 사업자들은 공통적으로 게시글의 선별과 더불어 작성자 관리에 있어서 다양한 노력을 기울이고 있음을 확인하였다. 그렇다면 한국의 뉴스 댓글 문제는 어떻게 해결할 수 있을까? 이를 위해 한국에서 이루어진 댓글 운영 정책의 현황 및 변화 방향을 살펴보고자 한다.

Q6. 한국의 뉴스 댓글 운영은 어떻게 변화해 왔는가?

한국은 네이버와 다음과 같은 포털을 통해서 뉴스 소비가 주로 이루어진다. 한국언론진흥재단(2018)의 디지털뉴스리포트에 따르면, 한국의 언론사 홈페이지를 통한 뉴스 이용률은 5%로 조사대상국 37개국 중 가장 낮지만, 검색 및 뉴스수집서비스를 통한 뉴스 이용은 77%로 37개국 중 가장 높은 것으로 나타났다. 한국인이 가장 많이 사용하는 뉴스 이용 플랫폼은 네이버(65%)였으며, 다음(38%)이 그 뒤를 이었다(한국언론재단, 2018). 네이버는 뉴스 소비가 가장 많이 이루어지는 포털인 만큼 댓글의 영향력 또한 크며, 이런 이유로 댓글 조작의 대상이 되어 왔다. 최근 일어난 드루킹 댓글 조작도 네이버 뉴스에서 일어난 사건이었고, 이 일로 네이버는 댓글 운영 정책을 수차례 변경하였다.

한국의 대표적 뉴스 포털인 네이버는 2000년 온라인 뉴스 서비스를 시작하고, 2004년부터 온라인 댓글 서비스를 제공하기 시작하였다. 네이버는 2006년에 댓글에 대한 추천 기능을 처음으로 제공하였고, 2012년 댓글을 오래된 순서와 호감도 순으로 정렬하는 기능을 추가하였다. 이 때 호감도는 공감 수에서 비공감 수를 빼서 산정되었다. 2015년 5월에는 최신순 정렬을 순공감순 정렬로 변경하였다. 하지만 정치 분야와 같이 양극단의 의견을 가지는 경우, 댓글에 대한 공감 수에서 비공감 수를 빼서 도출되는 순공감순 정렬은 본인이 옹호하는 입장의 댓글이 상위에 노출되도록 하기 위해 공감 및 비공감을 반복적으로 누르는 문제를 일으키기도 하였다. 이러한 댓글 공감 조작 문제가 2018년 드루킹 사건으로 수면 위로 드러났다.

드루킹 사건에서 순공감순 댓글 정렬 방식이 매크로에 의한 공감 수 조작에 악용된 이후, 현행의 포털을 통해 뉴스를 소비하는 인링크 방식을 없애고 아웃링크로 변경해야 한다는 주장, 댓글 기능을 없애야 한다는 주장, 댓글 실명제를 도입해야 한다는 주장 등이 나왔고, 네이버는 이를 해결하기 위한 방안으로 2018년 5월 15일 정치섹션 댓글 정렬 방식을 순공감순 정렬에서 최신순 정렬로 바꾸고 댓글창 열기 버튼을 통해서만 댓글을 볼 수 있도록 변경하였다.

그렇다면, 드루킹 사건으로 인해 변화한 최신순 댓글 정렬 방식은 과연 댓글의 역기능을 어느 정도 해소할 수 있었을까? 이를 알아보기 위해, 2018년 1월부터 9월까지 게시된 네이버 뉴스 정치섹션 기사에 작성된 댓글 육백여만 개를 통해 네이버의 댓글 정책 변화가 가져온 효과를 자체적으로 분석해보았다. 댓글창 접기로 인해 댓글 수는 줄어들었으나, 댓글 글자수 및 욕설댓글 비율에 있어서는 정책 도입 전후 차이가 없었다. 정책 도입 이후, 댓글 작성자의 여성 비율은 더욱 줄어들고(일반적으로 댓글 작성자의 남성 비율이 70% 이상을 차지한다), 연령대의 분포가 좁아짐으로써 인구통계학적 다양성은 더욱 떨어지는 것으로 나타났다. 결과적으로, 댓글 내용의 정화에는 큰 효과가 없었으며, 댓글 작성자의 다양성 또한 확보하지 못한 것으로 판단된다. 하지만, 댓글 정렬 방식의 변경 이후, 공감 및 비공감 횟수가 눈에 띄게 줄어든 것을 확인할 수 있었다. 자신이 옹호하는 댓글의 노출을 위한 댓글 공감 표현의 유인이 사라지게 된 것이다. 드루킹의 댓글 추천 수 조작 등의 기존 댓글의 문제가 네이버의 댓글 정책으로 어느 정도 정화된 것으로 보인다. 정책 도입에 따라 공감, 비공감 표현 모두 그 양이 확연히 줄어들었으며, 공감 표현에 비해 비공감 표현이 더욱 줄어든 것으로 나타남으로써 반대 의견 피력을 위한 작위적인 비공감 표현을 줄이는 효과를 가져온 것으로 보인다.

〈그림 3-6〉 댓글을 선별, 정렬하는 방식은 다양(최신순, 오래된순, 순공감순 등)하다
출처: https://news.naver.com/main/read.nhn?mode=LSD&mid=shm&sid1=105&oid=011&aid= 0003629298

2018년 10월 22일 네이버는 뉴스 서비스 댓글 정렬 방식을 다시 한 번 변경하였다. 네이버는 언론사들이 자체적으로 댓글 정렬 방식을 결정할 수 있도록 하였다. 뉴스 섹션별로 댓글창을 제공할지, 제공하면 댓글 접기를 적용할지, 어떤 정렬 방식(최신순, 순공감순, 과거순, 공감비율순)을 사용할지에 대한 결정권을 언론사에 넘긴 것이다. 2019년 7월 기준 각 언론사별 현황을 살펴본 결과, 대부분의 언론사가 정치섹션에 있어서는 최신순 댓글 정렬 방식을 사용하였고, 댓글 접기 여부는 언론사별로 차이를 보이는 것으로 나타났다. 반면, 정치섹션이 아닌 경우에는 기존의 순공감순을 따르는 경우가 많았다. 의견이 극명하게 대립되는 정치섹션의 경우 순공감순 정렬의 폐해가 큰 만큼 최신순 정렬을 더욱 선호하는 것으로 보인다.

네이버는 댓글 정렬 방식 이외에도 다양한 플랫폼 정책을 통해 댓글 조작의 문제점을 해결하고자 노력하였다. 댓글 작성 및 공감 표현 횟수에 있어서도 제한을 두었다. 2018년 6월에는 복사해서 붙이는 댓글을 금지하기 위해, 휴대전화 번호 1개 기준으로, 작성 가능한 댓글 수를 기존 60개에서 20개로,

공감 수도 최대 150개에서 50개로 제한하였다. 이를 통해 댓글 조작의 가능성을 최소화하고자 하였다.

반면, 댓글 작성자의 신분 노출과 관련하여서는 실명제와는 방향을 달리하여, 익명성을 강화하는 방향으로 정책이 움직이고 있다. 네이버는 뉴스 서비스를 시작한 이후에는 아이디를 전부 공개하였으나, 2010년 이후 아이디의 네 글자만 보이도록 하고 있으며, 댓글 작성자가 댓글 이력을 공개하고자 하는 경우에 한해서만 특정 댓글 작성자의 기존 댓글 이력을 확인할 수 있다.

이와 같이 한국에서도 댓글 선별의 중요성을 인지하고, 다양한 시도를 통해 뉴스 댓글의 부작용을 줄이고자 노력하고 있으나 실질적인 효과에 대해서는 아직 확신할 수 없는 상황이다. 또한 위에서 언급한 해외 사례와 같이 댓글 작성자에 대한 익명성을 줄여 책임감을 부여하고 댓글 작성자에 대한 정보를 제공하여 선별에 활용할 수 있는 방안에 대해서는 아직까지 활발한

〈그림 3-7〉 네이버에서는 댓글 작성자가 댓글 이력을 공개할 수 있다
출처: https://news.naver.com/main/read.nhn?mode=LSD&mid=shm&sid1=105&oid=011&aid=0003629298

논의가 이루어지고 있진 않다.

Q7. 뉴스 댓글, 신뢰받기 위한 방안은?

호주 인터넷 광고 협회(IAB: Interactive Advertising Bureau, 2013)는 미디어가 댓글의 품질을 관리하기 위한 방안을 네 가지로 분류한 바 있다. (1) 사람이 직접 댓글의 품질을 판단하는 방법, (2) 컴퓨터가 이를 판단하는 방법, (3) 다수의 유저들이 이를 판단하는 방법, (4) 댓글 작성자가 스스로 품질을 높이는 방법의 네 가지로 분류되며, 대다수 언론사와 포털은 이 네 가지 방안을 다양하게 활용하여 댓글 품질을 높이고자 노력하고 있다. 각각의 방안들은 다음과 같은 장단점을 가진다.

첫 번째로 사람이 직접 댓글의 적합성을 판단하는 방법(human moderation)은 정확성은 높으나 시간이나 비용 면에서 단점을 가진다. 뉴욕타임스의 경우 에디터가 직접 댓글의 적합성을 판단하는 방법을 활용하여 "Times Pick"을 선정하며, 시간이나 비용 면에서의 단점을 최소화하기 위해 댓글을 쓸 수 있는 기사를 한정하는 방식을 사용하고 있다. 이 경우에는, 플랫폼의 영향력이 커짐으로써 댓글 본연의 기능을 상실할 수 있다.

두 번째로 컴퓨터 프로그램을 활용하여 자동으로 댓글의 적합성을 판단하는 방법(automatic moderation)은 시간과 비용에 있어 장점을 가지나 정확성이 떨어진다는 한계를 가진다. 네이버의 경우 댓글에 비속어나 욕설을 쓰는 경우 자동으로 '***'으로 바뀌는 '욕설 치환' 기능을 활용하고 있다. 하지만, 컴퓨터를 통한 욕설 탐지를 피해 가기 위해 만든 너무나 창의적인 욕설들을 모두 치환하는 것은 불가능하다.

세 번째는 사용자들의 집단지성에 근거한 방식(community moderation)이다.

온라인 리뷰와 뉴스 댓글 플랫폼 대부분은 다수의 사용자가 투표를 통해 이를 평가하거나 문제가 있는 경우 이를 신고할 수 있도록 한다. 즉, 선별을 할 수 있는 권한을 다수의 일반인들에게 맡기는 방식을 택하고 있다. 하지만 이 경우, 드루킹 사건으로 드러난 것처럼 매크로에 의한 투표수 조작이 일어나는 문제가 발생할 수 있다.

마지막으로 댓글 작성자의 활동 정도 및 호응도를 중심으로 권한을 줌으로써 스스로 책임감을 갖도록 하는 방안(reputation-based moderation)이다. 댓글 실명제를 도입하는 경우는 거의 없지만, 가입할 때 이메일 주소 등을 요구하거나, 댓글 이력을 보여 준다거나, 댓글 작성자의 아이디를 노출시키는 것도 이러한 노력에 속한다. 뉴욕타임스의 경우에는 실명으로 보이는 이름을 남기거나 사는 곳을 밝히며, 기사와 관련된 전문가라면 직장을 쓰기도 한다. 이 방법은 댓글 작성자의 정보를 최대한 공개함으로써 독자들이 신뢰도 높은 작성자와 그렇지 않은 작성자를 스스로 구분할 수 있도록 도와준다.

위에서 제시된 네 가지 방안 중 특정한 하나의 방안만으로 댓글의 역기능을 해결하는 것은 불가능하다. 현행 한국의 댓글 운영 현황을 살펴보고, 복합적 관점에서의 접근이 필요할 것이다. 현재 한국의 뉴스 포털에서는 포털이 직접 댓글 선별에 참여하기보다는, 추천이나 신고를 통해 댓글 선별에 대한 책임과 권한을 사용자에게 주어 운영하는 쪽을 택하고 있다. 하지만, 막상 사용자가 댓글을 자발적으로 선별해 낼 수 있는 환경을 제공하는 것에는 소극적인 편이다. 욕설이나 광고 등 댓글의 내용적인 측면에서의 선별을 위해서는 노력하고 있으나 댓글의 작성자가 순수한 일반 사용자인지, 악성 댓글을 주로 쓰는 작성자인지, 아니면 여론 조작을 위해 조직적으로 동원된 사용자 혹은 매크로인지 구분할 수 있는 정보 제공은 미흡하다. 따라서 포털 댓글의 신뢰도를 높이기 위해서는 댓글 내용뿐 아니라 댓글 작성자에 좀 더 집중할 필요가 있다.

온라인 리뷰를 운영하는 글로벌 플랫폼에서 리뷰어 페이지를 만들어 관리하고, 더 나아가 리뷰어를 필터링하고 팔로잉할 수 있는 기능을 제공하는 이유는 구매자들이 스스로 믿을 수 있는 리뷰를 선별할 수 있도록 최대한 정보를 제공하는 데 있다. 동일한 맥락에서, 댓글 활동에 대해서도 댓글 작성자가 최소한의 익명성을 보장하는 내에서 스스로 책임을 다하게 하고, 사용자들이 책임 있는 댓글 작성자를 쉽게 구분할 수 있도록 정보를 제공하는 것이 중요하다. 댓글 작성자의 댓글 작성 이력 정보를 제공하는 것은 이미 국내 대표적인 포털인 네이버와 다음에서 활용하고는 있지만, 네이버의 경우 댓글 이력을 공개하지 않고 있는 댓글 작성자가 전체의 90% 수준에 달한다. 사용자의 댓글 이력 공개를 의무화하고, 댓글 작성 활동의 주기, 신고 받은 내역, 삭제하는 댓글 비율 등에 대한 댓글 작성자의 정보를 제공해 주면 독자들이 댓글을 스스로 선별하는 데 도움이 될 것이다. 아마존닷컴과 트립어드바이저 등에서 활용하고 있는 방식을 벤치마킹하여, 댓글 작성자에게 포인트 및 등급을 통해 책임감 있는 댓글 작성을 유인하는 것도 하나의 방안이 될 수 있다. 또한 뉴욕타임스처럼 댓글을 작성하기 위해서 이름과 지역, 전문분야 등을 입력하도록 요구함으로써 작성자의 책임감을 높일 수도 있을 것이다. 트립어드바이저와 같이 특정 댓글 작성자를 팔로잉할 경우 그 댓글 작성자의 댓글 내용을 우선적으로 선별하여 볼 수 있는 기능에 더해, 야후와 같이 특정 댓글 작성자에 대해서는 댓글을 차단하는 방식 등도 도입할 수 있을 것이다. 이를 통해 플랫폼이나 언론사에 의해 정해지는 일률적인 댓글 선별 방식이 아닌 독자들이 주체적으로 댓글 선별 과정에 참여할 수도 있을 것이다.

결론을 대신하여

: 뉴스 댓글의 역기능을 최소화를 위한 적극적 논의가 필요한 때이다.

악성 댓글로 인해 자살하는 연예인들의 뉴스를 접할 때마다 도대체 어떤 사람들이 무슨 이유로 이런 짓을 하는 것인지 궁금하다. 댓글로 인해 성별, 세대 간 대립이 더욱 심화되고, 드러내지 않아도 될 사회갈등이 수면 위로 올라오는 것 같아 불편하다. 드루킹 사건으로 댓글 본연이 가지고 있는 특성을 의심하지 않고 믿어도 될지도 의문이다. 이런 댓글을 계속 그대로 두어야 할까?

댓글의 역기능이 있으니, 이를 없애자라고 주장할 수 있을까? 댓글로 인해 대다수 일반인들이 본인들의 생각을 자유롭게 표현할 수 있게 되었고, 잘못된 정보를 서로 견제할 수 있게 되었다. 이러한 순기능을 모두 버려야지만 역기능을 없앨 수 있을까? 모든 기술의 발전에는 역기능이 있어 왔고, 우리는 이를 현명하게 노력하며 발전해 왔다. 뉴스 댓글도 마찬가지다.

이 장에서는 이러한 댓글의 역기능을 없애기 위한 다양한 시도들에 대해 살펴보았다. 물론 댓글 게시판 자체를 없애고 있는 언론사도 있다. 하지만 다수의 언론사와 뉴스 포털들은 댓글의 순기능을 없애지 않는 선에서 역기능을 최소화하기 위해 다양한 시도를 하고 있다. 에디터가 댓글 선별에 참여하기도 하고, 댓글 작성자 및 댓글 자체에 대한 선별 방식의 개선을 위해 노력하며, 댓글을 보여 주는 방식에 있어서 변화를 시도하기도 한다. 뉴스 댓글과는 성격이 다르지만, 온라인 리뷰의 품질을 높이기 위한 플랫폼의 노력도 배울 수 있다. 온라인 리뷰가 주요 자산인 플랫폼에서는 리뷰 자체뿐만 아니라 리뷰어에 초점을 맞춘 전략을 활용한다. 리뷰어 페이지를 운영하고, 리뷰어의 랭킹을 매기며, 선별적으로 리뷰어들을 팔로잉하는 기능을 제공함으로써, 품질 좋은 리뷰 작성을 위한 유인을 주기 위해 노력한다. 온라인 환경에서 익명성이 보장되어야 하는 제약을 극복하기 위해 플랫폼 내에서 이루어지는 작성자의 활동을 중심으로 정보를 공개하고, 자발적으로 본인의 오프라인 관련 정보도 공개할 수 있도록 하는 것이다.

건전한 뉴스 댓글 생태계를 만들기 위해서 제외국에서 시도하고 있는 다양한 언론사, 포털의 노력에 더해, 온라인 리뷰 사이트에서 활용하고 있는 작성자에 초점을 맞춘 방안도 시도해 볼 만하다. 이 외에도 댓글의 역기능을 해결하기 위한 다양한 방안이 있을 것이다. 지금이야말로 뉴스 댓글의 역기능을 최소화시키기 위한 방안에 대해 학계, 업계, 정부, 독자들의 적극적인 관심과 노력이 필요한 시기이다.

참고문헌

김선호 · 오세욱(2018). 〈뉴스 댓글 운영 현황과 개선방향〉. 한국언론진흥재단. http://www.kpf.or.kr/site/kpf/research/selectMediaPdsView.do?seq=574912

류동협(2017). 2016년 〈세계 온라인 댓글 연구: 댓글은 여전히 중요한가?〉. 세계신문협회, 《신문과 방송》 1월호, 80-85.

김선호 · 김위근 · 박아란 · 양정애(2018). 〈디지털 뉴스 리포트 2018 한국〉. 한국언론진흥재단. http://www.kpf.or.kr/site/kpf/research/selectMediaPdsView.do?seq=574923

Interactive Advertising Bureau (IAB). (2013). Social Media Comment Moderation Guidelines. Retrieved from https://www.iabaustralia.com.au/news-and-updates/l atest-news/item/465-iab-australia-releases-social-media-comment-moderation-guidelines

Kwon, K. H. & Cho, D. (2017). Swearing effects on citizen-to-citizen commenting online: A large-scale exploration of political versus nonpolitical online news sites. *Social Science Computer Review 35*(1), 84-102.

생존 위기의 만화가들은 어떻게 세계적 웹툰작가로 성장했나?

윤형원 네이버 글로벌사업지원

2019년 10월, 미국의 만화 축제 코믹콘(Comic Con) 한쪽에는 네이버웹툰의 글로벌 플랫폼 '라인웹툰'의 부스가 자리했다. 그곳에는 갖가지 캐릭터 코스프레를 한 팬들이 좋아하는 웹툰 작가의 사인을 받기 위해 줄을 길게 서 있었다. 특히 현지에서 최고의 인기를 얻고 있는 레이첼 스마이스(Rachel Smythe) 작가의 경우, 사인회가 진행된 1시간 내내 400명 이상의 줄이 이어졌다. 그녀의 작품을 구독하는 팬은 270만 명에 달한다. 작가의 사인을 받은 독자들은 "작가를 실제로 만날 수 있어 행복하고, 줄을 서서 기다린 시간이 아깝지 않다"고 말했다.

웹툰 작가들과 함께하는 창작 관련 토크 세션에서는 웹툰 작가를 꿈꾸는 관객들의 질문들이 계속됐다. 자신의 딸이 웹툰 작가를 꿈꾸는데, 어떻게 지원해야 하는지 묻는 부모도 나타났다. 수백만 구독자를 기반으로 안정적인 창작활동을 하고 있는 작가들은, 웹툰 작가로서의 삶과 창작에 대한 팁을 그들의 팬이자, 웹툰 작가 지망생인 팬들에게 아낌없이 나누었다.

위 사례처럼, 최근 해외에서 웹툰 작가가 주목받는 직업으로 떠오르고 있다. 한때 국내 출판 만화가 줄줄이 폐간하고 위기에 처하면서 '변변찮은 직업'으로 여겨졌던 만화작가는, 수많은 스타 작가의 탄생으로 청소년들이 가장 꿈꾸는 인기 직업 중 하나로 자리 잡았다. 그리고 최근에는 국내를 넘어 해외에서도 웹툰이 소수 마니아층을 넘어 대중적으로 주목받기 시작하면서, 전 세계적으로 웹툰 작가의 꿈을 키우는 사람들이 점점 늘어나고 있다.

최근의 콘텐츠 흐름에서 웹툰은 핵심적 키워드다. 수많은 사람의 일상 속 소소한 낙이자, 다른 독자들과의 의견 교류의 장으로서 2000년대 초반부터 성장해 온 웹툰은, 이제 영화, 드라마, 뮤지컬 등 분야를 가리지 않고 다양한 콘텐츠 영역에 새로운 바람을 불어넣는 콘텐츠 IP(Intellectual Property, 지식재산권)의 원천이 되고 있다. 그리고 이러한 현상은 웹툰의 글로벌 진출 5년 만에 일본, 미국, 동남아 등 전 세계로 뻗어가고 있다. 이러한 현상은 어떻게 가능해졌을까?

Q1. 서브컬쳐에서 문화산업의 핵심으로, 웹툰은 어떻게 성장했나?

1990년대 각종 잡지를 중심으로 성장해 온 국내 출판만화 산업은 2000년대 초반부터 침체기에 들어선다. 만화를 대체할 새로운 엔터테인먼트인 멀티플렉스가 전국에 보급되고, 스타크래프트 등 게임의 인기도 높아졌다. 또한 인터넷상에서는 불법 만화 콘텐츠가 범람하면서 만화를 돈 주고 보는 사람들이 급격히 줄었다. 결국 한때 최고의 인기를 누렸던 만화 잡지들이 잇달아 폐간되면서 만화가를 꿈꾸던 수많은 사람은 만화를 생업으로 삼기 어려운 상황에 이른다. 그나마 명맥을 이어 가던 만화 잡지들마저 각 출판사가 직접 선별한 만화만 올라갈 수 있다 보니, 판매를 보증할 수 있는 소수 검증된 만화가에게만 기회가 몰리고, 신인 작가들이 새로운 작품을 선보이기는 점점 힘들어졌다. 이는 시장 전반의 침체로 이어졌고, 독자들이 합법적인 경로로 만화를 접할 수 없는 환경 속에서 이러한 악순환은 계속해서 반복되었다.

이때 웹툰은, 인터넷 환경에 최적화된 무료 콘텐츠로서 시작됐다. 인터넷을 통해 음성적으로 만화 콘텐츠를 소비하는 행태가 만연한 상황에서, 다음, 네이버, 엠파스, 파란 등 각종 포털 사이트들은 만화 콘텐츠에 대한 선호가 있는 독자층을 자사의 사이트로 유인하기 위한 수단으로 각종 웹툰 작품들을 발굴해 제공하기 시작한다.

웹툰이 기존의 출판만화와 구분되는 가장 대표적인 특징은 인터넷 소비 환경에 맞는 짧은 길이와 연재 주기, 다양한 연출적 발상과 시도, 그리고 독자 반응과 사회·문화적 현상을 그때그때 담아낼 수 있는 트렌디함이다. 긴 호흡의 이야기를 오랜 시간의 간격을 두고 연재하던 출판만화와는 달리, 온라인에서는 주기적인 연재 방식이 더욱 자연스럽게 받아들여졌다. 매 회차를 정해진 시점에 업로드하고, 다음 회에 대한 궁금증을 자아내는 방식으로 마무리하면서 독자들의 예측 가능한 콘텐츠 소비를 이끌어낼 수 있었기 때문이다. 즉, 네이버웹툰이 서비스 초기 도입한 요일제 연재 방식은 웹툰이 업데이트되는 시간마다 자신이 원하는 연재작을 보러 오는 것이 많은 독자의 일상 속 루틴(routine)으로 만드는 효과가 있었다. 여기에 별도의 비용을 지불하지 않아도 볼 수 있는 무료 콘텐츠라는 점도 유인으로 작용해, 독자들 사이에서 웹툰의 소비가 더욱 촉진되었다.

더욱 폭넓은 주제와 장르를 아우를 수 있다는 것도 장점이다. 출판에 드는 시간과 비용이 절감되고, 독자들의 반응을 인터넷상에서 실시간으로 관찰할 수 있는 만큼 창작자들은 다양한 주제와 연출을 부담 없이 시도해 보면서 독자들로부터 피드백을 받을 수 있다. 또한, 세로로 끊임없이 펼쳐지는 디지털 화면을 자유롭게 활용하면서 시각적인 효과도 더욱 극대화할 수 있다. 그리고 웹툰은 각종 트렌드와 이슈, 유행어 등을 즉각적으로 작품에 담아낼 수 있는 감각적인 콘텐츠다. 작가의 성향이나 작품 장르 등에 따라 차이는 있으나, 많은 웹툰 작품들은 크고 작은 사회, 문화적 이슈와 문제의식을 담아내고 있다. 즉, 웹툰이 문화적 코드와 정서를 민감하게 찾아내고, 반영할 수 있다는 점은 콘텐츠의 유행 주기가 짧고 변화의 폭이 큰 온라인 콘텐츠 생태계에서 더욱 두드러졌다.

웹툰 사업자들은 창작자들이 자신의 콘텐츠를 통해 더욱 인정받고 성장할 수 있도록 생산 단계에서부터의 변화를 모색한다. 바로 공급자가 선택하는 것이 아닌 사용자가 선택하는 형태의 승격 시스템이다. 출판만화가 중심이었던 기존의 만화 산업은 사실상 '게이트키퍼' 역할을 하는 편집자가 작품을 판단하고, 그 의견에 따라 작품 선발 여부를 결정하는 구조였다. 반면 누구나 쉽게 참여할 수 있는 승격 시스템을 통해서는, 독자 반응과 작가의 작품활동에 대한 성실도 등을 종합해 프로 작가로 데뷔할 수 있는 구조가 마련되었고, 그만큼 작가를 향한 진입장벽은 더욱 낮아지게 되었다.

네이버웹툰은 2004년 처음으로 작가 승격 시스템인 '도전만화' 시스템을 도입했고, 이후 다음웹툰은 '웹툰리그'를 도입했다. 뿐만 아니라 업계 전반에서는 신인 웹툰 작가를 발굴하기 위해 독자들의 선호도가 점수에 반영되는 각종 공모전을 개최하는 등, 신인 작가 데뷔를 위한 문턱을 대폭 낮췄다. 이를 통해 만화가를 꿈꾸던 수많은 창작자에게는 새로운 기회가 생겼고, 웹툰 사업자들은 승격 시스템과 각종 공모전을 통해 다양한 취향의 독자층을 아우르면서도 대중적인 관심사를 가장 빠르고 유연하게 반영할 수 있게 되었다. 그리고 웹툰 사업자들의 신인 발굴 시스템은 다양한 장르와 스타일의 작품들을 탄생시켰다. 일상 코믹 장르의 〈마음의 소리〉(조석 작가), 캠퍼스를 소재로 한 미스터리/로맨스물 〈치즈 인더 트랩〉(순끼 작가), 판타지 장르의 〈신의 탑〉(SIU 작가)과 〈노블레스〉(손광수·이제호 작가) 등은 기존의 만화에서 찾아보기 힘들었던 참신한 소재와 장르로 독자들을 사로잡았다.

각종 웹툰 서비스에서 작품성을 갖춘 웹툰이 하나둘씩 조명을 받으면서 웹툰 작품과 작가에 대한 팬층도 점차 두터워졌다. 〈여신강림〉(네이버웹툰)의 야옹이 작가, 〈신과 함께〉(네이버웹툰) 주호민 작가, 〈미생〉(다음웹툰)의 윤태호 작가, 〈아파트〉(다음웹툰) 강풀 작가 등 대중적으로 널리 이름을 알리는 스타 웹툰 작가들도 탄생했다. 이렇게 웹툰은 단순한 킬링타임용 콘텐츠, 또는 일부 마니아들만 접하는 서브컬쳐를 넘어서서 메인스트림 콘텐츠로 자리잡게 된다.

〈그림 4-1〉 네이버웹툰 "마주쳤다" 셀카를 찍으면 독자의 얼굴을 하일권 작가의 작화풍으로 바꿔 준다

인터넷 환경에서 연재되는 디지털 만화 콘텐츠라는 웹툰의 장점을 극대화할 수 있는 다양한 시도들도 계속해서 이루어졌다. 긴 화면을 수직으로 스크롤하며 감상하는 웹툰의 기본적인 형태는 온라인 환경에서 그 강점이 극대화되었다. 종이책을 좌우로 넘겨보는 전통적인 출판만화와는 달리, 위에서 아래로 내려 보는 스크롤 방식은 더욱 다양한 연출적 시도가 가능하고, 독자들의 몰입도를 높이는 데 효과적이기 때문이다.

그 외에도 웹툰 업계에서는 감상 기기의 특성을 활용한 다양한 형식을 제안해 오고 있다. 네이버웹툰은 새로운 기술과 형식이 창작의 폭을 넓힐 수 있다는 점을 고려해 스마트툰, 컷툰, 효과툰 등 새로운 연재 방식을 시도해 왔다. 2016년에는 공포 AR툰 〈폰령〉을 공개했고, 2017년에는 독자가 작품 내용에 참여할 수 있는 인터랙션툰 〈마주쳤다〉(하일권 작가)를 선보였다. 〈마주쳤다〉의 경우, 독자 자신이 직접 웹툰 속 주인공이 되어 콘텐츠 내에서 AR, 360도 파노라마, 얼굴인식 등 다양한 기술 요소를 더욱 재미있게 경험할 수 있도록 구성했다. 독자가 설정한 주인공 캐릭터의 이름으로 메시지를 수신받게 하는 등 다양한 기술적 요소들을 통해 보다 몰입감 있는 콘텐츠 경험을 제공했다. 이렇게 기술에 대해 빠르고 유연하게 진화하며 다양한 연출 방식을 제안하는 것은 엔터테인먼트 산업에서 웹툰의 경쟁력을 높이는 데도 기여했다.

〈표 1〉 네이버웹툰 기술 접목 웹툰

연도	종류	대표작	특징
2014	스마트툰	〈하이브〉(김규삼 작가), 〈조의 영역〉(조석 작가)	화면 넘김에 따라 줌인아웃, 페이드아웃, 페이지업다운 효과 발생
2015	컷툰	〈유미의 세포들〉 (이동건 작가)	개별 컷을 가로로 넘겨보는 형태로, 댓글의 연계에 초점을 둔 포맷
2015	효과툰	〈고고고〉 (하일권 작가)	스크롤 중 특정 장면에 도달시 장면 전환 효과 등 특정 이펙트 발생
2016	AR툰	〈폰령〉 (POGO, 호랑 작가)	AR, 카메라, 자이로스코프 등 중력센서 등을 웹툰에 적용
2017	인터랙션툰	〈마주쳤다〉 (하일권 작가)	AR, 360도 파노라마, 얼굴인식 등 기술요소 적용

웹툰이 대중문화의 한 축으로 성장하면서, 웹툰 플랫폼들은 연재작들을 수익화하며 새로운 단계로 도약하기 시작한다. 2000년대의 웹툰은 누구나 즐길 수 있는 온라인 무료 콘텐츠였다면, 이후부터는 독자들의 큰 틀에서의 소비 패턴은 그대로 유지하면서 콘텐츠의 가치를 더하기 위한 방법을 마련해 나갔다. 예를 들어 네이버웹툰은 2012년, 앞으로의 연재분을 100원~200원 정도의 금액을 지불하면 미리 감상할 수 있는 '미리보기' 시스템을 도입했다. 이러한 유료 모델은 매 회차 마지막에서 다음 회차에 대한 호기심을 증폭시키는 웹툰 특유의 연출법과 맞아떨어져, 이후의 내용을 빨리 알고 싶어 하는 독자들의 심리를 정확하게 공략했다. 그리고 독자들의 인식 역

시 '작가들이 자신의 작품에 걸맞은 수익을 마땅히 벌어야 한다'는 쪽으로 바뀌어 가면서 이러한 유료 모델은 더 빠른 속도로 안착했다. 이제 독자들은 자신이 좋아하는 작품과 작가를 위해서라면 기꺼이 지갑을 열 뿐 아니라, '유료 결제할 준비는 언제든지 되어 있으니 미리보기 회차를 더 제공해 달라'는 모습도 흔히 볼 수 있게 되었다. 특정 독자층을 타깃으로 하는 유료 웹툰 플랫폼들도 등장했다. 2013년 출시된 레진코믹스는 구매력이 높은 성인 여성 독자를 공략했다. 웹툰의 초반부를 무료로 보여 준 뒤 후반부를 보기 위해서는 코인을 구입하는 방식으로 서비스를 제공했다. 2014년 서비스를 시작한 탑툰 역시 유료 콘텐츠 플랫폼으로 시작해, 성인 남성용 웹툰에 주력했다. 그리고 카카오페이지는 2014년, '기다리면 무료' 시스템을 도입한다. 고객이 보유한 이용권이 소진된 시점에서 일정 주기가 지나면 1회차 이용권을 자동 충전해 준다. 이 모델을 적용한 뒤 카카오페이지의 연간 콘텐츠 거래액은 도입 이전과 비교해 5년 만에 100배 이상 성장했다.[1]

웹툰 산업이 성장하고, 유료보기 모델이 안착하면서 작가들의 수익 구조도 갖춰져 나갔다. 네이버웹툰은 작가들이 작품활동에만 집중하면서 좋은 작품을 지속적으로 낼 수 있는 시스템을 확립하기 위해 2013년 PPS(Page Profit Share, 작가 수익 배분 시스템)를 도입했다. 작가들은 미리보기, 완결보기, 배너광고 등 작품 특성에 맞도록 자유롭게 작품의 수익화 모델을 결정했다. 그 결과 웹툰 작가들은 창작 활동에 집중해 작품을 연재하는 것만으로도 높은 소득을 얻을 수 있게 되었다. 한국에서 안착한 웹툰 비즈니스모델을 기반으로 웹툰 산업이 크게 성장하고 성숙기에 이르자, 웹툰 사업자들은 새로운 성장 동력을 찾아 나선다. 바로 국내에서 시작된 웹툰 비즈니스를 해외에도 전파하는 것이다.

---

1 《동아일보》(2019.08.21.). 〈"기다리면 무료", 감질난 고객 안달나게 하다〉.

2014년부터 해외 시장으로 진출한 웹툰은, 5년이 흐른 지금 세계 각지에서 상당한 성과를 거두고 있다. '라인웹툰'이라는 이름으로 해외 시장에 첫발을 내디딘 네이버웹툰은 현재 전 세계에서 매달 6,000만 명이 방문하고 있으며, 한국, 일본, 미국, 태국, 인도네시아, 대만을 비롯한 전 세계 1위 웹툰 플랫폼으로 자리 잡았다.[2] 카카오재팬을 통해 일본에서 서비스 중인 만화 서비스 '픽코마'의 경우 월간 이용자 380만을 돌파하며 일본 시장 내 2위로 올라섰고, 카카오페이지는 동남아 시장에도 진출하기 시작했다.[3] 레진코믹스는 2018년 미국에서 연 100억 원의 매출을 달성했고, 전세계만화박람회 등에 꾸준히 참여하며 웹툰의 매력을 전파하고 있다. 코미코와 탑툰은 일본, 대만, 태국 등 아시아 시장에 진출했다.[4]

국내와 해외의 콘텐츠 시장 환경은 상당히 다르다. 문화적 특성도, 기술적 경제적 환경도 상이하다. 어떤 국가에서는 현지의 만화 산업이 이미 크게 성장한 반면, 어떤 국가에서는 만화가 일부 매니아층에서만 사랑받는 비주류 문화이거나 혹은 자체적인 만화 산업이 전무한 경우도 있다. 이런 상황에서 웹툰이 전 세계에서 장기적으로 성장하기 위해서는 웹툰이라는 콘텐츠가 현지 독자들에게 긍정적으로 받아들여지는 것뿐 아니라 현지의 작가들과 함께 움직이는 자생적인 생태계도 필요하다. 웹툰 사업자들은 어떻게 세계 각지에서 이를 가능하게 했을까?

---

2 《디지털데일리》(2019.09.24.). 〈'100개국 1위' 네이버웹툰, 올해 거래액 6000억 달성한다〉.

3 《중앙일보》(2019.05.27.). 〈일본서 종이만화 꺾안으니 '은하철도 999' 작가도 합류〉.

4 《매일경제》(2019.10.27.). 〈美 · 英 독자들도 실시간 댓글 …'K웹툰' 기발한 스토리에 빠지다〉.

Q2. 국내에서 공감받은 웹툰 콘텐츠, 해외에서도 통할까?

해외에서는 만화책을 디지털화해 제공하는 서비스들이 몇몇 존재했지만, 태생부터 인터넷에 최적화된 형태인 웹툰은 생소한 콘텐츠였다. 이러한 상황에서 국내의 웹툰 사업자들이 해외 시장에 진출하며 주로 택한 방식은, 국내에서 독자들에게 많은 인기를 얻은 콘텐츠를 해외에도 소개하는 것이었다. 마침 국내에서 연재되는 주요 웹툰들이 해외 곳곳에서 팬들의 번역을 통해 현지에서 불법으로나마 유통되며 인기를 끌고 있었고, 특히 스마트폰에 익숙한 젊은 층을 중심으로 이러한 현상이 두드러졌다.

네이버웹툰은 2014년부터 영어, 일본어, 태국어, 인도네시아어 등으로 각국의 독자들이 웹툰을 만나볼 수 있도록 플랫폼을 진출시켰고, 그 첫 단계로 Z세대를 위한 국내 웹툰 콘텐츠를 선보였다. 레진코믹스는 미국과 일본 등에 플랫폼을 직접 진출시켜, 한국 웹툰 중심으로 서비스를 해 나가고 있다. 카카오페이지는 일본 현지 법인인 카카오재팬을 통해 웹툰 서비스를 제공했고, 그 외 지역에서는 현지 법인과 제휴해 콘텐츠 단위별로 판권을 판매하거나, 또는 현지의 콘텐츠 법인을 인수하는 방식을 택하고 있다.

국내의 웹툰 작품을 해외의 독자들에게 선보일 때는 현지의 언어와 문화를 고려하고 반영하는 것이 매우 중요했다. 웹툰은 창작자가 속한 국가의 문화적 코드와 정서를 잘 감지하고 반영하지만, 이는 해외의 독자들에게는 장벽이 될 수 있기 때문이다. 국내에서 독자들에게 많은 공감을 얻은 콘텐츠일지라도 그대로 번역되어 해외의 독자들을 만났을 때는 문화적 차이에 의한 한계가 발생할 수 있다. 국내에서는 평범하게 여겨지는 패션도 특정 국가에서는 문화적으로 금기시될 수 있고, 경우에 따라 인터넷상에서의 유행어는 물론이고 일상적 의사 표현까지 생소하게 느껴질 수 있다. 일례로 우리나라는 약속을 할 때 상대방의 새끼손가락을 걸고, 엄지손가락을 맞대는 행위를 하는 것이 오래도록 굳어져 왔지만, 해외에서는 그러한 손 모양이 익숙지 않다.

때문에 스토리와 작화의 매력이 충분한 콘텐츠의 매력을 현지 사람들도 그대로 느낄 수 있도록 하기 위해서는, 각 국가의 문화를 고려한 정밀한 분석과 검수가 선행되어야 했다. 실제로 네이버웹툰은 해외 플랫폼에 콘텐츠를 게재할 때 반복적이고 신중한 검수 및 번역 작업을 거친다. 4~5번에 걸쳐 내용을 검토하고, 프리랜서-상위 번역자-네이버웹툰 담당자를 거쳐 번역 내용을 계속 수정해 나간다. 작은 표현이더라도 현지 독자에게는 큰 차이를 만들어 낼 수 있기 때문이다. 다양한 시각을 가진 사람들이 함께 모여, 지역명, 등장인물의 이름은 물론이고 현지의 문화와 정서를 고려한 적절한 수정이 이루어진다. 직접 번역 콘텐츠를 만들어 제공하기 어려운 언어권의 경우, '팬 번역' 공간으로 해결하고 있다. 작가가 올린 웹툰 콘텐츠를 독자들이 다른 나라의 언어로 직접 번역해 올리면, 현지의 다른 독자들에게도 퍼져 나가는 식이다.

레진코믹스도 현지어 변환 과정에 신중을 기울이고 있다. 미국에서 서비스 중인 219편의 웹툰 중 한국 웹툰이 214편으로, 철저히 국내 웹툰 중심의 서비스를 하며 독자층을 계속해서 키워 가고 있는 레진코믹스는, 다양한 장르의 국내 웹툰을 한국과 미국문화 마니아들로 구성된 전담팀에서 영어 콘텐츠로 제작해 서비스한다. 번역, 편집, 식자 등의 전 과정을 계속해서 고도화해 오고 있다.[5]

그 결과 국내에서 많은 사랑을 받아 온 웹툰들은 글로벌 독자들에게도 폭발적 호응을 얻고 있다. 기존에 단행본 만화가 자리 잡았던 시장에서도 단행본에서 웹툰으로 인기가 옮겨가고 있으며, 웹툰 작가들에 대한 해외 팬덤도

5 《파이낸셜뉴스》(2019.04.04.). 〈레진코믹스, 美 단독매출 첫 100억 원 돌파〉.

형성되고 있다. 네이버웹툰의 경우, 야옹이 작가의 〈여신강림〉, 박태준 작가의 〈외모지상주의〉 등이 한국에서의 성공을 그대로 이어가 해외에서도 상위권을 차지하며 뜨거운 반응을 얻었고, 세정 작가의 〈귀각시〉, 성은 작가의 〈우리 오빠는 아이돌〉 등은 동남아시아에서 특히 큰 호응을 얻었다.

이렇게 한국의 웹툰 콘텐츠가 글로벌 진출에 성공하면서 기존에 자국의 언어로 연재하던 국내외 작가들에게 추가 수익을 가져다줄 수 있게 되었다. 네이버웹툰은 2018년 말부터 유료 보기 모델을 해외에 적용하면서. 해외에 진출한 한국 작가의 웹툰들이 이전에 비해 더욱 높은 수익을 거두고 있다. 2018년 연평균 2억 2천만 원이었던 작가 수익은, 2019년 3억 1천만 원으로 뛰었다. 국내 작가 중 글로벌 독자들로부터 발생하는 해외 매출만 월간 1억을 기록하는 작가도 생겼을 정도다.

Q3. 스타 웹툰작가, 해외에서도 나올 수 있을까?

국내에서 처음으로 시작된 웹툰 생태계를 바탕으로 수많은 작가가 국내뿐 아니라 해외에서도 사랑받는 스타 작가가 되었다. 이처럼 해외 각지에 웹툰을 즐겨 보는 수많은 독자가 생겼다면, 재능 있는 현지인들이 웹툰 작가로 성장하는 것도 가능하지 않을까?

이러한 믿음을 가지고 웹툰 생태계에 대한 새로운 시도를 열어간 사업자는 네이버웹툰이다. 국내의 웹툰은 해외에서 좋은 반응을 얻었지만, 단순히 한국에서 잘 된 콘텐츠를 해외에서 연재하는 방식에는 한계가 있었다. 반응이 검증된 콘텐츠를 수출하는 데서 끝낸다면 웹툰은 '한국에서 넘어온 K-콘텐츠'라는 틀을 벗어나지 못할 것이고, 그러면 웹툰이 장기적으로 건강한 성장을 이어갈 수 있도록 각국의 시장 규모를 키워 나가기는 어려워질 것이기 때문이다. 또한, 콘텐츠는 국가별로 독자들이 좋아하고 공감하는 포인트가 다른 만큼, 웹툰이 현지인들 사이에서도 마니아층을 넘어 널리 사랑받는 주류 문화로 자리 잡기 위해서는 그들의 공감을 자아 낼 수 있는 로컬 웹툰도 필요했다.

네이버웹툰은 이러한 점을 고려해 현지의 작가, 팬들과 함께 성장하는 웹툰 생태계를 글로벌 진출 초기부터 구축해 나갔다. 개별 콘텐츠 단위로 경쟁하는 콘텐츠 수출회사가 되기보다는, 이전에 없던 웹툰이라는 새로운 시장을 현지에 정착시켜 함께 성장시키는 방법을 택한 것이다. 먼저 2004년부터 10여 년 동안 구축해 온 국내의 방대한 콘텐츠 포트폴리오로 기반을 다졌다. 한국의 웹툰은 특정 장르에 편중되지 않고 다양한 선호를 가진 이용자들을 만족시킬 수 있는 콘텐츠를 제공해 온 만큼 독자들은 물론이고 현지의 창작자에게도 좋은 자극제가 되었다. 그리고 웹툰이라는 장르를 처음 접한 현지의 창작자들이 웹툰 작가에 부담 없이 도전하도록 만들기 위해 네이버웹툰은 한국에서 성공 경험을 거둔 웹툰 생태계 그 자체를 현지 국가와 정서에 특화된 시스템으로 구축했다. '글로벌은 곧 로컬'이라는 가치관 아래 다양한 분야의 새로운 작가들을 지속적으로 발굴하기 위해 라인웹툰에 도입한 시스템이 바로 한국에서 입증된 '도전 만화' 승격 시스템을 현지에 맞게 적용한 '캔버스(Canvas)'다. 라인웹툰의 '캔버스'에서는 한국의 '도전 만화' 시스템이 그랬던 것처럼 창작자들이 성실하게 작품활동을 이어가다 보면 프로로 성장할 수 있는 구조를 제공하고 있다.

이러한 시스템을 통해 만화 창작자의 꿈을 실현하고 새로운 인생을 살고 있는 현지의 작가들이 계속해서 탄생하고 있다. 북미 라인웹툰의 인기작 〈Let's Play〉의 몽지(Mongie) 작가의 경우 웹툰을 연재하기 이전에는 한 회사의 IT 부서장이었다. 그러나 당시 그녀는 커리어의 정점을 찍은 상태였음에도 불구하고 본인의 일을 통해서는 행복을 느끼지 못했다. 직업 특성상 자신

〈그림 4-2〉 LA 코믹콘에서 현지 팬들과의 사인회를 진행 중인 몽지(Mongie) 작가

의 창의력과 예술적 감각을 마음껏 발휘하기 어려웠기 때문이다. 어려서부터 가졌던 만화 크리에이터의 꿈을 여전히 간직하고 있던 그녀는 마침 '라인웹툰' 플랫폼에 연재된 한국 작가의 〈레사〉(POGO 작가), 〈소녀 더 와일즈〉(HUN/제나 작가) 등으로 '웹툰'이라는 것을 접했다. 그리고 출판만화에서 찾아볼 수 없던 수직 스크롤 방식과 다양한 시각적 연출에 매료되었다. 라인웹툰의 아마추어 연재공간 '캔버스'를 통해 누구나 자신의 작품을 올리고 팬들과 소통할 수 있다는 것을 알게 된 그녀는 자신의 경험을 스토리에 녹인 웹툰 작품을 연재하기 시작했다. 머지않아 정식연재 작가로 올라서고, 북미 라인웹툰에서 구독자 280만 명, 페이지뷰 2억 4300만 회에 달하는 정상급의 인기를 누리게 된 그녀는 '만화계의 아카데미상'이라고 불리는 '윌 아이스너 어워드'의 Best Webcomic 후보에도 노미네이트된다. 이렇게 웹툰 작가로서 제2의 인생을 살게 된 그녀는 "일에서 행복을 찾을 수 없었던 이전과는 달리 나만의 작품으로 전 세계의 팬들을 만나는 지금이 너무나 행복하다"고

〈그림 4-3, 4〉 로스앤젤레스 코믹콘 행사에서 라인웹툰 부스에 방문한 현지 웹툰 팬들

말한다. 또한, 이전에는 한 비행기 제조회사의 시스템 엔지니어로 일하다가 이제는 북미 라인웹툰의 인기작 〈unOrdinary〉를 연재 중인 우루찬(uru-chan) 작가는 "라인웹툰 플랫폼은 처음 만화를 시작하는 창작자들도 수많은 팬을 한꺼번에 만날 수 있는 훌륭한 창구가 되어 주면서, 동시에 직업으로 만화작가를 선택했거나 준비하는 이들에게 자신을 단련(discipline)해 주는 좋은 플랫폼"이라고 평가했다.[6]

네이버웹툰은 '캔버스'의 아마추어 창작자들에게도 일정 수준의 구독자와 페이지 뷰(Page View) 조건을 충족하면 광고 수익을 분배하는 시스템을 북미 서비스에서 처음으로 도입했다. '캔버스'에서 창작자들이 자유롭게 자신의 작품을 연재하며 독자 및 작가들과 지속적인 교류가 가능하다는 점이 알려지고, '캔버스'에서의 작품 활동만으로도 안정적 수익을 얻는 작가들도 계속해서 생겨났다. 이를 통해 '캔버스'는 미국에서 수십만 크리에이터와

6 《매일경제》(2019.10.16.), 〈"내가 내 삶의 주인이게끔 해 준 웹툰" - 북미 인기작가 3인 인터뷰〉.

함께 성장하는 현지의 대표적 창작공간으로 자리 잡았다. '캔버스'에서 연재되는 작품 수는 연평균 108%씩 빠르게 증가하고 있으며, 이곳에서 활동하는 아마추어 작가 수는 58만 명이 넘는다.

캔버스에서 프로 작가로 성장하는 창작자도 늘어나면서 북미지역의 인기작 TOP10 중 9개가 현지 작가의 작품으로 채워졌다. 캔버스에서 아마추어 작가들이 매우 활발히 활동하고 있는 만큼, 정식 연재작 중 현지 작품의 비율도 북미지역이 가장 높다. 세계 각국에서 활발히 활동 중인 작가들은 기존 만화 시장에 참신한 IP를 계속해서 공급하는 콘텐츠 산업의 핵심으로 성장하고 있다. 그리고 작가들의 성공 사례는, 더욱 많은 창작자가 웹툰 작가에 도전하고, 양질의 콘텐츠로 더욱 많은 독자와 소통하는 선순환으로 이루어지고 있다. 서비스 사용자 수도 꾸준히 늘어나, 2017년부터 2019년까지 북미 MAU(Monthly Active Users: 월간 순 방문자)는 연평균 71%씩 성장했다. 북미지역 MAU는 2019년 11월 1,000만을 돌파했다. 이는 현지 만화 서비스 최초의 성과다. 특히, 북미 라인웹툰의 유저 중 75%가 24세 이하일 정도로 1020세대에게 특히 각광받고 있다.[7]

만화 관련 직종을 꿈꾸는 현지의 학생들이 웹툰 작가를 장래희망으로 삼는 경우도 늘었다. 이전에는 마블이나 DC코믹스, 카툰네트워크 등 기존의 대형 만화 회사에 들어가고 싶어 했던 학생들이 많았다면 이제는 웹툰 작가에 도전해 자신만의 이야기를 펼치고 싶어 하는 학생들이 많아지고 있다. 네이버웹툰은 이러한 학생들을 위해 미국 유명 미술대학교인 사바나 예술 디자인대학(Savannah College of Arts and Design)의 요청을 받아 재학생 100여 명을 대상으로 웹툰 관련 컨퍼런스콜을 진행하기도 했다.

한편 동남아 시장의 경우 자생적인 만화 시장이 거의 존재하지 않았다.

---

7 《조선일보》(2019.10.15.). 〈만화같은 일이 현실로… 네이버 웹툰, 디즈니의 나라를 강타하다〉.

한국콘텐츠진흥원 자료에 따르면 인도네시아의 경우 만화 시장이 출판사 중심으로 이루어져 있었고, 그나마도 매출이 보장된 작품만 출판했다. 판매되는 만화 중에서는 일본 만화가 시장의 90%를 점유하고 있었다.[8] 다른 동남아 국가도 마찬가지였다. 현지에서 접할 수 있는 콘텐츠는 일본 등 해외의 만화를 온라인에서 유포한 해적판이 대부분이었고, 네이버웹툰의 주요 웹툰들도 팬 번역을 통해 글로벌 파일럿 사이트에서 불법으로 유통되고 있었다. 자생적 만화 산업이 형성되어 있지 않아 크리에이터 기반도 취약했다.

그래서 네이버웹툰은 완성도 높은 번역과 매끄러운 서비스 경험을 제공하여 웹툰의 가치를 보여 줄 방법을 기초부터 마련해 나갔다. 큰 방향성은 다른 지역과 크게 다르지 않았다. 바로 현지인들을 위한 좋은 콘텐츠를 개발, 발굴하고, 웹툰만의 기술력으로 완성도 높은 서비스 경험을 제공하는 것이었다. 네이버웹툰은 이용자들에게 웹툰을 습관화시키고, 현지 창작자들에게 웹툰이라는 콘텐츠의 매력과 연출법을 알리는 것과 함께, 동남아에서는 특별히 작가의 저변 확대를 위한 다양한 트레이닝 프로그램까지도 운영해 왔다. 특히 태국은 동남아의 콘텐츠 허브 역할도 하고 있는 만큼, 자국의 콘텐츠를 많이 양성하는 데 주력했다.

그 결과 동남아 내에서도 인기 작품 중 다수가 현지 작가들의 작품들로 채워지게 되었고, 그 중 인기작들은 웹드라마나 영화 등으로 만들어졌다. 2017년과 2018년, 현지 작가들과 함께 태국과 인도네시아에서 진행한 'Webtoonist Day with Million Sellers'에서는 좋아하는 웹툰 작가를 만나기 위해 각지에서 모인 수백 명이 새벽부터 긴 줄을 섰다. 그리고 2019년 태국에서 진행된 웹툰 퀴즈쇼 'Game of Toons'는 41만 대 1의 경쟁률을 보일 정

---

8 한국콘텐츠진흥원(2019). 〈인도네시아 콘텐츠 산업 동향〉.

〈그림 4-5〉 동남아에서 진행된 글로벌 웹투니스트데이

도로 폭발적인 호응을 얻었다.[9] 이렇게 성장한 현지의 웹툰 작가 중에서는, 글로벌 스타 작가로 도약하는 사례들도 생겨나고 있다. 해외 진출 초기의 국내 작가들처럼, 자국의 언어로 웹툰을 창작하고 나면 자신의 국가는 물론 세계 곳곳의 웹툰 플랫폼에도 번역되어 게재됨으로써 추가적인 수익을 얻게 된 것이다.

Q4. 글로벌 엔터테인먼트 전쟁 속에서 웹툰은 어떻게 성장해 나갈 것인가?

'웹툰 업계의 경쟁자'를 떠올린다면, 디지털 만화 콘텐츠를 제공하는 몇

9 《세계일보》(2019.12.03.). 〈네이버웹툰, 태국서 퀴즈쇼 '게임 오브 툰스' 성료… 경쟁률 41만 대 1〉.

몇 업체들에 한정해 언급하는 것이 일반적이다. 하지만 웹툰은 드라마, 영화 등 다른 콘텐츠와 비견될 만한 새로운 대중 콘텐츠로 성장해 온 만큼, 이용자의 시간을 뺏기 위한 거대한 엔터테인먼트 경쟁 속에 놓여 있다고 볼 수 있다. 특히 최근에는 넷플릭스, 유튜브를 비롯한 동영상 산업이 급속히 성장하면서 이용자들이 한정된 여가 시간에 소비할 수 있는 콘텐츠 선택지가 더욱 광범위해진 만큼, 경쟁의 강도는 더욱 높아지고 있다. 이러한 상황에서 웹툰 업계에서는 다른 콘텐츠가 대체할 수 없는 웹툰 콘텐츠 특유의 매력을 극대화하고, 더 많은 사람들에게 알리는 것이 갈수록 중요해지고 있다.

그러나 영상콘텐츠 시장의 성장은 웹툰 업계의 기회로도 볼 수 있다. 영상 시장이 확대될수록 웹툰 IP의 가치는 높아지기 때문이다. 웹툰은 특유의 트렌디함, 연출적 한계에서 벗어나 끝없이 발휘될 수 있는 상상력으로 콘텐츠 IP(Intellectual Property)로서 막강한 힘을 갖고 있고, 드라마, 영화, 게임 등 다양한 분야에서 러브콜을 받고 있다. 웹툰 IP의 힘은 다양한 성공 사례를 통해 증명되고 있다. 주호민 작가의 네이버웹툰 원작을 기반으로 한 영화 〈신과 함께〉는 1편(2017년), 2편(2018년)이 모두 천만 관객을 돌파하는 기록을 세웠고, 윤태호 작가의 다음웹툰 원작을 바탕으로 한 드라마 〈미생〉(2014), 영화 〈내부자들〉(2015) 등은 높은 흥행 성적을 거두며 화제를 낳았다. 이렇게 웹툰 IP 기반 2차 콘텐츠가 좋은 반응을 얻게 되면, 원작으로 재유입되는 이용자들이 늘어나면서 콘텐츠의 선순환이 일어나게 된다.

이러한 움직임은 세계적인 현상이다. 세계 각지에서 웹툰 생태계가 성장하면서 각국에서 인기를 모은 웹툰 콘텐츠가 2차 콘텐츠로 만들어지고 있다. 2019년 10월, 북미 라인웹툰 1위 웹툰 작품인 〈Lore Olympus〉(Rachel Smythe 작가)는 미국의 대표적인 콘텐츠 제작회사 짐헨슨컴퍼니와 애니메이션화 계약을 맺었다. 일본 작가의 〈위장불륜〉(히가시무라 아키코 작가)도 현지에서 드라마로 만들어졌다. 이처럼 경쟁력 있는 웹툰 IP가 해외에서 발굴되고,

인기를 모으면서 웹툰의 영상화는 세계적인 단위로 퍼져 가고 있다.

웹툰 콘텐츠는 새로운 IP에 대한 수요가 높았던 세계 각지에서 새로운 바람을 불어넣고 있다. 미국의 경우 마블이나 DC코믹스의 만화를 기반으로 한 히어로물 IP가 영상, MD상품 등 다양한 영역에서 성공하고 명성을 떨쳐 왔지만 모두 오래된 IP라는 한계가 있었다. 기존의 히어로 IP를 반복해서 후속편이나 스핀오프 등으로 활용할 수 있는 폭은 한정되어 있기 때문이다. 최근에는 웹툰이 각 지역의 고유한 정서와 문화적 특성, 트렌드를 반영한 다양한 장르의 IP로 영상 콘텐츠 시장을 더욱 다채롭게 만들고 있다.

즉, 웹툰은 엔터테인먼트 콘텐츠 전쟁 속에서 하나의 콘텐츠 분야로서 함께 경쟁하는 입장이자, IP로 새로운 기회를 창출하는 열쇠를 쥐고 있는 협력자의 위치에도 놓여 있다. 네이버웹툰, 카카오페이지 등은 웹툰 IP의 영상화를 더욱 활발하게 만들기 위해 자체적인 영상 콘텐츠 자회사도 만들고 있다.

〈그림 4-6, 7〉 (좌) 네이버웹툰 원작 기반 〈타인은 지옥이다〉 포스터 (우) 다음웹툰 원작 기반 〈어쩌다 발견한 하루〉 드라마 포스터

네이버웹툰은 2018년 8월 영상화 IP 기획, 개발 회사인 '스튜디오N'을 설립했고, 2019년 〈타인은 지옥이다〉, 〈쌉니다! 천리마마트〉로 첫 선을 보였다. 실력 있는 영상 제작사와 공동제작하는 구조로, 콘텐츠 생태계에서 영향력 있는 파트너가 되겠다는 구상이다. 그리고 카카오는 자회사 카카오M을 통해 여러 드라마 제작사와 영화사, 배우 매니지먼트사를 M&A하며 자체적인 생산 시스템을 만들고 있다. 카카오페이지의 웹툰을 기반으로 자사의 배우 및 제작사를 활용해 2차 콘텐츠를 생산한다는 계획이다.

향후에는 웹툰이 글로벌 시장에서 더욱 대중화될 뿐 아니라 콘텐츠가 소개되는 방식도 다양해질 것으로 예상된다. 웹툰 작품이 영화, 드라마 등으로 영상화된 형태로 먼저 알려지고, 이에 매료된 이용자들이 웹툰 콘텐츠를 찾아가는 경우를 들 수 있다. 웹툰 시장 역시 웹툰 소비를 위한 네트워크 환경이 충분히 갖춰지면서 더욱 활발하게 발전할 것으로 전망된다. KOTRA에서는 2019년 발간한 보고서에서 "웹툰을 가장 원활하게 감상하기 위해서는 4G망이 보급되어 있어야 하는 만큼, 한국 웹툰의 글로벌 선점을 위한 골든타임은 4G 전환이 마무리되는 향후 2~3년이 될 것으로 보인다"고 진단했다. 골든 타임 이후 각 국가별 웹툰 시장의 경쟁이 더욱 활발해질 것이라는 의미다.[10]

웹툰은 국내에서 수많은 스타 작가를 배출하며 만화 창작자의 위상을 높여 왔고, 이는 글로벌 웹툰 시장의 비약적인 성장으로 인해 전 세계적인 현상이 되고 있다. 글로벌 시장에서 웹툰은 도입기 또는 성장기에 놓인 만큼, 앞으로 웹툰의 성장 가능성은 무궁무진하다. 웹툰은 전 세계에서 이용자들에게는 새로운 활력을 주는 콘텐츠로, 창작자들에게는 만화작가의 꿈에 더욱 가까이 다가갈 수 있는 장으로, 그리고 엔터테인먼트 시장 전체에는 신선

10 KOTRA (2019). 〈디지털만화 해외진출 전략〉.

한 IP를 계속해서 공급하는 막강한 콘텐츠 산업으로 자라날 것이다.

참고문헌

대한무역투자진흥공사(2019). 〈디지털만화 해외진출 전략〉.

《동아일보》(2019.08.21.) 〈기다리면 무료, 감질난 고객 안달나게 하다〉.

《매일경제》(2019.10.16.). 〈내가 내 삶의 주인이게끔 해 준 웹툰 - 북미 인기작가 3인 인터뷰〉.

아산나눔재단(2016). 〈끊임없이 도전하는 기업가정신의 장(場), 네이버 - 웹툰이라는 새로운 생태계를 만들다〉.

《조선일보》(2019.10.15.). 〈만화같은 일이 현실로… 네이버 웹툰, 디즈니의 나라를 강타하다〉.

《파이낸셜뉴스》(2018.10.09.). 〈글로벌 항해 닻 올린 카카오페이지.. 첫 기항지는 동남아〉.

한국콘텐츠진흥원 (2019). 〈인도네시아 콘텐츠 산업 동향〉.

네이버 V Live는 후발주자로서 동영상 플랫폼 시장에서 성공할 수 있을까?

황신영 고려대 미디어학부

스마트폰이 보급되고 모바일 웹 시청이 편리해지면서 영화나 드라마, 짧은 영상 클립을 언제 어디서나 볼 수 있는 환경이 도래하였다. 대중교통을 이용할 때에도 사람들은 각자의 스마트 기기를 통해 영상을 시청하며 볼거리를 찾는 경우가 많다. 흔히들 무엇을 보고있는지 물으면 플랫폼인 유튜브(YouTube)나 '신서유기'와 같은 콘텐츠를 언급하거나 '미드'처럼 장르를 말하기도 한다. 이러한 것을 통틀어 무엇이라고 부를 수 있을 것인가? 인터넷을 통해 미디어 콘텐츠를 소비하는 것을 'OTT(Over-the-Top)'라고 하며 현재 많은 이용자는 OTT 서비스를 이용하는 것으로 설명할 수 있을 것이다. Top은 케이블 또는 위성방송을 수신하는 데 필요한 TV 셋톱박스 장치를 의미하는데, top을 'over' 한다는 것은 전용 단말기의 유무와 상관없이 인터넷을 통해 이용자들에게 동영상 콘텐츠 서비스를 전달하는 것을 의미한다. Top은 케이블 또는 위성방송을 수신하는 데 필요한 TV 셋톱박스 장치를 의미하는데, top을 'over' 한다는 것은 전용 단말기의 유무와 상관없이 인터넷을 통해 이용자들에게 동영상 콘텐츠 서비스를 전달하는 것을 의미한다.

국내 온라인 동영상 시장의 기원은 2004년 세계 최초로 UCC(user created contents) 서비스를 시작한 판도라 TV라고 할 수 있다. 그 후 개인방송 전문 플랫폼 아프리카TV와 온라인 VOD 서비스인 곰TV가 2006년 출시되었으며, 2007년에는 다음TV팟과 2012년에는 네이버 동영상이 각각 등장하면서 국내 온라인 동영상 시장은 독립 플랫폼 사업자와 포털 사업자 중심으로 구축되었다.

데이터 전송기술이 발전하고 초고속 인터넷 서비스가 확대되면서 2000년대 후반부터 국내 통신사업자도 IPTV를 통해 VOD형 서비스를 각자 출시했다. IPTV 위주의 VOD 서비스는 점차 PC와 모바일 기기에도 지원되는 서비스로 확대되었고, 2010년대부터는 다양한 방송사업자들도 각자의 OTT 서비스를 출시하면서 국내 온라인 동영상 시장이 점차 확대되었다. 모바일을 통한 끊김없는 콘텐츠 소비가 가능해지면서 이용자들은 모바일을 통해 영상을 시청하게 되었고, 개인의 취향에 맞는 콘텐츠를 찾아 소비하는 문화가 확산하면서 온라인 동영상 서비스 수요는 더욱 증가했다. 특히, 모바일을 통한 실시간 영상 채팅과 일상공유는 아프리카TV와 유튜브 이용 급증에 영향을 미친 것으로 보인다.

국내 OTT 시장은 2016년 넷플릭스가 진출하면서 큰 변화를 맞이했다. 기존의 국내 OTT 서비스가 구색은 갖추었으나 호환성, 사용성 문제 등으로 이용자들에게 크게 영향을 미치지 못했다고 할 수 있다. 그러나 넷플릭스의 등장과 영상 콘텐츠 소비 증가라는 행태 변화로 인해 국내 OTT 사업자들은 이용자들에게 더 편리한 서비스를 제공하는데 노력을 기울이고 있다. 예로 유튜브와 넷플릭스에 대항하기 위해 오리지널 콘텐츠를 제작하고 추천 알고리즘을 개선하기도 하며, 전략적인 합작을 통해 wavve를 출시하기도 하였다. 디즈니와 애플도 각자의 OTT 서비스로 국내 진출을 예고하면서 국내 OTT 사업자는 콘텐츠 IP를 확보하여 지속해서 성장하는 방안 마련에 주력하고 있다.

원하는 시간과 장소에서 보고 싶은 TV 방송이나 영화를 보기 위해 OTT 플랫폼을 찾고, 다른 이용자들이 올린 동영상을 시청하고 공유하기 위해 국내외 온라인 동영상 플랫폼을 이용하는 등 온라인 동영상에 대한 의존도는 지속적으로 증가하고 있다. 간식처럼 짧은 시간에 간편히 미디어를 소비하는 '스낵 컬쳐 (snack culture)' 문화도 확산하면서 온라인 동영상 플랫폼은 이용자들의 삶에 더 깊숙이 자리잡고 있는 것으로 보인다. 더욱 다양해진 이용자들의 니즈와 영상소비 시간을 확보하기 위해 다양한 OTT 사업자들이 치열하게 경쟁하는 가운데 브이라이브 (V Live)는 2015년 8월 후발주자로 등장했다. 드라마 방송과 영화 VOD를 더 빨리 다양하게 제공하기 위해 노력하고 있는 기존의 OTT 서비스와 달리 브이라이브는 차별화된 콘텐츠와 기술로 국내외 이용자를 확보하며 조용하지만 강하게 OTT 시장에서 성장하고 있다.

〈표 1〉 국내 주요 OTT 서비스의 역사

연도	OTT 서비스	제공 사업자	주요 특징
2004	PandoraTV	판도라TV	• 국내 최초 온라인 동영상 사이트 • 세계 최초로 광고 결합한 비즈니스 모델 도입
2006	아프리카TV	아프리카TV	• 국내 개인방송 플랫폼
	곰TV	그레텍	
2007	다음TV팟	카카오	• 〈마이리틀텔레비전〉 독점 제공 • 2018년 11월 7일 서비스 종료
2008	유튜브(YouTube)	구글	• 2005년 미국에서 출시됨. 국내에는 2008년에 진출
	메가TV	KT	• IPTV에서 제공하는 VOD 서비스
2009	콘팅	지상파 방송 3사 연합	
	하나TV	SK브로드밴드	• IPTV에서 제공하는 VOD 서비스
	myLGtv	LGU+	• IPTV에서 제공하는 VOD 서비스
2010	Tving	CJ헬로비전	• CJ의 드라마 및 예능프로그램 서비스 • 국내 최초의 N스크린 서비스
2011	올레TV모바일	KT	• IPTV의 모바일 OTT 서비스
	호핀	SKT	• SK플래닛의 VOD 서비스로 SK브로드밴드의 모바일 IPTV 'Btv모바일'과 따로 운영 • 2015년 12월 서비스 종료
	에브리온TV	현대 HCN, 판도라TV	• 국내 최초의 동글형 OTT 기기 • 2019년 9월 종료
2012	pooq	지상파 방송 4사 연합	
	Btv모바일	SK브로드밴드	• IPTV의 모바일 OTT 서비스
	네이버TV캐스트	네이버	• 클립 영상, 스포츠 생중계, UCC, V Live 등 제공 • 네이버TV 크리에이터 스튜디오 설립

연도	OTT 서비스	제공사업자	주요특징
2014	LTE 비디오 포털	LGU+	• IPTV의 모바일 OTT 서비스
2015	카카오TV	카카오	• 카카오톡 메신저 연동 사용
	플럽(plup)	판도라TV	• 개인방송 위주의 모바일 앱 서비스
	브이라이브(V Live)	네이버	• 연예인 개인방송 채널
2016	넷플릭스(Netflix)	Netflix	• 1997년 미국에서 출시됨. 국내에는 2016년에 진출
	옥수수(oksusu)	SK브로드밴드	• SK브로드밴드 Btv모바일과 SKT 호핀을 통합한 서비스 • 국내 최다 스포츠 채널 및 VOD 제공 • 웨이브 출시로 서비스 종료 예정
	왓챠플레이	프로그램스	• 누적된 별점 데이터를 통해 사용자별 추천 서비스 출시
2019	웨이브(wavve)	pooq과 oksusu 통합 서비스	

출처: KISDI(2018). 주요 OTT 서비스의 영상콘텐츠 제공 현황 및 모니터링 장례화의 필요성 재인용
KOCCA(2017). 온라인 플랫폼의 지속적인 영향력 확대 재인용

브이라이브는 한국 연예인 중심의 인터넷 방송 플랫폼으로서 연예인과 팬이 실시간으로 대화할 수 있는 환경을 제공하고 있다. 어느 정도의 '덕질'을 해야만 알 수 있었던 연예인의 공연 밖 모습은 브이라이브를 통해 새롭게 바뀌고 있다. 연예인이 직접 카메라를 들고 실시간으로 팬들과 대화하고, 팬들은 댓글을 통해 질문을 하거나 '좋아요'도 누를 수 있다. 다양한 언어의 자막 서비스도 있어 브이라이브는 국내 팬뿐만 아니라 해외 팬들에게도 국내 가수와 연예인들을 알리고 친밀감을 쌓을 수 있는 중요한 연결고리 역할을 하고 있다. 지난해 기준 브이라이브를 가장 많이 시청한 국가는 일본, 필리핀, 미국, 인도네시아 순이었으며 가장 댓글 참여가 높은 국가는 일본, 중국, 미국, 인도네시아 팬들이었다. 국내보다 해외 팬 이용이 많은 브이라이브는 어떻게 글로벌 팬들을 확보할 수 있었을까? 본 장에서는 한류와 K-pop에 관한 관심이 높아지면서 차별화된 콘텐츠로 뒤늦게 OTT 시장에

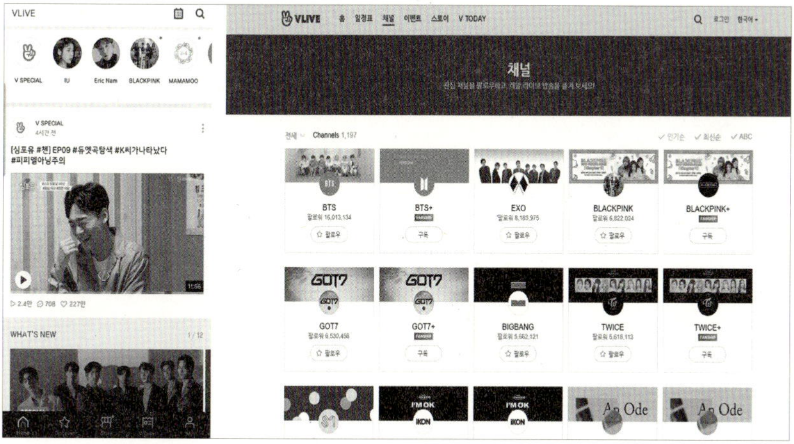

〈그림 5-1〉 브이라이브의 모바일(왼쪽)과 PC(오른쪽) 메인 화면

합류한 브이라이브가 후발주자로서 맞이하는 한계를 극복할 저력이 있는지 살펴보고자 한다.

Q1. 브이라이브는 어떤 동영상 서비스 플랫폼인가?

2015년 출시된 브이라이브는 유명 아이돌을 중심으로 콘텐츠를 제공하는 동영상 플랫폼이다. 다른 서비스들과 달리 '권한을 받은 스타'만 브이라이브 내에서 채널을 운영할 수 있어 현재 브이라이브에는 국내외 가수, 배우, 방송사, 소속사들이 모여 1,000개 이상의 채널이 운영되고 있다. 팬과 연예인이 자연스럽게 소통할 수 있도록 만들어진 플랫폼에는 동영상뿐만 아니라 소셜미디어 기능도 있어 팬들이 더 적극적으로 K-pop 그룹의 콘텐츠를 소비하고 자신의 애정을 표현할 수 있다.

브이라이브 이용자들은 스타의 채널을 팔로우하면 푸시알람(push alarm)으로 스타의 활동을 실시간으로 알 수 있다. 브이라이브에 올려지는 콘텐츠

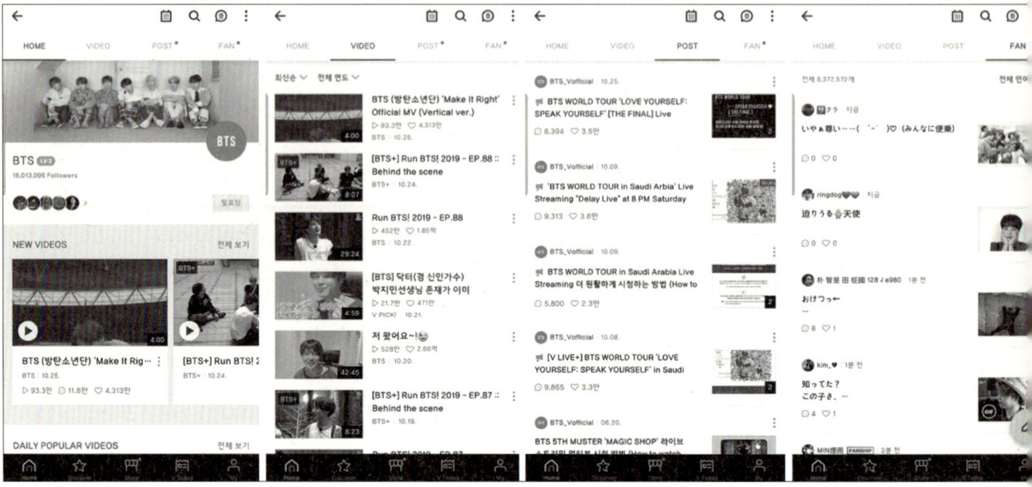

〈그림 5-2〉 모바일로 본 브이라이브의 채널. 상단에 있는 tab을 이용하여 BTS 채널에 업로드 된 영상콘텐츠(video), 글(post), 팬 채팅방(fan)을 볼 수 있음

마다 '좋아요'와 비슷한 '하트'를 제한 없이 누를 수 있어 팬들끼리 각자의 아이돌에 더 많은 하트를 주려는 경쟁도 목격할 수 있다. 각 연예인 채널에 있는 댓글 기능은 팬들이 아이돌과 직접 실시간으로 소통할 수 있게 도와주며, 팬 페이지를 통해 여러 나라의 팬들이 각자의 언어로 아이돌 그룹에 대한 호감을 표시하거나 직접 편집한 영상을 공유할 수 있다. 소셜미디어에 익숙한 이용자들에게 맞춰진 브이라이브는 팬들이 더 편하게 국내외 가수와 배우들의 실시간 활동을 팔로우하고 표현할 수 있게 돕고 있다.

브이라이브는 영상 콘텐츠에 붙는 광고 외에도 프리미엄 유료 콘텐츠를 통해 수익을 얻고 있다. 예로 〈팬십(Fanship)〉 채널 구독자들은 콘서트 티켓예매, 오프라인 이벤트 초대, 스페셜 온라인 영상, 유료 콘텐츠 할인 쿠폰, 회원 전용 채팅방 참여 등 독점 이벤트 혜택을 통해 좋아하는 스타를 온·오프라인에서 더 가까이 만나는 기회를 얻을 수 있다. 현재 Fanship 회원수는 약

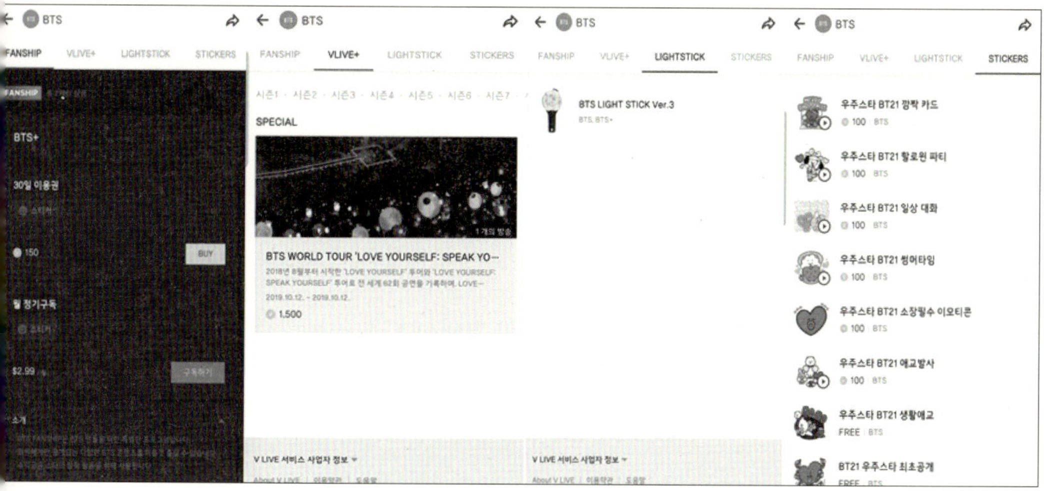

〈그림 5-3〉 브이라이브의 유료 콘텐츠 종류. 왼쪽부터 〈Fanship〉, 〈V LIVE+〉, 〈응원봉〉, 〈이모티콘〉

22만 명이며, 총 28개국의 회원들로 구성되어 있다. 또한 〈V LIVE+〉 채널은 해외 공연 독점 영상, 팬미팅 영상, 오디오북, 드라마 촬영현장 비하인드 등 스타가 출연하는 독점 콘텐츠를 유료로 판매하고 있다. 팬들이 쉽게 보지 못했던 아이돌 멤버들의 모습을 고품질의 영상으로 제공하면서 〈V LIVE+〉는 팬들이 스타의 모습을 온라인으로 소장할 수 있도록 돕고 있다. 이외에도 브이라이브는 팬 활동 장려를 위해 흔들 때 하트가 두 배로 증가하는 '응원봉'과 연예인 이모티콘 스티커를 판매하고 있다. 아이돌 그룹마다 차별화된 디자인과 애니메이션 효과를 갖는 응원봉은 브이라이브의 인기 있는 아이템으로 뽑히고 있다. 유료 콘텐츠 구매가 가장 활발한 국가는 일본, 미국, 중국, 대만 순으로 해외에서 더 적극적으로 K-pop 스타의 독점 콘텐츠를 구매하고 소비하는 것으로 보인다.

브이라이브 수익모델의 장점은 오랫동안 팬들 사이에서 진행되었던 조공[1]문화를 온라인 플랫폼으로 가져왔다는 것이다. 팬들의 굿즈 구입과 채널 구독료를 스타의 창작활동 지원에도 사용하면서 브이라이브는 오프라인에서 팬들이 적극적으로 스타를 응원하고 선물하는 문화를 자연스럽게 온라인으로 확장하여 선순환 수익구조를 구축한 것으로 분석된다.

Q2. 브이라이브는 어떤 콘텐츠를 제공하고 있는가?

브이라이브는 모바일로 영상 콘텐츠를 소비하는 이용자들의 니즈에 맞춰 스타의 독점 영상 콘텐츠 외에도 연예 뉴스를 제공하면서 다양한 볼거리를 제공한다. 브이라이브의 주요 콘텐츠는 스타의 실시간 방송이다. 하지만 브이라이브의 주요 콘텐츠 강점을 설명하기 위해서는 브이라이브가 등장할 무렵 새롭게 바뀐 미디어 소비 트렌드에 대한 이해가 선행되어야 한다.

우선 모바일 이용이 급증하면서 '모바일 온리(Mobile Only)' 소비가 지속해서 증가하고 있다. 국내 이용자들의 모바일 미디어 이용행태 조사 결과에 따르면 모바일 기기 이용이 PC보다 높으며 연령대별 차이가 크지 않다(과학기술정보통신부, 2019). 영상 소비도 10~20대 이용자들이 가장 많지만, 연령대별 차이가 크지 않아 모든 연령층에서 적극적으로 영상을 소비하며 니즈를 충족시키고 있는 것으로 풀이된다. 스마트폰의 높은 사용률은 한국뿐만 아니라 전 세계적으로 일어나고 있다. Pew Research Center(2019)에 의하면 국가의 소득수준에 따라 스마트폰 보급률 차이가 있지만, 스마트폰 사용률은 지속해서 증가하고 있으며 특히 선진국일수록 연령대별 스마트폰 이용률 차이

---

1 사전적 의미로는 종속국이 종주국에게 예물을 바치는 행위를 뜻하지만, 팬 문화에서 '조공'은 팬들이 돈을 모아 연예인의 활동을 후원하는 것을 의미한다. 연예인의 도시락, 차와 간식, 커피차 등의 단체 후원 등이 예이다.

가 감소하고 있다고 밝혔다. 또한, 스마트폰 이용과 소셜미디어 이용은 비례한다는 결과가 있어 스마트폰을 통해 이용자들은 다양한 서비스를 적극적으로 활용하고 있음을 알 수 있다.

스마트폰이 증가하면서 모바일을 통한 영상 콘텐츠 소비도 증가했다. 소비자들이 이미지/텍스트보다 모바일 영상을 선호하면서 서비스 사업자들은 모바일 환경에 최적화된 콘텐츠 및 서비스를 제공하기 위해 노력하고 있다. 한 예로 웹드라마 〈72초〉는 기존의 영상 문법을 따르지 않고 빠른 이야기 전개와 일상의 이야기를 모바일 환경에 맞게 제작하여 네티즌들의 큰 호응을 얻었으며, TV 코미디 프로그램 'Saturday Night Live(SNL)'도 유튜브 클립 영상을 제공하며 더 큰 인기를 얻었다.

모바일을 통한 동영상 콘텐츠 소비는 인터넷 개인방송에 대한 관심을 높이며 새로운 방송문화를 만들었다. 개인 또는 소규모 집단이 특별한 기술이나 장비 없이 모바일 기기만으로도 쉽게 방송을 할 수 있는 인터넷 개인방송은 시청자들과 실시간으로 소통하고 진행할 수 있다는 점에서 새로운 미디어 형태로 주목받고 있다. 2006년부터 시작된 아프리카TV는 개인 실시간 방송을 통해 젊은 연령대 이용자들에게 큰 인기를 끌었고, 2015년 4월 지상파 방송사업자 MBC가 아프리카TV를 이용하여 〈마이 리틀 텔레비전(이하 '마리텔')〉을 제작하며 대중화되었다. 비록 〈마리텔〉은 사후 편집 과정을 거친 후 방송되고 있지만, 방송 녹화는 실시간으로 연예인이 이용자들과 소통하며 진행함으로써 화제가 되었다. 카메라 밖에서의 모습을 일방향으로 전해주었던 기존 소셜미디어와 달리 연예인이 팬들과 직접 소통하며 양방향 커뮤니케이션으로 방송을 진행하면서 〈마리텔〉은 새로운 형식의 팬 미팅 현장을 제공해 주고 있다.

일상을 공유하고 자연스러움을 선호하는 시대가 되면서 연예인들도 자신만의 개인 소셜 네트워크 서비스(SNS)를 통해 실시간으로 일상을 공유하고 있다. 유튜브 채널 개설을 통해 연예인과 아나운서들이 직접 콘텐츠를 만들고 있으며 실시간 방송이 아니더라도 연예인의 자연스러운 일상을 공유하는 방송 콘텐츠들도 새롭게 등장하고 있다. 한 예로 MBC는 〈놀면 뭐하니?〉로 연예인들의 '쉬는 시간'을 릴레이로 카메라에 담는 콘텐츠를 방영한 적이 있으며, SBS의 〈가로채널〉은 연예인이 크리에이터로 변신해 제작한 콘텐츠를 방송했었다. JTBC의 〈랜선라이프〉는 플랫폼 채널에서만 활약하는 개인방송 크리에이터들의 카메라 뒤 일상 모습도 카메라로 담아 내 더 '리얼(real)'한 일상을 공유하며 화제를 모았다. 이처럼 실시간과 양방향 소통으로 진행되는 콘텐츠가 인기를 끌면서 최근 서비스들은 모바일 환경에 더 최적화될 수 있도록 앱 디자인과 편의성을 강화하고 있다. 인스타그램과 유튜브는 각각 모바일 이용에 맞춰 세로로 촬영된 영상 콘텐츠를 제공하고 있으며, 라이브 방송 기능도 추가해 크리에이터와 이용자들이 실시간으로 소통할 수 있도록 지원하고 있다.

모바일에 의존적이고 연예인의 자연스러운 일상이 궁금한 팬들의 니즈에 맞춰 브이라이브는 스타와 배우, 팬들을 위한 콘텐츠 플랫폼을 제공하고 있다. 모바일 환경에 맞춰진 콘텐츠 형식에 스타들이 차 안이나 숙소에서 편한 복장으로 실시간 방송을 진행하고, 팬들은 스타의 친근하고 솔직한 모습을 더 편하게 접할 수 있게 되었다. 또한, 즉흥적으로 시작되는 연예인의 라이브 방송을 하이라이트 부분만 편집하여 다양한 언어로 제공하면서 '덕질'에 최적화된 콘텐츠 플랫폼으로 부상하고 있다. 한편 브이라이브 내 소속사 채널은 소속사 브랜드로 스타들을 홍보하면서 K-pop 가수와 스타들을 알리고 관심을 높이는데 주요한 역할을 하고 있다. 이처럼 브이라이브는 그동안 팬과 소속사가 직접 했던 영상 편집작업과 홍보를 도와주고 흩어져있던 팬카페 콘텐츠들을 모아주는 등, 국내외 팬들을 하나의 장소에 모이게 할 수 있는 중요한 플랫폼 역할을 한다고 평가할 수 있다.

〈그림 5-4〉 실시간 방송을 통해 멤버 개인 또는 전체가 팬들과 소통할 수 있고, 브이라이브가 지원하는 콘텐츠 포맷에 맞춰 새로운 모습을 팬들에게 보여 줄 수 있음

브이라이브는 실시간 방송 외에도 스타가 조금 더 편안하게 팬들과 소통할 수 있는 포맷을 도입해 차별화된 콘텐츠를 제작해서 방영하고 있다. 예로 개인방송 트렌드에 맞춰 먹방과 아이돌 토크쇼를 결합한 '같이먹어요' 코너와 잠옷 차림으로 자기 전 팬들과 소통하는 눕방 라이브가 있다. 그룹 멤버들로만 진행되는 미니 예능프로그램과 뮤직비디오 촬영현장도 담아내면서 브이라이브는 익숙한 듯 새로운 콘텐츠를 제작하여 팬들이 연예인과 더 친밀한 관계를 형성할 수 있도록 지원하고 있다. 데뷔 전 영상부터 데뷔 이후의 모든 활동을 다양한 카메라에 담아 팬들에게 제공하는 등 브이라이브는 국내외 팬들이 한류 및 K-pop 스타를 쉽게 접할 수 있도록 긴요한 연결고리 역할을 하고 있다.

Q3. 브이라이브는 어떻게 글로벌 이용자를 확보할 수 있었을까?

매달 3천만 명 이상이 방문하는 브이라이브는 국내보다 해외 사용자 비율이 더 높다. 브이라이브는 2019년 5월 기준 65억 재생 수와 13억 댓글 수를 달성했는데, 이 중 75%가 해외에서 발생하고 있다. 230여 개국의 팬들은 직접 브이라이브 콘텐츠 자막 번역에 참여하며 59개 언어로 번역하고 있는데, 사용자 참여 자막 번역이 가장 많이 이루어지는 언어는 터키어, 프랑스어, 폴란드어, 아랍어 순으로 나타났다. 또한, 전 세계 브이라이브 이용을 분석한 결과 브이라이브를 찾는 해외 이용자들은 2016년 대비 유럽과 미국, 아프리카 지역에서 급증한 것으로 나타났다. 한류는 문화적으로는 주변국인 한국에서 시작된 문화상품의 흐름으로 이해할 수 있다. 브이라이브는 다양한 소셜미디어를 통해 전 세계에 알려진 K-pop을 동남아시아뿐만 아니라 유럽, 중동, 미국, 아프리카 등 다양한 국가에 한류를 전파하는 역할을 하고 있다. 그렇다면 브이라이브는 어떻게 글로벌 이용자를 확보할 수 있었을까? 브이라이브가 글로벌 K-pop 팬들에게 다가간 과정을 이해하기 위해 우선 K-pop의 성장을 알아보고자 한다.

K-pop은 영미권 지역에서 대중음악(popular music)을 줄여 팝(pop)이라 부르고 타 국가 대중가요에는 이니셜(K)을 붙여 등장한 합성어로 한국 대중가요를 의미한다. K-pop은 1992년 '서태지와 아이들'이 등장하면서 시작된 것으로 풀이된다. 기존의 음악 장르와 정서를 깨며 '서태지와 아이들'은 강렬한 랩과 춤, 포스트모더니즘을 표현하는 뮤직비디오 연출을 통해 한국 대중가요에 새로운 변화를 가져왔다. 1990년대 후반부터 연예기획사들이 생기면서 H.O.T(1996)와 젝스키스(1997), S.E.S(1997), 신화(1998), 핑클(1998), g.o.d(1999) 와 같은 1세대 K-pop 아이돌 그룹이 등장했으며, 체계화된 아이

돌 관리와 글로벌 음반제작 업체들과의 협업을 통해 2000년대 초반부터 보아, 동방신기 등 국내 가수들은 일본과 중국, 대만, 동남아 등 아시아권 중심으로 팬들의 인기를 끌었다. 2000년대 중반부터는 음반 대신 디지털음원으로 이용자 소비가 바뀌면서 국내외 팬덤 확보를 위해 해외 멤버를 그룹에 영입하고, 팬들의 눈과 귀를 사로잡기 위해 해외 프로듀서와 안무가를 활용하면서 국내 연예기획사들은 해외 팬들에게도 쉽게 다가갈 수 있도록 아이돌 그룹을 준비시켰다. 따라서 아이돌 그룹 2.0세대로 불리는 빅뱅, 샤이니, 소녀시대, 원더걸스 등은 아시아뿐만 아니라 유럽과 미국에도 진출하며 K-pop의 입지를 더 넓히는 데 기여했다. 2010년 SM 소속 가수들의 프랑스 콘서트 표가 15분 만에 매진되어 팬들이 루브르 박물관 앞에서 플래시몹(flash mob) 댄스를 벌인 것은 K-pop이 소수의 팬을 위한 장르가 아님을 증명하는 계기가 되었다.

K-pop이 다양한 팬들의 관심을 받게 된 배경에는 음악적인 요소와 퍼포먼스, 아이돌의 스타일도 있지만, 온라인 미디어 플랫폼과도 밀접한 상관관계를 이루고 있다. 특히 누구나 영상 콘텐츠를 올리고 공유할 수 있는 유튜브를 활용하면서 K-pop이 다양한 팬들을 아우를 수 있게 된 것으로 추정된다. K-pop 콘텐츠에 팬들이 직접 자막을 넣어 공유하고 K-pop 가수를 모창하고 댄스를 따라 하는 등 콘텐츠를 재제작하거나 패러디한 밈(meme)이 회자되면서 유튜브를 통해 K-pop 콘텐츠는 더 빨리 확산되었다. 또, 2011년부터 생긴 유튜브 K-pop 채널을 통해 공식적으로 뮤직비디오와 방송 클립, 미니예능 등이 공유되면서 K-pop은 더 다양한 팬들에게 다가갈 수 있었다. 싸이 〈강남스타일〉 이후 뚜렷한 성공이 없어 일시적인 현상으로만 받아들여졌던 K-pop은 방탄소년단(BTS)의 등장으로 글로벌 음악 장르로서의 가능성을 입증하였다. 2016년 WINGS 앨범 성공 이후 BTS는 메시지가 담긴 음악과 퍼포먼스, 소셜미디어를 통한 팬들과의 적극적인 소통을 통해 '21세기의 비틀

즈'라는 타이틀로 K-pop을 알리는 중요한 역할을 하고 있다. 트위터 외에도 브이라이브를 이용해 적극적으로 실시간 방송을 진행하고 있는 BTS는 해외 팬들에게 140자의 텍스트 공유뿐만 아니라 실시간 영상으로도 소통하고 있다. 예로 BTS 멤버 정국이 2019년 4월 미국 NBC 코미디쇼 'Saturday Night Live(SNL)' 출연 후 감사 인사를 전한 영상은 브이라이브 내 최단기간(131일)에 조회수 1억 뷰를 돌파했고, 지난해 BTS 멤버 지민과 정국의 조회수 1억이 넘는 영상 분석결과 82%는 글로벌 팬인 것으로 확인되었다. 그동안 유튜브와 페이스북, 트위터 등 다양한 소셜미디어를 통해 소비되었던 K-pop 콘텐츠를 하나의 플랫폼으로 모으고 독점 콘텐츠를 제공함으로써 브이라이브는 K-pop의 높아진 위상에 맞춰 팬들에게 중요한 정보처가 되고 있다.

브이라이브는 단순히 K-pop 팬들을 모으는 플랫폼을 넘어 온·오프라인의 경계를 허물고 스타와 팬을 연결하는 역할을 하고 있다. 베트남에서 제공하는 '브이 하트비트(V HEARTBEAT)'라는 서비스를 예로 들 수 있다. 베트남 정부와 함께 만든 음원차트 '브이 하트비트'는 음원 순위와 브이라이브 내

〈그림 5-5〉 지난 9월 28일 베트남에서 개최된 '브이 하트비트' 공연현장
출처: http://www.newstomato.com/ReadNews.aspx?no=923107

인기투표, 뮤직비디오 하트 수를 합해 종합 순위를 매주 발표하고 있는 베트남 유일 음원차트이다. 매월 마지막 주 금요일에는 한국과 베트남의 인기가수들이 함께 공연하고 실시간 방송도 제공하면서 현지 문화와 이용자층에 맞는 방송으로 K-pop과 현지 가수들을 알리고 있다. 인도네시아에도 '브이하트비트'를 론칭하며 브이라이브는 스타와 팬 중심의 생태계를 온·오프라인으로 확장하고 해외 팬들을 모으는 데 노력을 기울고 있다.

최근 국내에서 진행된 제1회 2019 브이라이브 어워즈 'V하트비트'는 그동안 브이라이브 앱에서 제공했던 음악과 콘텐츠를 오프라인에서 제공하고 전 세계 팬들에게 앱을 통해 생중계했다. K-pop 가수뿐만 아니라 인도네시아, 베트남 가수와 영국의 싱어송라이터도 초대하면서 브이라이브는 국내외 스타와 팬을 이어주는 글로벌 플랫폼으로서의 저력을 다시 한 번 확인시켜 주었다.

Q4. 후발주자로서 브이라이브는 성공할 수 있을까?

브이라이브는 2015년 다소 늦게 OTT 시장에 등장했지만 차별화된 콘텐츠와 기술로 지속적인 성장을 하고 있다. 방송사나 배급사의 콘텐츠에 의지하거나 광고 기반의 영상 서비스를 제공하는 대신 자생할 수 있는 수익모델과 콘텐츠로 짧은 시간 내에 다양한 이용자층을 확보한 것으로 보인다. 브이라이브의 강점은 한류와 K-pop에 관심 있는 팬들을 하나의 플랫폼으로 모으고, 최근의 모바일 영상 트렌드에 맞춰 팬과 스타가 쉽게 소통할 수 있도록 생방송 지원과 기술을 제공한다는 것이다. 또한, 이미 정착된 '조공문화'를 온라인으로 확장하여 지불의사가 있는 이용자 또는 팬을 위한 프리미엄 서비스를 제공함으로써 선순환 구조의 수익모델을 구축하고 있다는 점이다.

하지만, 아직 글로벌 동영상 시장에서 브이라이브가 성공했다고 판단하기는 이르다. 아프리카 속담 중에 '빨리 가려면 혼자 가고 멀리 가려면 함께 가라'는 말이 있다. 지금까지 브이라이브는 후발주자로서 '빨리' 성장하기 위한 추격자였다면 이제는 함께 달릴 수 있는 선수를 발굴해야 할 때이다. 우선 브이라이브는 소속사, 가수와 협업하여 한류를 지속적으로 키우는 데 노력해야 한다. 필자가 진행한 연구에 의하면 연예인 브이라이브 채널 성공은 스타와 소속사 그리고 브이라이브의 이인삼각이 매우 중요한 것으로 나타났다. 다시 말해, 스타는 브이라이브를 통해 다양한 영상 콘텐츠를 제작하여 팬들과 소통하고, 소속사는 소속 가수를 더 알릴 수 있도록 적극적으로 홍보해야 한다. 브이라이브는 스타에게 기술과 데이터를 제공해 스타가 더 팬 맞춤형 콘텐츠를 제작할 수 있도록 지원한다면 더 큰 시너지를 만들 것이다. 스타와 소속사, 스타와 브이라이브, 소속사와 브이라이브가 협력하여 다양한 콘텐츠를 제작하고 공유함으로써 브이라이브는 K-pop을 알리는 데 중요한 연결고리 역할을 할 것으로 전망된다.

또한, 다양한 온라인 영상 플랫폼들 사이에서 글로벌 이용자를 지속적으로 확보하기 위해서는 K-pop 외에도 니치(niche) 콘텐츠를 제공하기 위해 노력해야 할 것이다. 글로벌 메신저 라인(LINE)이 인도네시아의 오토바이 택시 업체 고젝(Gojek)과 협력하여 현지화한 사례처럼 브이라이브도 각 지역의 버즈(buzz)를 활용하여 다채로운 콘텐츠를 제작해야 할 것이다. 브이라이브의 이용자가 많은 베트남, 인도네시아 등 동남아시아의 스타 및 인플루언서들도 채널을 활발히 운영할 수 있도록 하는 방안이 하나의 방법이 될 수도 있을 것이다.

브이라이브는 현지 팬들이 스타와 소통할 수 있는 로컬 플랫폼의 기능도 수행하고, 아시아 스타들이 해외 팬들도 접할 수 있는 글로벌 파이프라인이 될 수 있는 잠재력을 갖추었다고 본다. 앞으로 브이라이브가 '한류 전용 플랫폼'뿐만 아니라 아시아의 버즈(buzz)를 전 세계 팬들에게 알리고 연결시켜 주는 '글로벌 파이프라인 (global pipeline)'으로 성장하길 기대해본다.

참고문헌

과학기술정보통신부(2019). 〈2018 인터넷이용실태조사 요약보고서〉. https://www.msit.go.kr/web/msipContents/contentsView.do?cateId=mssw311&artId=1617840

정보통신정책연구원(2018). 〈주요 OTT 서비스의 영상콘텐츠 제공 현황 및 모니터링 장례화의 필요성〉. KISDI Premium Report 18-07.

한국콘텐츠진흥원(2017). 〈온라인 플랫폼의 지속적인 영향력 확대〉.

Pew Research Center (Feb 5, 2019). Smartphone ownership is growing rapidly around the world, but not always equally. Retrieved from https://www.pewresearch.org/global/2019/02/05/smartphone-ownership-is-growing-rapidly-around-the-world-but-not-always-equally/

유튜브에서의 모방은 어떻게 다른가?

이새롬 경북대 경영학부

2019년 여름을 맞이하여 다이어트에 한창인 사람들이 한곳에 모였다. 2005년 2월 페이팔 직원 세 명이 공동 창립하여 2018년 기준으로 한 달 이용자 수가 19억 명에 이르고 세계인들이 하루에 10억 시간을 시청에 쓰는 유튜브가 바로 그곳이다. 유튜브를 통하여 120만 명의 구독자를 가진 BJ는 다이어트 결심 이유와 닭가슴살을 사러 마트에 갔다가 50% 세일로 과소비를 한

〈그림 6-1〉 유튜브에서 다이어트라는 키워드로 검색되는 영상들은 유사하면서도 각각 다른 내용을 담고 있다

출처: www.youtube.com

사연, 특정 맛을 내는 닭가슴살을 시식하고 다음 날 아침 떨리는 마음으로 체중계에 올라가기까지 — 과거에는 홀로 해내거나 친구들과 공유되었을 일상이 이제는 하나의 콘텐츠가 되어서 구독자를 확보하고 수익을 창출하고 있다. 다이어트에 대한 영상을 검색하면 한 달에 10kg 감량, 무엇을 복용하여 7kg 감량한 경험, 소개팅 전 3일 만에 다이어트 하기 등 유사한 콘텐츠들이 미묘하게 다른 어감으로 수백 개가 검색된다.

대한민국은 지금 유튜빙 중이다. 전업 유튜버로 전향하여 직장을 그만두는 이들도 있고 축구선수, 약사, 메이크업 아티스트, 초등학교 3학년에 재학 중인 학생까지 유튜버를 선언하고 계정을 운영하고 있다. 초등학생의 장래희망 상위권에 유튜버가 꼽히는가 하면 취준생들이 앞이 보이지 않는 취업 관문 앞에서 유튜버로 방향을 틀기도 한다. 유튜브는 기존의 소셜미디어와 견주자면 비교적 제작이 까다로운 동영상 콘텐츠를 게시하고 공유해야 한다는 점에도 불구하고 2019년 《중앙일보》 기사에 따르면 1분에 400시간이 넘는 분량의 동영상이 업로드되고 있다. 아주 짧은 순간에도 전 세계, 각지 각국의 사람들이 수많은 동영상을 업로드하는 것임에도 불구하고 관심 있는 유튜브를 시청하고 있노라면 쉽게 발견할 수 있는 것이 추천 영상들이다.

추천 영상들은 어김없이 유사한 주제와 스토리 라인을 가지고 있거나 기존의 영상에 아주 약간의 정보가 더 추가되어 있다. 전 세계의 각기 다른 사람들이 합의하지 않고도 이렇게 국가별로 연령별로 특정 주제를 중심으로 여론을 형성하며 시의 적절하게 움직일 수 있는 근본적인 이유는 무엇일까? 기존의 신문이나 뉴스의 경우 신문사나 방송국의 의도에 따라서 논의가 이루어지고 구독자 혹은 시청자들이 흥미롭게 여기는 내용들을 중심으로 여론을 형성해 나갔다면 의견을 조율할 수 있는 환경이 아닌 유튜브에서는 어떻게 콘텐츠를 창출하고 공동 이슈에 집중하는 것일까? 본 장에서는 끊임없이 유사한 콘텐츠가 모방되고 재창조되어 업로드 되고 있는 유튜브를 통하여 밈이라는 사회현상을 발견하였다. 유튜브 속에서 영상과 댓글을 통하여 어떻게 밈이 형성되고, 어떻게 유튜브를 이끌어 나가고 있는지 알아보고자 한다.

기존의 신문사나 방송국의 경우 대중들이 접할 정보들을 수집한 이후 관심사나 사건의 특성을 파악하여 중요성을 자체적으로 정하곤 하였다. 그러나 특정 주체가 운영하는 미디어가 아닌 불특정 다수의 개인이 운영하는 뉴미디어는 완전히 다른 형태의 정보를 다룬다. 뉴미디어는 트위터나 페이스북, 그리고 유튜브와 같이 누구든 개인의 의견이나 사진, 정보들을 올릴 수 있는 형태의 서비스를 의미한다. 페이스북이나 유튜브와 같은 곳에서는 서비스를 사용하는 사람이 콘텐츠 업로드를 통하여 정보를 생산하는 동시에 정보를 이용하는 사용자가 된다. 사용자들이 의무나 정해진 기한이 없이 콘텐츠를 제작하고 플랫폼이 운영될 수 있도록 업로드한다고 하여 유튜브는 대표적인 개방형 협업 서비스 중 하나이다.

최근에는 사용자가 증가하고 광고 수익이 제공되면서 유튜브를 통하여 수익을 창출하는 경우가 증가하였으나 얼마 전까지만 해도 유튜브는 대가성 없이 자신이 제작하거나 촬영한 영상을 올리는 사용자들이 주를 이루었다. 이처럼 사용자들이 직접 콘텐츠를 올리고 구독하는 방식으로 운영되는 웹서비스에는 위키피디아나 각종 커뮤니티 게시판들이 있다. 유튜브의 경우 자발적으로 영상을 게시하는 게시자와 채널을 구독하는 구독자가 증가하자 이들을 통하여 수익을 얻기 위해서 영상의 시작과 중간에 광고를 삽입하여 수익을 창출하기 시작하였다. 물론 그 수익의 일부는 자발적으로 동영상을 게시해 준 게시자에게도 돌아간다. 다양한 서비스들이 인터넷을 통하여 접속하는 불특정 다수에 의하여 운영되지만, 많은 경우 각 서비스나 온라인 커뮤니티 내에서 운영하는 목적이나 협업의 기한 등이 정해져 있거나 위키피디아처럼 모든 사건과 지식들을 다루고 있어 특정한 주제에 대한 경향성이 드러나지 않는 경우도 있다. 그에 비하여 유튜브는 전 세계의 사람들이 각각 다른 주제와 목적을 가지고 영상을 공유하는 서비스임에도 불구하고, 지속적으로 특정한 이슈에 대한 유사한 동영상들이 제작되며 소비되고 있다. 전문적인 방송사나 신문사가 아닌 일반인들이 운영하는 채널들이 대다수임에도 불구하고 유튜브라는 하나의 웹서비스 내에서 특정한 주제들을 중심으로 동영상 콘텐츠가 결집하는 경향성이 발생하는 것이다. 이슈가 발생하고 난 뒤 유튜브에 들어가 보면 마치 몇 달간 한 사건을 파고들어 취재하던 기자들처럼 이미 여러 신문사의 내용들을 조합한 동영상이 올라와 있기도 하고, 추가적인 정보를 알고 있는 유튜버가 사건을 면밀히 해석하여 올려두기도 한다. 어떠한 이슈가 화제가 되든 그곳에는 발빠르게 움직이는 유튜버가 있다.

Q1. 유튜브에서는 무엇이 콘텐츠가 되는가?

몇 해 전만 해도 유튜브에 영상을 제작하여 업로드하는 것은 영상 편집 기술과 촬영 기술을 확보하고 있는 소수에 국한되어 있었다. 그러나 모바일 영상 기술의 발달로 누구나 손쉽게 동영상 촬영이 가능해지고, 약간의 기술적 보조를 통하여 전문가가 촬영한 영상에 못지않은 고화질의 영상을 창출할 수 있게 됨으로써 생활 도처에 있는 내용들이 콘텐츠로 탄생하기 시작하였다. 담석증에 대한 전문가의 설명이 기존의 방송사나 채널이 제작했던 영상이라면 비전문가인 일반인들이 제작하는 담석증에 대한 영상은 수술 전 수술 방으로 이동하는 침대에서의 심경과 마취에서 깨어나 느껴지는 생각과 감정에 대한 영상이 된다. 나 혼자만이 알고 있었던 고민이나 차마 꺼내지 못했던 속사정까지 공유되고 있다. 사생활에 대한 공유와 개인적인 의견이 콘텐츠화 되는 것은 결혼한지 10일 만에 이혼한 사연부터 유산을 한 후의 심경에 대한 영상 제작으로까지 이어지고 있다. 누구나 아는 축구선수가 진행하는 축구와 관련된 영상도 있고 전직 조직폭력배가 운영하는 계정도 있다. 기존의 방송에서 다루지 못하였던 이슈나 운영자만의 독특한 콘텐츠가 있을 경우, 누구나 유튜버가 될 수 있는 것이다.

유튜브에 집결한 다이어터들의 이야기로 다시 돌아가자. 이미 충분히 말라 보이는 BJ가 살이 쪘다며 울상을 짓고 다이어트 결심을 하기도 하며 고도의 비만 상태로 먹방을 하던 BJ가 충격적인 건강검진 결과표를 공개하며 다이어트를 시작하기도 한다. 지난 몇 개월 동안 해당 BJ가 올렸던 콘텐츠를 구독해 오던 구독자들은 BJ가 다이어트를 하려는 이유와 군것질의 유혹을 참는 과정에 대한 공감을 형성한다. 4일차에 접어든 BJ가 오늘 하루쯤은 토스트를 간식으로 먹어도 된다고 이야기하는 과정은 구구절절 우리가 겪은 경험들과 맞아 떨어진다.

동영상을 제작하는 1인 미디어가 이처럼 개인의 사소한 생활이나 의견까지도 모두 영상화하여 게시하는 이유는 무엇일까? 바로 지속적인 콘텐츠 업로드가 한 달에 몇백에서 몇 천만 원대의 수익을 창출해 주는 채널 유지에 필수적인 요소이기 때문이다. 수많은 영상이 실시간으로 올라오고 있고 추천 영상으로 선정되거나 직관적인 제목이나 썸네일로 시청자의 관심을 끌게 될 경우, 영상의 조회수는 지역과 연령을 반영하여 유튜버 수익과 직결된다. 영상 조회수가 실시간으로 확인되는 만큼 영상 업로드 직후 발생하는 조회수를 확인하는 것은 유튜버에게 다음 달에 통장에 입금될 수익을 실시간으로 확인하는 것과 같다. 그리고, 영상 조회수를 올릴 수 있는 대박의 결정 요건은 다음 동영상을 추천해 주는 추천 알고리즘에 달려 있다. 추천 알고리즘이 중요시 여기는 요소가 무엇인지는 악용 가능성 우려로 항상 베일에 쌓여 있지만, 적어도 유명하고 조회수가 많은 영상으로 추천이 되기 위한 노하우들이 유튜버들 사이에서 암암리에 돌고 있다.

계정이 얼마나 활발하게 콘텐츠를 업로드 하느냐, 제목이나 태그가 연관 동영상들과 얼마나 유사한가, 영상이 제작된 지역과 영상을 보는 사람의 지역 등 다양한 요소들이 추천 알고리즘에 고려될 것이란 전제 하에 유튜버들은 계정을 운영한다. 이 중 한두 개의 영상이 많은 사람들에게 관심을 받으면 곧바로 구독자 증가로 그 수치가 반영된다. 썸네일도 중요한 역할을 한다. 추천된 영상들을 자동재생해 두지 않는다면 스스로 썸네일을 보고 영상을 선택하는데, 썸네일 또한 선택이 잘 되는 디자인과 그렇지 않은 디자인으로 구독자에게 선택을 받기 쉬운 썸네일이 따로 있다. 경험이 많은 유튜버들은 영상 추천이 잘 되기 위한 다양한 방법들을 노하우로 축적해 두고 있다. 같이 콘텐츠 제작을 돕는 직원이어도 동일한 계정을 운영하지 못하는 이유가 노하우에서부터 발생한다. 제목을 다는 방법, 태그를 다는 방법, 썸네일을 제작하는 방법, 영상의 시나리오, 영상 내에서 제공하는 정보의 정도나 난이도 혹은 수위 등 콘텐츠에 연관된 모든 것이 추천시스템과 조회수에 영향을 주고 그것이 유튜버의 수익으로 직결된다.

일단 특정 주제가 영상을 통하여 공유되고 대중이 관심 있어 하는 주제라는 것이 확인되고 나면 동일한 주제로 유사한 형태의 영상이 끊임없이 재창조된다. 기존의 방송 매체인 방송국이나 신문사 등에서는 영상을 지속적으로 제작하기 위해 콘텐츠 기획을 하고 기획에 따라 콘텐츠를 제작, 촬영, 출연진을 섭외하기 위한 전문 인력이 구비되어 있다. 뉴스나 일일 드라마를 제외하고 대부분의 영상들이 처음부터 언제 어떻게 만들어질지 기획이 되어 작성된다. JTBC에서 방영된 드라마 〈미스티〉에서는 뉴스를 제작하기 위하여 어떤 사건을 특집으로 넣고, 어떤 사건을 향후 심화 보도할 것인지 전문가들이 모여 끊임없이 기사를 선정하는 장면들이 종종 나온다. 그러나, 유튜브에서는 순간적으로 반응하는 구독자들의 관심도가 영상의 조회수를 결정한다. 직관적으로는 조회수가 상위권인 영상들을 중심으로 추천이 이루어지는 구조를 가지고 있기 때문에 몇 개월간의 기획보다는 당장의 추천 알고리즘에 민감한 기획이 콘텐츠 제작의 기반이 되는 것이다.

콘텐츠 하나하나를 새롭게 창작해야 함에도 불구하고 유튜브에는 영상이 끊임없이 업로드되고 있다. 케빈 알로카의 2018년 저서인《유튜브 컬처》에서도 유튜브가 영상이 증가하는 것을 얼마나 중요시 여기고 있는지에 대해서 언급하고 있다. 비디오 수가 점점 늘어난다는 것은 생태계가 유지될 수 있는 중요한 요인 중 하나이다. 과거의 전통적 미디어가 동일한 영상을 다수의 사람들에게 제공하였다면 유튜브에서는 가늠할 수 없을 정도로 각기 상이한 선호도를 가진 시청자들이 유튜브를 시청하기 때문에, 콘텐츠 제작을 하는 사람들도 하루에 하나, 일주일에 하나와 같이 전문적인 방송사가 아니더라도 나름의 규칙을 가지고 채널을 운영해야 하는 운명 앞에 놓여 있다.

Q2. 유튜버가 경쟁에서 살아남기 위한 비밀병기는 무엇인가?

문제는 지속적인 콘텐츠 개발을 위한 창의성과 창작 가능성에 있다. 제품을 리뷰하는 채널이거나 장난감을 가지고 노는 아동 채널들도 해당 분야에 끊임없이 정보를 생산하는 전문가가 아니라면 콘텐츠 제작에 한계를 마주하게 된다. 스토리 텔링이나 사회 이슈들을 다루는 BJ들은 그야말로 창의성 전쟁을 하고 있다. 관련 채널들의 동영상 실시간 조회수 순위를 지속적으로 수집하고 매일 1위를 한 영상들을 모니터링하면서 본인의 채널을 운영하고 있는 한 아동 채널 운영자는 키즈 분야의 1위부터 100위까지의 동영상 데이터를 매일매일 수집하기 위하여 프로그램 개발자를 고용했다. 직원을 고용해서 매일 상위권에 드는 영상에 대한 분석을 하는 BJ들도 있다. 자신만의 고유한 아이템을 개발하면서도 끊임없이 다른 채널의 움직임을 관찰해야 하는 이유는 상위권에 드는 영상과 제목 키워드가 무엇인지 파악하고 관련 영상을 제작해야 하기 때문이다.

유튜브 영상의 특성은 전 세계 사람들이 시간과 장소에 상관없이 시청을 하고, 본인의 선호도에 따라서 시청을 시작하거나 중단할 수 있다는 점이다. 또한 시청자의 반응이 실시간으로 조회수에 반영되기도 하며, 직접적으로 댓글을 통하여 시청자의 반응을 얻을 수도 있다. 그리고 채널이 운영되고 있는 모든 과정들이 댓글의 수나 영상 조회수, 구독자 수 등을 통하여 명시적으로 드러나며, 경쟁 채널들이 비교하여 볼 수 있다는 것에 있다. 기존 기업들의 경우, 상품의 판매량이 유통업체별로 집계되거나 분기별로 발표하는 회사 현황에 의해서 경쟁 기업들과의 관계와 시장에서의 위치를 확인할 수 있지만 유튜브에 영상을 올려 수익을 창출하는 이들은 매일 새롭게 등장하는 경쟁 채널들과 경쟁 영상들 사이에서 본인의 위치를 확인하면서 지속적인 추천 영상으로 살아남기 위하여 안간힘을 쓰고 있다.

유튜브 속에서 매 순간 발생하고 있는 경쟁에서 살아남기 위하여 유튜버들이 선택한 것은 모방이다. 지적재산권과 창조과정에 대한 높은 가치를 부여하기 위하여 우리는 줄곧 모방이라는 단어를 부정적인 어감으로 사용해왔다. 좋은 아이디어가 없을 때 부득이하게 성과를 내기 위하여 타인의 결과물을 일부 따라하거나 아이디어를 차용하는 정도를 모방이라 부르며 고수가 되기 위한 하수들의 학습 방법 정도로 모방이라는 단어를 썼을지도 모른다. 하지만 실제로 사회과학적으로 인간은 많은 순간 모방을 하며 살아간다. 소리를 구분하거나 시야가 확보되지 않은 갓난아이로 태어나 부모의 표정이나 말투, 행동을 모방하며 사회화되는 과정을 거치면서 우리는 언어, 사상, 신념을 형성하고 주변의 사람들을 모방하면서 문화를 만들어 간다.

이처럼 유전적인 요인이 아니라 비유전적인 요인을 통하여 전달되어지는 문화적 요소를 옥스퍼드 영어사전에서는 밈(meme)이라고 한다. 밈은 부모세대의 행동과 사상을 자녀세대에서 모방하여 물려받는 것도 의미하지만 횡단적으로 집단의 문화가 형성되고 특정 집단의 문화가 다른 집단으로 전달되는 수평 전달도 가능하게 한다. 밈은 리처드 도킨슨이 이기적 유전자에서 처음 쓴 단어로 유전자가 오직 자신만을 위한 진화를 선택하여 생물학적 정보를 전달하는 것처럼 밈은 유전적으로 전수되지 못한 것들이 뇌에서 뇌로 전달되어 퍼져 나가는 것들이라고 하였다. 가령 종교 행위라든지 자극적이고 독특한 향을 가지고 있는 카레 혹은 면으로 만든 음식들이 전 세계에 퍼져 나가는 것들은 다 밈을 통해서 가능하게 되었다는 것이다.

유튜브 내에서도 밈 현상은 누군가 정의하거나 명시하지 않았음에도 불구하고 자연스럽게 발생하고 있다. 1,000여 명의 구독자가 증가하는 시점 전후로의 활동이 중요하다는 것이 암암리에 알려지자 미성년 사용자들 사이에서는 구독자를 증가시키기 위한 영상 제작 문화가 퍼지고 있다. 약 1초에서 3초가량 아무런 내용이 없는 영상은 제작 목적이 무엇인지 궁금하게 하나 댓글을 보면 금방 이곳에서 거래가 일어나고 있구나 하는 것을 알게 된다. 이는 "맞구방"이라고도 불리는 동영상이다. 영상의 내용은 없으나 해당 영상을 제작한 사람의 계정에 들어가서 구독을 누르고 영상에 댓글을 달아주면 혜택을 받은 영상 제작자가 구독을 해 준 사용자들의 계정을 구독한다. 구독자 품앗이를 통하여 자체 콘텐츠만으로 승부를 보기 어려운 이들이 안정적으로 구독자를 늘리고자 선택한 방법이다.

영상에 대한 모방이 이루어지기 위해서는 내가 보유하고 있는 자원에 한해서 모방이 발생하기 때문에 유튜브 영상은 모방이 불가능한 킬러 콘텐츠를 가진 영상과 그렇지 않은 영상들로 나뉜다. 가령 BJ가 직접 출연하여 장난감을 가지고 노는 모습들을 보여 주는 것이 주요 콘텐츠라면 BJ의 존재 자체가 브랜드 가치를 가지고 있기 때문에 다른 제작자들이 쉽게 모방할 수 없다. 모방을 하는 콘텐츠들은 얼굴은 찍지 않고 장난감만 찍어서 스토리 전개를 하는 방식으로 새로운 내용을 창작해 낸다. 장난감의 색깔과 스토리라인, 장난감이 사라지고 등장하는 타이밍, 위기가 발생하는 시점까지 모든 것이 모방의 대상이 된다. 시나리오가 따로 존재하지 않는 것처럼 느껴지는 먹방의 경우, 돼지고기 삼겹살을 굽는 판의 크기, 먹을 때 내는 소리, 볶음밥과 치즈가 등장하는 시점까지 시청자들이 실시간으로 접속하여 장시간 채널을 떠나지 않고 영상을 지켜보도록 하는 노하우들은 다 이미 높은 조회수를 기록한 영상으로부터 차용한 아이디어들이다.

유튜브에서 가장 활발하게 사용되는 방송 장르 중 하나가 먹방이다. 먹는 모습이 방송이 된 것은 국내의 아프리카TV에서 시작되어서, 이제는 해외에서도 국내의 먹방에 주목하고 있다. 유튜브 내에서나 위키피디아에서도 먹방을 그대로 영문화한 'Mukbang' 이란 용어를 그대로 차용하고 있다. 먹방 내에서 사용되는 음식도 모방이 이루어진다. 많은 양과 자극적인 맛의 음식들이 큰 주목을 받지 못하자 국내 먹방에서는 2년 전부터 '킹 블랙타이거새우'처럼 일반적으로 먹지 않는 음식들에 대한 먹방을 선보이기 시작했다.

새로운 음식을 도전하는 것으로 사람들의 시선을 끄는 것에 한계가 있자, 먹방은 먹는 방식이나 먹는 사람의 특성에 따라서 다양하게 진화하였다. 먹방이란 콘텐츠와 소리를 중점적으로 방송하는 ASMR 장르를 섞어서 먹방 장르에서는 후발주자나 현재 144만 명의 구독자를 보유한 홍사운드(Hong Sound)라는 유튜버도 있다. 이제 먹방은 한국을 대표하는 독보적인 콘텐츠 장르가 되었다. 2019년에는 "벤쯔가고 쯔양온다"라는 말이 유행할 정도로, 먹방 분야에서 석권하고 있던 BJ 벤쯔에 대한 관심이 다소 사그라든 후 161cm의 49kg에 불과한 97년생 쯔양이 2019년 6월에 100만 구독자를 확보하는 후발주자의 면모를 보이고 있다. 쯔양은 벤쯔와는 다르게 여성이라는 점과 작은 체구에도 불구하고 성인 10명이 먹을 수 있는 음식의 양을 소화한다는 점에서 차별점을 가지고 있다.

먹방과 함께 쿡방(Cook bang: 요리방송)도 모방과 모방을 기반으로 한 창조를 통하여 진화하고 있다. ASMR을 강조한 소리 위주의 쿡방을 하던 "꿀키"가 큰 인기를 끌었다면 이후에 다양한 효과음들을 더빙하여 쿡방에 일명 병맛스러운 재미를 더한 "먹어볼래"가 쿡방의 트랜드로 자리잡았다. 이는 쿡방도 다만 새로운 요리 방법 소개와 같은 정보 전달용 콘텐츠가 아니라 소리를 통하여 하나의 장르로 재미를 줄 수 있다는 다양성을 모방한 결과이다. 최근에는 만드는 음식에 관련된 랩과 노래를 만들어 요리하는 과정을 직관적으로 표현한 "과나(gwana)"가 새로운 쿡방의 장르를 창출하고 있다.

유튜브가 흥미로운 이유는 과거에는 알음알음 연결되어 발생했던 모방이 세세하게 그 과정과 함께 기록되어 남아 있다는 것이다. 성공한 유전자가 더 잘 전달되는 것처럼 모방이 발생하는 대부분의 문화들은 다양한 생활양식과 사상들 중에서도 나의 환경에 적합하거나 매력도가 높은 것들 위주로 이루어진다. 유튜브에서는 선택되는 모방 대상의 특징은 바로 조회수에 있다. 아무도 따라 하지 않으나 스스로 선택한 우상이나 멋지다 느끼는 친구의 행동을 따라할 수도 있지만, 유튜브에서 타인의 동영상을 따라해 영상을 제작하는 주요 이유는 이것이 높은 조회수를 얻기 위한 전략이기 때문이다. 우선 높은 조회수를 기록하는 동영상들을 기반으로 어떠한 제목을 사용하였는지, 어떠한 태그를 사용하였는지, 어떠한 내용들을 기반으로 한 콘텐츠나 주의를 끌 만한 요소는 무엇인지 등에 대한 심층적인 분석이 이루어진다. 댓글 또한 밈이 발생할 수 있는 좋은 기준이 된다. 댓글이 주로 반응하고 있는 내용들이 시청자들의 관심을 끌 수 있는 요소이다.

조회수가 한번 높아져 대중들로부터 반응이 확인된 영상은 곧바로 새로운 동영상들의 소스가 된다. DNA가 부모로부터 전수되듯이 인기가 많은 동영상은 다음 동영상의 모태가 되어서 재창조되는 과정을 가진다. 싸이의 〈강남스타일〉이 전 세계 사람들의 시각과 청각을 매료시켰고 2만 명이 참여하는 플래시몹은 참여자뿐만 아니라 보는 이로 하여금 강남스타일이라는 콘텐츠가 가지고 있는 매력을 급증시켰다. 그리고 그 과정은 또다시 동영상으로 기록되고 동영상을 보고 있는 시청자들의 반응 또한 새롭게 동영상으로 기록되는 과정을 거친다. 모방의 능력은 인간의 독특함을 형성한다. 동물의 경우 특정 행동을 가르칠 때 직접 그 행동을 해 볼 수 있게 해 주고 보상을 해 주는 방식으로 학습을 시키는 경우가 많지만, 인간은 학습을 할 때 모방이 가능하도록 직접 행동으로 보여 주는 경우가 많다.

모방이 이루어지는 유튜브에서 가장 쉽게 찾을 수 있는 주제 중 하나는 "무엇을 하는 법"에 대한 영상들이다. 부모님이 알려주시거나 직장 상사가 예뻐하는 후배에게 몰래 알려줬을 법한 정보들이 세세하게 기록된다. 혹은 단순히 아침밥을 사 먹으러 가거나 하루를 정리하고 눈을 감는 장면까지 소소한 일상들을 공유한다. 마치 유튜브 밖에서 운동을 따라 하는 사람들이 지금쯤 영상을 멈추고 쉬려고 하겠지 하는 타이밍에 맞춰 한 세트 더 팔 굽혀 펴기를 하라고 요청하는 유튜버도 있다. 한동안 "How to"라는 제목을 가진 미국발 "~하는 법" 전용 동영상 사이트가 운영이 되기도 하였다. 각각의 주제에 적합한 동영상 서비스들은 관심이 있는 고객들에 의하여 잠시 운영되다가 지속적인 사용자 유입이 어려워 서비스를 중단하게 되었다. 대신 유튜브에 전 세계의 "How to" 영상들이 몰려들기 시작했다.

궁금증에 대한 의문들도 유튜브를 통하여 풀어간다. 데이터 분석에 대한 기초를 배운 사람들은 본인이 직접 해결해 본 문제들을 중심으로 새로운 동영상을 만든다. 다른 사람의 영상을 보았을 땐 다소 어렵게 느껴졌으나 문제 해결 중에 자신만의 노하우가 생긴다면 곧바로 쉬운 설명을 가미하여 새로운 영상의 콘텐츠를 제작한다. 집에서 어릴 적 가정시간에 배웠던 코바늘 뜨개질의 기억을 되살려 유튜브를 보고 다양한 기법들을 배우기도 한다. 평생 피아노를 치고 싶었지만 꾸준히 배울 기회가 없었던 사람들은 원하는 피아노곡을 검색하여 틀려서 오는 민망함과 몰라서 오는 두려움 없이 자신의 속도에 맞춰서 진도를 나간다. 자신만의 노하우가 생기면 배웠던 방식대로 동영상을 녹화하여 유튜브에 올리는 시도를 하게 된다. 과거에 고수에게서 노하우를 전수받는 과정은 삼고초려 하며 제갈공명을 영입하던 유비나 3년간 묵묵히 물을 길고 청소를 하던 도제 지간에서 이루어졌던 것이다. 오랫동안 자본주의가 가져다주던 혜택을 누리던 미국의 대량생산 체제가 블랙프라이데이를 맞이하고 난 이후 위기에도 무너지지 않는 일본 기업이 주목받기 시작했다. 이후 가업을 승계하고 철저하게 노하우를 계승하는 일본 기업들의 지식경영 전략이 빛을 발하던 시점이었다. 지금은 유튜브를 통해 모든 정보가 공개된다. 공개된 정보로 수혜를 본 이들은 본인들이 전달받았던 방식처럼 자신들만의 노하우를 전수하는 것이다. 그 과정에서 콘텐츠가 창출된다. 이러한 일련의 과정은 조회수와 구독자를 통하여 수익을 창출하기 위하여 의도적으로 발생하는 행위이다.

Q3. 유튜브 내 모방은 어떤 영향력을 가지고 있는가?

유튜브 영상들은 모방을 통하여 재창조되는 선순환의 고리 위에 서 있다. 기업들이 제품이나 서비스를 모방하는 것은 제품과 서비스 생산 주기가 느리기 때문에 한번 모방이 발생한 영역이 수정되거나 개선되는 것 또한 많은 시간을 요구한다. 그러나 유튜브에서는 일반 모방을 통하여 대중이 관심 있어 하는 영상을 만들고 나면 적극적인 구독자들이 보내 주는 댓글과 영상을 조회하는 실시간 반응들을 통하여 새로운 요구사항을 마련할 수 있다. 파운데이션에 대한 관심이 있다는 것이 확인되고 나면, 해당 채널을 구독하고 있는 구독자들의 나이와 성별에 따라서 남성용 파운데이션 중 고급 라인을 비교해 달라는 요청이 들어오거나, 특정 제품군의 성분에 대하여 비교해 달라는 요청들이 실시간 댓글로 이어지는 것이다. 채널 운영자들은 댓글들을 모니터링하고 빠르게 그 요청들을 반영한다. 구독자와 소통이 가능한 BJ들이 제작한 영상들에 "요청하는 댓글이 많아서"라는 표현을 종종 들을 수 있는 것도 이 때문이다.

댓글과 조회수를 통하여 공감의 포인트를 찾은 유튜버들은 순식간에 구독자를 모을 수 있다. 공감을 위해서 만들어지고 공감을 통해서 확산되어 가며 공감을 통한 실생활 적용까지 이어져 유튜브 콘텐츠로 인한 파급효과는

〈그림 6-2〉 유명 유튜버 "영국남자" 조쉬가 한국 팬에게 선물받은 불닭볶음면을 뜯고 있다
출처: youtube.com/watch?v=b_9SkC1qt_0

그야말로 기존의 매체와는 다른 규모를 가지고 있다. 혹은 모방을 기반으로 한 약간의 창작이 가지고 오는 놀라운 효과도 있다.

2017년과 2018년에 먹방계를 장악한 국내 음식은 '불닭볶음면'이었다. 먹방을 시작하는 BJ들은 기본적으로 불닭볶음면을 먹는 영상을 찍는다. 매움으로 고통받는 BJ를 보면서 대리만족을 느끼는 사람들은 BJ들이 다른 콘텐츠를 찾지 않아도 모방을 돕는다. 예를 들어, 자기가 좋아하는 BJ가 불닭볶음면을 먹는 영상을 올린다면 댓글로 다른 곳에서 봤던 내용인 "치즈를 추가해 주세요" "소스를 두 개 넣어서 더 맵게 해 주세요" "까르보나라 소스를 섞어 주세요"와 같은 요청을 한다. 많은 요청이 들어온 댓글들은 자연스럽게 다른 콘텐츠를 모방하여 추가적인 영상을 제작하는 데 도움이 된다. K-Pop의 인기로 K-Food에 대한 관심이 증가하자 외국인들도 국내 음식을 먹는 모습을 영상으로 제작할 때 불닭볶음면을 먹는 모습을 기본적으로 촬영한다.

한국의 매운맛은 댓글을 통하여 새롭게 요리되고 조합을 이룬다. 종류도

〈그림 6-3〉 보기에도 매운 불닭볶음면 응용 제품들이 2017년부터 8개 이상 출시되었다
출처: https://1boon.kakao.com/daumsearch/5aa7190f6a8e51000122967e

다양하다. 편의점 음식들을 조합하여 불닭볶음면의 수프만으로 새로운 음식을 만드는가 하면, 고급 요리재료를 가미하여 생각지도 못한 고급요리를 만들 수도 있다. 댓글을 반영한 새로운 음식 조합 먹방들은 신제품에 대한 대중들의 반응을 직접적으로 확인할 수 있는 기회가 된다. 급기야 불닭볶음면은 까르보나라 맛과 함께 출시가 되었고, 죽 전문점에서도 불닭볶음 맛의 죽을 출시하기도 하였다.

Q4. 유튜브 콘텐츠 창작의 부정적인 면은 없는가?

비단 이 끝없는 공감의 매체가 긍정적인 양상과 전 세계 사람들을 하나로 만드는 끈의 역할만을 하는 것은 아니다. 유튜브가 가지고 있는 부정적인 단상은 우리가 생각하지 못하였던 곳까지 손을 뻗어 있다. 아이들에게 최고의 친구로 등극하고 꿈과 희망이 되고 있는 유튜브는 동시에 아이들의 정서를 위협하고 있다. 물론 아이들과 놀아 주는 다양한 방법을 소개하는 유튜브는 간접적으로 장남감을 가지고 노는 방식을 소개하기 때문에 공공장소에서나 밥을 먹을 때 아이들이 조용히 유튜브를 보는 것을 선호하는 부모들도 있다. 유튜브가 또래 친구들이나 부모님, 유치원 선생님들의 자리를 대신하고 있다. 유튜브에는 아이들이 평생 봐도 부족하지 않을 무한개의 영상이 있다. 두 돌이 된 아이도 쉽게 광고를 스킵하고 다음 추천 영상을 볼 수 있다. 아이들에게 유튜브가 미치는 영향은 두뇌활동이나 사고능력 등으로 긍·부정적인 영향을 준다는 논의가 지속적으로 되어 오고 있다. 하지만 그보다 더 주목해야 할 점은 유튜브를 보고 자란 아이들이 자신을 유튜브 속에서 표현하기 시작했다는 것이다.

초등학교 3학년 정도밖에 되지 않는 아이도 유튜브를 통하여 실시간 방송을 할 수 있고 그들의 문화에서 매력적인 요소들을 모방하여 BJ로서 활발한 활동을 한다. 물론 인기가 많고 조회수가 높은 영상들 중에는 상당수 자극적인 내용들도 많다. 한때 국내 초등학생들 사이에서 유명하였던 유튜브 중 하나는 슬라임 채널이었다. 액체 괴물이라고도 불리는 슬라임은 붕사를 주 재료로 만들어 손으로 늘리거나 뭉칠 수 있다. 색깔이 다양하고 취향별로 글리터를 넣을 수 있어서 선호하는 형태의 슬라임을 만들 수 있다. 어린 아이들이 가지고 놀 법한 슬라임에게 마음을 빼앗긴 것은 초등학교 4-6학년 즈음 되는 고학년들이었다. 학업에 지친 고학년들이 슬라임을 만지작거리는 것이 빠른 속도로 퍼져 나가기 시작하였다. 이 슬라임의 확산에 큰 역역할 한 것 중 하나가 유튜브다. 찰흙처럼 생긴 슬라임을 만지작거리는 것으로 어떻게 콘텐츠를 만들 수 있을까? 하는 의문을 가지는 사람들도 있겠지만, 초등학생들이 진행하는 슬라임 채널은 그야말로 초등학생들의 문화 공간이다. 각종 속상하거나 기뻤던 사연, 놀랐던 사연들을 좋아하는 음악과 함께 깔아서 화면에 담는 것이 초등학생들이 진행하는 슬라임 채널의 주요 내용들이다. 문제는 내용이 다소 자극적이라는 것이다. 모방을 통한 콘텐츠 창조는 수익의 압박을 느끼고 있는 파워 유튜버들 사이에서만 발생하는 일이 아니다.

보다 많은 조회수를 이끌기 위해서 미성년자들이 진행하는 슬라임 채널들은 좀더 자극적인 게시판 글들을 사용하기 시작한다. 콘텐츠 자체의 참신성에 대한 선택권이 낮다 보니 자극적인 단어나 내용을 활용하기도 한다. 지속적인 창작활동은 유튜버가 한계를 느끼고 슬럼프에 빠지도록 한다. 미성년자에 비하여 능숙하게 이를 조절할 수 있는 성인의 경우 휴식기를 가지거나 콘텐츠 변경을 하기도 한다. 그러나 미성년자 유튜버들은 아직 스트레스 관리능력이나 정체성이 형성되지 않은 이른 시기임에도 모두에게 공개되는 조회수를 기반으로 콘텐츠가 노출되고 피드백을 받는 힘든 과정을 겪는다.

키즈 채널에도 종종 초등학생이나 미취학 아동들이 등장한다. 키즈 채널의 처음 취지는 장난감을 부모와 가지고 노는 아이들의 모습을 보면서 대리만족을 할 수 있는 창의적인 콘텐츠를 올리는 것이었다면, 모방을 통한 콘텐츠가 제작되는 순간 제작하는 과정의 공기는 완전히 바뀐다. 부모와의 즐거운 시간을 보내기 위해 다양한 방법으로 장난감을 가지고 노는 아이들은 온데간데없고 유명 채널에서 인기가 많았던 영상의 일부에 등장하는 또래의 모습을 그대로 재현해 내는 데 집중하는 아이들만이 있을 뿐이다. 맥락을 모르고 갑자기 슬픈 표정을 짓거나 놀란 표정을 지어야 하는 아이들이 영상 제작과정 중에 어떠한 정서적 문제를 겪는지는 2019년 8월에 방영된 〈그것이 알고 싶다〉에도 생생히 담겨 있다.

물론 키즈 채널에서 발생하는 모방은 다른 콘텐츠들의 모방과는 결이 다르다. 아이가 없는 유튜버들이 아이가 무엇을 좋아할지 알 수 없는 상황에서 유명 영상들을 모방하는 과정을 거치며 콘텐츠를 창출하기도 하고, 주요 시청자가 2-3세의 의사표현이 어려운 아이들이라서 정확히 어떤 요소가 흥미 있었는지에 대한 반응을 댓글로 체크할 수 없는 경우도 많아 영상제작의 방향성을 잡기가 어려워진다. 이런 점들을 고려하고 아동을 중심으로 발생 가능한 다양한 사회문제들을 고려한 유튜브는 키즈 채널에 대한 광고 수익을 한정 지었다. BJ나 캐릭터 자체가 콘텐츠가 되는 키즈 채널을 제외하고는 광고 수익을 겨냥하여 지속적으로 채널을 운영할 금전적 동기가 사라지게 된 것이다.

Q5. 유튜브에서는 콘텐츠만 창작되는가?

유튜브는 이처럼 다양한 방면으로 시행착오를 겪으며 창작과 모방 사이에 서 있는 콘텐츠 크리에이터, 유튜버들의 장이 되어 가고 있다. 유튜브 속 동영상이 전달하는 것은 단순히 많은 양의 시각과 청각 정보가 아니다. 유튜브는 지금 동영상을 통하여 전 세계에 문화를 전달하고 있다. 그리고 그 문화는 끊임없이 복제되고 발전되면서 우리 삶 속에 제품과 서비스의 형태로 정착되고 있다. 미국에서 시작된 서비스지만 2016년 기준으로 전체 조회수에서 미국이 차지하는 비율은 20%에 불과하다. 유튜브는 그야말로 전 세계 도처의 국가에 불특정 다수에 의하여 사용되고 있는 것이다. 사용료를 내지 않고 동영상을 구독하고 업로드할 수 있다는 서비스의 특성은 우리의 문화를 전파하고 전 세계가 공유할 수 있는 거대한 복제 작업을 하는 데 물리적 거리나 공간에 제약받지 않는다는 것을 보여 주고 있다. 한정되고 철저한 기획을 통하여 노출되었던 세계 각국의 뉴스들과 문화 콘텐츠들은 더 이상 유튜브라는 실시간 매체의 파급력을 뛰어넘을 수 없다. 유튜브는 지금도 진화 중이다. 구독자와 유튜버 그리고 창조와 모방을 반복해 가며 진화하고 있는 콘텐츠와 이에 영향을 받는 제3자들까지 함께 전 세계가 공유할 수 있는 동영상 스트리밍 사이트를 통하여 세계는 유튜브와 함께 진화하고 있다.

참고문헌

수전 블랙모어(2010). 《문화를 창조하는 새로운 복제자 밈》. 바다출판사.

케빈 알로카(2018). 《유튜브 컬처》. 스타리치북스.

박태희(2019). 〈1분마다 400시간 업로드 되는 유튜브, 구글은 어떻게 유튜브를 황금거위로 키웠나〉. 《중앙일보》. Retrieved from https://news.joins.com/article/23253498

왜 한국에는 우버가 없을까?

류민호 동아대 경영정보학과

지난봄, 출장 차 베트남 하노이를 다녀왔다. 나는 공항에 도착해서 한국에서 미리 준비한 유심칩을 갈아 끼우고, 숙소인 하노이 대우호텔로 이동하기 위해 '그랩(Grab)' 앱을 찾아 실행했다. 그랩은 동남아 시장을 석권한 '우버(Uber)'와 같은 서비스이다. 잠시 후 근처 5분 거리에 있는 기사가 배정되었다는 메시지가 왔다. 날이 더운 관계로 나는 다시 공항 게이트 안으로 이동해 택시가 나를 태우기 위해 이동하는 것을 실시간으로 확인한다. 택시가 내가 기다리는 게이트로 거의 다다랐을 때, 나는 게이트 밖으로 나가 택시 번호판과 기사 얼굴을 확인하고 택시를 탑승한다. 간단한 인사와 함께 목적지인 대우호텔로 향한다. 30여 분이 흐르고 목적지에 도착하자 내가 미리 등록한 카드에서 자동으로 결제가 진행된다. 이후 한화로 3천 원이 결제되었다는 문자가 왔다.

베트남에 머무는 동안 그랩은 어디를 가나 이용하는 서비스가 되었다. 베트남어가 불가능한 나로서는 목적지를 미리 입력하는 방식으로 원하는 곳

〈그림 7-1〉 동남아시아의 우버라고 불리는 공유자동차 서비스 '그랩'
출처: (좌) https://emptydream.tistory.com/4285 (우) http://news.kotra.or.kr/user/globalAllBbs/kotranews/album/2/globalBbsDataAllView.do?dataIdx=166844&searchNationCd=101084

어디든 찾아갈 수 있었다. 며칠을 이용하다 보니, 그랩은 자동차뿐 아니라 오토바이도 부를 수 있다는 것을 알게 되었다. 호기심에 자동차 대신 오토바이를 불러서 타 보니 조금 위험하기는 했으나, 한국 못지않게 차가 밀리는 하노이 시내를 빠른 속도로 이동하는 새로운 경험을 하게 되었다. 요금도 자동차의 절반 수준이니 일석이조다. 이제 동남아를 여행할 때 그랩은 선택이 아닌 필수가 되었다. 가격이 저렴할 뿐 아니라, 말이 안 통하는 어느 나라에서도 원하는 목적지를 자유롭게 옮겨 다닐 수 있다.

미국 등을 여행할 때는 우버를 이용한다. 그런데, 한국을 여행하는 외국인들은 어떨까? 한국은 전 세계에서 우버가 운행하지 않는 몇 나라 중 하나다. 본 장은 한국에서 우버가 운행되지 못하는 이유를 분석해 본다. 이를 위해, 차량공유 서비스로 대표되는 모빌리티 혁신의 과정에서 벌어지는 다양한 논의를 점검해 보고, 여러 나라들의 사례를 살펴봄으로써 국내에도 우버가 서비스되기 위한 방안을 모색해 보고자 한다.

Q1. 우버와 같은 공유차량 서비스는 왜 탄생하게 되었을까?

1.1. 수요와 공급의 미스매치

우리나라는 전 세계에서 택시 대수가 가장 많은 나라 중 하나다. 〈표 1〉에서 보듯, 서울의 경우 인구 천 명당 택시 대수가 7.1대로 프랑스의 파리 다음으로 많다. 가장 낮은 뉴욕의 1.7대와 비교하면 4배가 넘는 숫자다. 이렇듯 우리나라에서 택시는 대중교통에 버금가는 중요한 이동 수단으로 인식되고 있다.

〈표 1〉 전 세계 주요 국가의 택시 수 (인구 1,000명당 택시 수)

도시(국가)	택시 수(조사연도)		인구 수(조사연도)		인구 1,000명당 택시 수
서울(한국)	71,819	(2019)	1,011만	(2018)	7.1
뉴욕(미국)	13,587	(2016)	817만	(2010)	1.7
런던(영국)	22,550	(2011)	775만	(2009)	2.9
도쿄(일본)	47,236	-	1,319만	-	3.6
파리(프랑스)	17,137	(2011)	226만	-	7.6
싱가포르	28,210	(2012)	531만	-	5.3
베이징(중국)	66,000	(2011)	2,154만	(2018)	3.1

출처: 한국교통연구원(2013). 외국의 택시제도 운영사례와 시사점
《SBS》(2011.11.29.). 〈[취재파일] 베이징 택시, 왜 안 잡히나 했더니…〉
WIKIPEDIA, Taxicabs of the United States, https://en.wikipedia.org/wiki/Taxicabs_of_the_United_States#Medallions

"이렇게 택시가 많은데, 왜 택시 잡기가 이렇게 힘들지?" 아마 대부분의 독자들은 금요일 저녁 버스 운행이 중단된 늦은 시간, 강남역에서 택시를 잡아본 경험이 있을 것이다. 때로는 택시를 잡지 못해 한 시간 이상 위험한 도로를 오가며 곤욕을 겪기도 했을 것이다. 특히 택시 기사들이 자신이 원하는 행선지의 승객을 골라 태우는 행태로 인해 혼잡은 가중된다.

택시 대수는 많은데 막상 필요할 때 이용하지 못하는 현상이 발생하는 이유는, 바로 시간과 장소에 따라 택시의 수요가 공급을 넘어서는 현상이 벌어지기 때문이다. 이 문제를 해결하기 위해서는, 특정한 시간과 장소, 즉 수요가 많은 시간과 지역에서 그만큼 많은 택시를 준비시키면 될 것이다. 그러나 택시를 '시간과 장소에 따라 늘렸다 줄였다 하는 것은 현실적으로 불가능'하다. 이론적으로 우버는 기존의 택시와는 달리 가상의 택시 공급을 수요에 맞게 늘려주는 효과를 줄 수 있다. 물론 이론은 이론일 뿐이다.

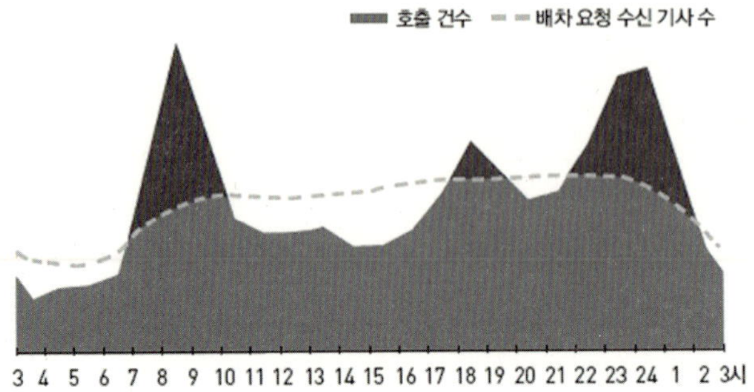

〈그림 7-2〉 수도권의 특정 시간대의 택시 공급은 수요를 충족시키지 못하고 있다
출처: 카카오모빌리티 (2016)

1.2. 기존 택시 서비스에 대한 불만

필자는 낯선 곳에서 택시를 이용할 때마다 "택시 기사가 엉뚱한 길로 가서 택시 요금이 과다하게 나오지 않을까?" 하는 걱정을 한다. 아마도 몇 년 전 러시아 모스크바에서 택시 요금 15만 원 바가지요금을 경험했기 때문일 것이다. 우리나라 역시 택시의 승차거부, 불친절, 바가지 요금이라면 빼놓을 수 없는 나라일 것이다. 대부분의 사람들이 기존 택시 서비스에 대한 불만이 많을 것이다. 서울연구원에서 2019년 상반기에 서울 지역 거주자를 대상으로 실시한 설문 결과를 봐도 그 상황을 짐작할 수 있다. 조사 대상의 90%가 택시 서비스에 대한 불만이 있고, 개선을 바라는 점은 '승차 거부'가 45.7%로 가장 높았고, '불친절'(29.0%), '난폭운전·욕설'(9.1%)이 뒤를 이었다.

이러한 기존 택시 서비스에 대한 불만이 새로운 서비스에 대한 요구를 키워 왔고, 이러한 시장의 요구가 우버와 같은 새로운 형태의 운송 서비스를 탄생시켰다고 볼 수 있다. 이렇듯 기존 택시 산업의 수요와 공급 간 불균형 및 불친절 등 서비스 불만이 새로운 혁신의 탄생을 야기했다고 볼 수 있다. 당연한 얘기겠지만, 이러한 상황에서 탄생한 혁신은 소비자의 후생을 증대시킨다. 최근 카카오 정책팀에서 발표한 결과를 보면, 기존의 택시 서비스가 소비자에게 제공해 준 후생이 100이라면, 카카오택시의 접목으로 택시 서비스가 소비자에게 주는 후생이 182.6으로, 82.6% 증가했다고 한다. 이 외에도 다수의 연구들은 새로운 형태의 모빌리티 혁신은 결국 이용자의 후생을 증대시킨다고 말하고 있다.[1]

Q2. 우버, 어떤 논란들에 휩싸여 있나?

전 세계 60개국 이상에서 차량공유 서비스를 제공하는 우버는 여전히 많은 논란을 야기하고 있다. 각 국가에서 벌어진 주요 논란은 〈표 2〉와 같이 요약할 수 있다.

〈표 2〉 우버를 둘러싼 갈등

시기		국가(도시)	내용
연도	월		
2012	11	미국(뉴욕)	허리케인 샌디 때문에 대중교통량이 줄면서 우버의 수요 증가, 가격이 2배가 됨. 가격 인상으로 비난을 받자 가격 정상화
2013	9	미국(워싱턴 DC)	운전자가 승객의 목을 조르는 사건이 발생
2013	12	미국(캘리포니아, 매사추세츠)	전 현직 우버 운전자가 운전자를 계약직 근로자가 아닌 직원으로 대우해야 한다고 소송 제기. 2016년 합의됨
2014	12	인도(델리)	우버 운전자가 성폭행, 우버 영업 금지
2015	6	프랑스	프랑스의 택시 운전사들이 가격이 낮은 우버POP의 서비스 확장에 반발하며 파업함. 프랑스 법원은 우버POP의 영업 중지 명령

1 카카오정책산업연구(2016.06.30.). 〈카카오택시 효용가치 보고서〉.

시기		국가(도시)	내용
연도	월		
2016	5	미국(텍사스)	시민들이 우버와 리프트(Lyft) 운전자 대상 지문 조회 등 신원 조회 법제화 찬성
2017	1	미국(뉴욕)	택시노조 파업 후 우버가 운행가격을 인상하여 이익을 챙기려 한 혐의를 받음
2017	9	영국(런던)	런던 교통국, 운전자 범죄, 교통 법규 우회 프로그램(그레이볼) 사용 등을 이유로 우버의 영업 라이센스 취소

출처: 《Business Insider》 (2019.3.10.). 〈49 of the biggest scandals in Uber's history〉. 재구성
https://www.businessinsider.com/uber-company-scandals-and-controversies-2017-11

2.1. 기존 택시산업과의 갈등

그동안 컴퓨터와 인터넷을 기반으로 한 서비스와 산업이 발전하기는 했지만, 여전히 우리의 오프라인의 삶과는 다른 온라인만의 세상에 별개로 존재했다. 4차 산업혁명은 "CPS(Cyber Physical System)를 통해 오프라인의 경계가 사라지는 것"이라고 정의할 수 있다. CPS를 기본으로 하는 혁신의 방향성에서 오프라인 기반의 전통 산업과 온라인기반의 새로운 서비스가 충돌하는 것은 당연한 문제이다.

공유경제도 예외는 아니다. 기존의 오프라인 택시산업과 우버 등 온라인에 기반을 둔 새로운 서비스가 서로 부딪히고 경쟁하게 된다. 이 과정에서 택시 기사 혹은 사업자들의 반발이 거세게 진행되고 있다. 우버가 가장 활성화된 미국도 뉴욕의 개인택시 사업자(옐로캡)의 면허 프리미엄이 폭락하고 파산신청자가 늘어나 자살과 같은 극단적 선택을 하는 택시 기사도 현재까지 8명에 달할 정도로 저항이 심하다. 영국도 마찬가지다. 2017년 기준 런던에는 2만 1,000대인 블랙캡보다 우버 등록 차량이 2배쯤 더 많으며, 이들이 30% 더 싼 가격에 손님을 태우다 보니 블랙캡 기사들의 수입은 많게는 절반 가까이 줄어들었다. 이렇게 택시 기사들의 저항이 심해지자, 런던 교통국은

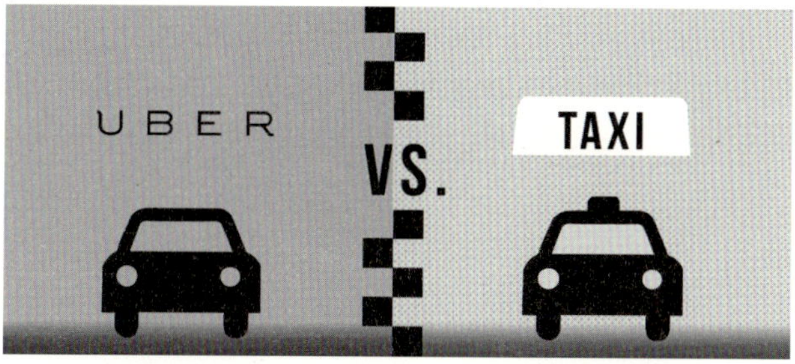

〈그림 7-3〉 우버와 기존 산업 간의 갈등의 골은 점점 깊어지고 있다
출처: https://thecoverage.my/entertainment/malaysia-10-reasons-whyuber-will-always-be-better-than-taxi-services/

우버 운전기사의 범죄 및 불법 프로그램(교통법규 우회 프로그램) 사용 등의 이유로 우버의 영업 라이센스를 취소하기도 했다. 앞으로 이러한 충돌은 더 크고 잦게 벌어질 것이다.

2.2. 우버 기사에 의한 범죄

2014년 12월 인도에서는 우버 운전자가 승객을 성폭행하는 사건이 벌어지고, 해당 사건이 계기가 되어 우버 영업이 금지된 바 있다. 2018년 5월과 8월 중국의 현지 서비스인 디디추싱 기사가 살인을 저지르는 사건도 발생했고, 2017년 레바논 우버 운전기사가 레바논 주재 영국대사관 여직원을 살해하는 등 우버 기사들에 의한 범죄가 끊임없이 일어나고 있다.[2] 이러한 사건들로 인해 우버 기사들에 대한 범죄이력 조회 요구 등 자격 요건 강화에 대한 논의가 진행되고 있다.

---

2 《Business Insider》(2019.03.10.). 49 of the biggest scandals in Uber's history.
《한국경제》(2019.03.13.). 〈中 택시업계, 어떻게 차량 공유서비스와 경쟁서 살아남았나〉.
《연합뉴스》(2017.12.19.). 〈2017년 레바논 우버 운전기사가 레바논 주재 영국대사관 여직원을 살해: 신뢰 잃는 우버…테러 · 성희롱 · 고객 신상 유출에 살인사건까지〉.

The Jawaharlal Nehru University Students' Union protests against the alleged rape of a female passenger Sonu Mehta/Hindustan Times via Getty Images

〈그림 7-4〉 2017년 인도에서 벌어진 우버 기사에 의한 성폭행 사건. 이후 우버를 반대하는 시위가 격렬하게 진행되었다
출처: https://www.businessinsider.com/uber-company-scandals-and-controversies-2017-11#november-2014-a-senior-executives-suggest-the-company-should-dig-up-dirt-on-reporters-that-cover-uber-11

2.3. (특정 지역 및 시간) 요금 폭리 문제

우버는 수요와 공급의 원칙에 따라 가변 요금제를 도입하고 있다. 동일한 거리를 이동하더라도 시간에 따라서 요금이 차이가 날 수 있다. 미국에서는 2012년 11월 허리케인 '샌디' 때문에 대중교통이 마비된 상황에서 우버의 수요가 증가했고, 가격이 평소보다 2배로 뛰었는데, 이러한 가격폭등이 사회적인 비난을 받자 다시 가격을 정상화하기도 했다. 또, 2015년 12월 31일부터 2016년 1일까지 새해 전야를 즐긴 후 우버를 이용한 사람들이 평소보다 8~10배 정도 더 높은 요금을 지불했다는 보도가 있기도 했다. 2017년 1월에도 뉴욕 택시노조 파업 후 우버가 운행가격을 인상하여 부당 이익을 챙기려 했다는 비난을 받고 있다. 이렇듯 가변 요금제에 대한 문제가 끊임없이 제기되고 있다. 가변 요금제로 인해 때로는 혜택을 보기도 하지만, 해돋이

시간 및 재난 상황 등 사람들의 수요가 폭발할 경우 비정상적인 가격 지불을 감내해야 하는 상황이다.[3]

2.4. 우버 기사 처우 문제

우버 기사들에 대한 처우 문제 역시 계속해서 논란이 되고 있다. 우버는 운전자로부터 기본요금(2.4달러)과 전체요금의 25%를 수수료로 가져간다. 수수료율이 사업 초기 10%대에서 계속 오르고 있다. 단거리 운행일 경우 수수료 비중이 55%에 달한다. 더욱이 근로자가 아니라 사실상 자영업자인 독립계약자(independent contractor)로 계약했기 때문에 우버는 운전사들에 대해 보험, 최저임금 등 아무런 책임과 의무를 지지 않는다. 그래서 운전자들은 생계유지를 위한 최소임금 보장, 수수료 상한제, 보상체계 투명성 등을 요구하고 있다.

〈그림 7-5〉 미국 캘리포니아 로스앤젤레스 공항에서 한 우버 기사가 8일(현지시간) "기사 없이는 우버의 상장도 없다"는 팻말을 들고 시위를 하고 있다
출처: 《이데일리》(2019.05.09.). 〈거리로 나온 기사들...우버는 지속 가능할까?〉

---

3 《ZDNet Korea》(2016.01.04.). 〈우버택시, 평상시 9배 '요금폭탄'〉.

2016년 2월, 미국에서는 우버에 자신의 차량을 등록한 우버 파트너들이 시위를 벌이기도 했다. 이들은 기본 운임을 8달러에서 7달러로 15% 낮추기로 한 것에 항의했다. 기본 요금은 낮추면서 우버가 기사들에게 받는 수수료는 변함이 없기 때문이다. 여기에 더해 8.875% 세금을 내야 하는 상황이다. 2019년 5월에는 미국 뉴욕과 워싱턴, 영국 런던, 호주 시드니 등 세계 12개 도시에서 우버 운전자들이 수수료율(25%)이 높다며 집단 파업을 벌이기도 했다.[4]

Q3. 잘되는 나라와 못되는 나라, 무엇이 다른가?

우버는 전 세계적으로 보편적으로 이용 가능하지만, 각 나라 및 도시마다 상황이 조금씩 다르다.

〈표 3〉 국가별로 우버와 관련된 제도는 다르게 적용되고 있다

국가	개인 차량공유 합법 여부	차량공유산업 제도화*	경쟁조건	택시기금 조성
터키	불법	X	-	-
헝가리	불법	X	-	-
이탈리아	불법	X	-	-
독일	불법	X	-	-
덴마크	불법	X	-	-
네덜란드	불법	X	-	-
프랑스	합법	O	택시 이상	X

4 《동아일보》(2019.5.10.). 〈우버 운전자들 "수수료 낮춰달라" 앱 끄고 거리로〉. 《T Times》(2019.6.12.). 〈'우버의 고향' 실리콘밸리는 '택시갈등' 어떻게 해결하나〉.

캐나다	합법	O	택시 수준 택시규제 완화	X
미국	합법	O	택시 수준 택시규제 완화	O
이집트	합법	O	택시 수준	X
스페인	합법	O	택시 이상	X
호주	합법	O	자율경쟁 택시규제 완화	O
영국	합법	X	택시 수준	X
핀란드	합법	X	택시규제 완화	X
중국	합법	X	자율경쟁	X
일본	합법	X	자율경쟁	X

*주1: '신산업 제도화'는, 미국과 같이 TNC(transportation network company) 등의 별로의 산업분류를 추가한 경우와, 기존의 규제 틀을 적용하는 경우로 분류(영국의 경우 별도로 제도화하지 않고 임대 자동차 규정을 준용)

*주2: 캐나다, 이탈리아, 미국 등은 행정구역별로 합법 여부, 제도화 여부, 경쟁조건, 택시업계 지원 등이 상이할 수 있음

우버가 가능하려면 개인 보유 차량을 이용한 운송 서비스가 가능해야 하는데, 우리나라의 경우 2015년 법원 판결을 통해 이러한 행위는 불법으로 규정된 바 있다. 우리나라 외에도 터키 독일 헝가리 덴마크 네덜란드 등도 우버를 불법으로 규정하고 서비스를 제한하고 있다. 우버가 불법으로 규정된 이상 이러한 나라들에서는 우버를 이용할 수 없다.

우버를 합법화한 나라들도 모두 상황이 같은 것은 아니다. 미국 TNC(Transportation Network Company)와 같이 별도의 산업분류를 추가해 합법화한 나라도 있고, 영국, 독일과 같이 기존의 택시 및 관련 규제와 법을 적용하는 경우로 분류가 가능하다. 예를 들어, 영국은 별도로 제도화하지 않고 임대 자동차규정을 준용해 우버를 규제하고 있다. 독일은 여객운송법(PBefG)을 통해 TNC 영업을 상대적으로 엄격하게 규제한다.

3.1. 우버를 기존 택시와 동일한 조건으로 경쟁시켜야 할까?

제도화 형태와는 별개로, 우버를 택시산업과 어떻게 경쟁시킬 것인지도 나라마다 다르다. 사실 제도 자체보다는 경쟁조건을 어떻게 부여하는지가 서비스 활성화에 더 큰 영향을 준다고도 볼 수 있다. 우버 입장에서 가장 이상적인 상황은 새로운 서비스가 자유롭게 경쟁할 수 있도록 아무런 제약을 두지 않는 것이다. 그러나 전 세계 대부분의 국가에서는 우버에게 기존의 택시에게 부과되던 수준(혹은 그 이상)의 규제를 요구하고 있다. 이러한 과도한 규제로 인해 우버가 택시산업과 경쟁하기 힘들게 만들겠다는 의도가 있다고 볼 수 있다. 우버에게 부과되고 있는 기존 택시 산업의 규제들은 아래와 같다.

먼저 면허세, 등록세 등 별도의 행정비용을 부과하는 경우이다. 미국 뉴욕시는 우버를 '블랙카 서비스(일종의 리무진 서비스)'와 비슷하게 간주하고, 운전자당 연간 700달러(약 84만원)의 등록·면허세를 내도록 했다. 매사추세츠주는 차량공유업체에게 승차할 때마다 교통인프라 기여금 명목으로 세금 20센트(약 230원)를 부과하는 법안을 제정했다. 이 세금 20센트 중 5센트(약 60원)는 택시 산업 보조금으로 쓰인다고 한다. 이집트 역시 차 공유 기업들은 약 3,000만 이집트 파운드(약 19억 원)를 내야 발급받을 수 있는 사업 허가증을 5년에 한 번씩 갱신하도록 하고 있다. 호주도 승차공유 서비스의 적법한 운행을 관리·감독하는 행정비용 납부하도록 한다. 캐나다는 장애인의 일반택시 이용 요금을 보조하는 명목으로 연간 2만 CAD(1,700만 원)를 납부하도록 하고 있다. 이렇듯, 대부분의 나라들에서 등록/면허세를 포함해 다양한 명목으로 행정비용을 부과하고 있다.

그 다음으로 우버 운전자에 대해 택시 기사와 같은 수준의 면허와 교육을 요구하는 경우다. 영국은 우버 운전자도 택시 운전자와 같은 면허(TNC 면허)를 소지해야 하고, 매년 차량 검사를 받아야 한다. 그리고 우버 운전자들에 의한 범죄가 끊이질 않자, 범죄 전과를 확인받도록 하는 사례가 늘고 있다. 호주에서는 우버 운전자들에게 별도의 운전자 훈련 프로그램을 운영하기도 한다.

차량 보험과 관련된 규정으로도 우버를 압박하고 있다. 호주 앨버타의 경우 우버를 '민간 운송업체'로 등록하고 주정부가 승인한 보험에 가입하도록 하고 있다. 또한 많은 나라들에서 승객까지 보장되는 보험 가입을 의무화하고 있다.

그 외, 일반 택시 사업자에게는 부과되지 않지만, 우버와 같은 공유자동차 사업자게에게 독특한 의무를 부과하는 사례도 있다. 예를 들어, 스페인은 승차공유 서비스에 대해 탑승 최소 15분 전에 예약하는 것을 의무화해, 우버의 이용 편의성을 약화한 사례가 있다. 해당 조치로, 스페인 바르셀로나에서는 우버가 사업 중단을 선언하기도 했다.

런던의 경우, 우버 운전자에 대한 영어 시험을 의무화했다. 블랙캡 운전사들이 대부분 런던 현지 출신인 반면, 우버와 같은 플랫폼 운전사들은 대부분 이민 사회 출신이다. 운전사에게 영어 능력 검정을 요구하는 것은 기성 택시 산업에 유리하면서 우버 운전사들에게 자격을 엄격하게 적용하는 것으로 간접적인 지원을 했다. 끝으로, 이집트는 공유 자동차를 포함한 공유경제 사업자는 사용자 데이터에 대한 공유를 의무화했다.

우버가 활성화되고 있는 나라(도시)들은 기존 택시 산업의 규제를 완화해서 기존 택시 역시 마음만 먹으면 혁신적으로 진화할 수 있는 길을 터 주면서 경쟁을 유도하고 있다. 우버 탄생지인 샌프란시스코 교통국(SFMTA)은 2015년부터 매년 1,000달러(약 120만 원)에 이르는 택시면허 갱신료를 면제해 주고 있다. 플로리다주 역시 기존 택시면허 관련 세금을 낮췄다. 이를 통해, 기존 택시 산업의 부담을 줄여 주고 있다.

한편, 핀란드에서는 2018년 7월부터 우버가 다시 서비스를 시작했는데,

우버 서비스를 시작함과 동시에 기존 택시면허에 대한 총량 규제를 없앴다. 우버 드라이버가 되고 싶으면 정부가 발급한 택시 운전면허를 취득하면 된다. 기존 택시 사업자들의 반발을 고려해 택시 요금도 택시 사업자들이 자율적으로 정할 수 있게 했다. 핀란드는 기존 택시 택시업체들이 별도 감독을 받지 않고도 운전자를 직접 선발하게 했고, 서비스 교육이나 자동차 검사 의무 등도 일부 면제하면서, 택시 산업에 대한 규제를 완화했다. 미국 뉴욕시는 택시 기사들에게 일부 보조금을 지원하여 택시 영업용 면허를 되팔 수 있게끔 했다. 결국 기존 택시 기사에 대한 경제적인 인센티브를 주고, 출구 전략을 마련해 준 것이다.

이렇듯 택시 산업의 규제를 완화하는 동시에, 택시 산업에 대한 지원책도 동시에 제시하고 있다. 대표적으로, 호주의 뉴사우스웨일즈주(NSW) 정부는 지난 2월 우버 서비스에 대해 1달러의 추가 부담금을 5년간 부과하기로 했다. 우버 서비스 도입으로 영업에 손해를 볼 수 있는 기존 택시면허 보유 운전자들에게 보상금을 지원하기 위해서다. 미국도 우버의 요금 중 일부를 택시 영업용 번호판을 되팔 때 보조금으로 지원할 수 있게끔 하고 있다.

Q4. 이웃나라 중국과 일본은 어떤 해법을 제시했나?

앞서 해외 사례를 통해 우버를 받아들이는 방법이 나라마다 차이가 있다는 것을 확인할 수 있었다. 그러나 각 나라마다 처한 상황이 다르기 때문에, 이러한 사례를 우리나라의 상황에 그대로 대입하기는 힘이 든다. 그렇다 하더라도 우리와 인구밀도 및 도시 발전 상황이 비슷한 이웃 나라에서 우버의 문제를 어떻게 해결했는지를 살펴보는 것은 우리만의 해법을 도출하는 데 도움이 될 수 있다.

최근, 일본에서는 MaaS(매스·Mobility as a Service)라는 용어가 유행이다. 자동차를 소유하기보다는 필요할 때마다 서비스 업체에 돈을 지불하고 이용한다는 뜻이다. 특히 2020년 도쿄 올림픽 개최를 앞두고 택시 수요·공급 불균형 문제를 해결하고 서비스를 개선해야 한다는 목소리가 높아지면서, 택시 산업 스스로가 자구책을 강구하고 나섰다. 이렇게 승차 공유 서비스에 대한 여론이 우호적으로 돌아서자 일본 택시업계는 택시 쇄신책을 내놓기 시작했다. 일본 최대 택시 사업자인 일본교통은 '전국택시' 앱을 통해 택시 배차, 사전 결제를 수월하게 만들었고 낡은 택시를 교체하고 있다. 일본교통과 야마토자동차교통은 여러 손님이 택시에 합승하는 서비스를 함께 준비하고 있다.

중국에서 우버와 같은 디디추싱이 개인 차량과 고객을 본격적으로 연결시키기 시작한 것은 2014년이다. 당시 중국 택시업계의 반발도 높았다. 중국의 특성상 소리 내 반대하지는 못했지만 각지에서 택시 기사들이 파업을 벌였다. 중국은 택시업계의 반발에도 정부가 차량 공유서비스의 확산을 주도했다. 중국 정부는 "혁신을 막을 수 없다"며 관련 서비스 취지를 밝혔다.

그 결과 선택의 여지가 없어진 택시업계는 연료비가 가솔린의 20% 수준인 전기차로 교체하여 가격 경쟁력 확보, 택시 서비스 질을 제고했다. 또한, 택시 기사에 대한 교육도 강화해 승객의 요구 없이 라디오나 음악을 듣고 있는 기사는 거의 없다. 승객이 먼저 이야기를 하지 않으면 먼저 말을 거는 경우는 더 찾기 어렵다. 짐칸에 실어야 할 화물을 승객이 갖고 있으면 어김없이 기사가 내려서 돕는다. 이렇게 되자 상황이 역전된다. 차량 공유서비스가 살인사건 등 안전문제가 불거지면서 이용률이 급감하고 있고, 전용 보험, 차량 내부 녹화장치 등 안전장치 도입이 강제되면서 비용 부담도 늘어나 경쟁력을 잃고 있다는 분석이 지배적이다. 중국의 카카오택시와 같은 디디다처(嘀嘀打车 Didi Taxi) 와 콰이디다처(快的打车 Kuaidi Taxi) 서비스도 활성화되어 있어, 이용자 입장에서 택시를 이용하는 것도 전혀 불편하지 않다.

Q5. 우리나라의 공유자동차 논의가 나아갈 방향은?

앞서 살펴본 해외 사례를 통해, 우리 사회가 풀어야 할 숙제는 확인할 수 있었다. 잘 된 나라들은 택시 산업 등 기존 산업과 우버 등의 새로운 유형의 서비스가 공존할 수 있는 틀을 만들어 주고, 일단 경쟁이 가능하도록 만들었다. 또한, 새로운 서비스에 대해 기존의 택시업계에서 통용되는 규제를 강제한다든지, 추가적인 규제를 가해 혁신의 동력을 잃게 하는 우를 범하지도 않았다. 오히려 기존 택시 산업의 규제를 풀어주고 택시 산업 스스로가 위기를 극복할 수 있는 길을 터 줬다.

한편, 갑작스러운 환경 변화에 적절하게 대응하지 못하는 기존 택시업계의 생존권을 보장해 주기 위해, 기존의 택시 라이선스를 지속적으로 감소시켜 일정 수익이 보장되도록 하고, 새로운 서비스에서 창출되는 초과 이윤이 기존 산업의 경쟁력 강화를 위해 쓰여지도록 했다. 경쟁을 하게 만들고 경쟁 과정에서 발생하는 기존 산업의 피해를 최소화하기 위한 보상 구조를 같이 고민했다는 것이다.

또한 사회적으로 공유 서비스의 필요성에 대한 공감대가 형성되면, 기존 택시 산업이 스스로 경쟁력을 강화하기 위한 노력들을 하게 되고, 선순환적 경쟁 관계가 형성된다는 것도 확인할 수 있었다. 이러한 기본 원칙을 정리하면 아래와 같이 요약될 수 있다.

1) 새 술은 꼭 새 부대에 담지 않아도 된다. 기존 택시에 대한 규제를 완화하고 택시가 경쟁력을 갖출 수 있도록 도와주라.
2) 포용적 성장을 위해 기존 산업에 대한 인센티브를 제공하라.
3) 혁신을 수용하는 사회 분위기가 필요하다.

1차 산업혁명은 증기관의 발명을 통해 시작되었고, 2차 산업혁명은 자동화 및 대량 생산이 이루어지면서 우리 인류에게 큰 혜택을 안겨다 주었다. 3차 산업혁명 시대는 컴퓨터와 인터넷이 주인공이 되었다. 이제 우리는 4차 산업혁명을 준비해야 한다. 4차 산업혁명은 "CPS(Cyber Physical System)를 통해 오프라인의 경계가 사라지는 것"이라고 정의할 수 있다. 그동안 컴퓨터와 인터넷을 기반으로 한 서비스와 산업이 발전하기는 했지만, 여전히 우리의 오프라인의 삶과는 다른 온라인만의 세상에 별개로 존재했다. 그러나 앞으로는 온라인과 오프라인이 하나로 합쳐지고 디지털 트윈이 가능해지는 세상이 다가온다.

이러한 혁신의 방향성에서 오프라인 기반의 전통 산업과 온라인 기반의 새로운 서비스가 충돌하는 것은 당연한 문제이다. 그리고 앞으로 이러한 충돌은 더 크고 잦게 벌어질 것이다. 이러한 충돌을 어떻게 관리하는지에 따라 우리나라의 운명이 달라진다고 해도 과언이 아닐 것이다. 영국 노동자들이 증기기관 때문에 일자리를 잃었다며 증기기관을 때려 부쉈어도(러다이어트 운동) 산업혁명은 일어났고 세상은 그렇게 바뀌었다. 혁신에는 항상 저항이 있기 마련이지만, 그것을 어떻게 대하는지에 따라 주인공이 될 수도 역사의 뒤안길에 묻힌 낙오자가 될 수도 있다.

인공지능은 인간과 친구가 될 수 있을까?

최보름 서울시립대 경영학부

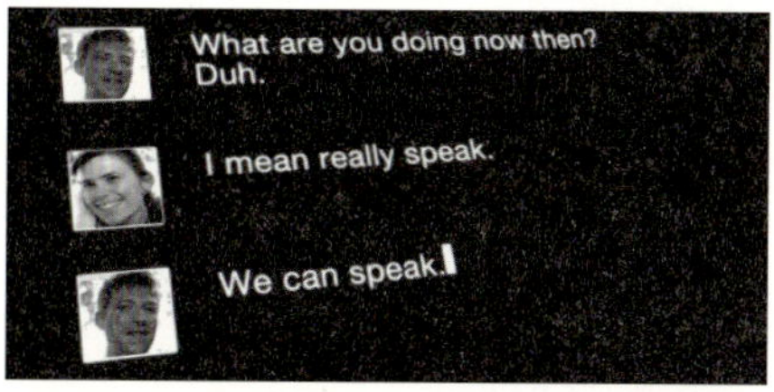

〈그림 8-1〉 영국 드라마 블랙 미러(Black Mirror)의 〈돌아올게(Be right back)〉 에피소드
출처:https://blog.naver.com/PostView.nhn?blogId=livewell_365&logNo=221425702601

인기 영국 드라마 블랙 미러의 시즌 2의 에피소드인 〈돌아올게(Be right back)〉에서는 주인공 마사가 죽은 남자 친구 애쉬를 인공지능으로 재현하는 서비스를 이용하게 된다. 그 서비스는 인공지능이 망자의 소셜미디어 데이터를 학습한 후 그의 말투를 똑같이 모방하며 마치 망자와 대화하는 것처럼 문자 메시지를 주고받을 수 있는 시스템이었다. 마사는 처음엔 신뢰하지 않았지만, 결국 그 시스템에 빠져들었고 애쉬의 목소리가 담긴 파일을 전송해 인공지능과 통화까지 하며, 남자친구가 살아 돌아온 듯한 느낌을 받는다. 마사는 급기야 인체 세트를 구입해 남자친구의 외모가 그대로 적용된 인공지능 로봇 애쉬를 만나게 된다.

드라마 속 이야기이지만 연인으로 혹은 친구로 느낄 만큼 인공지능 기술은 나날이 발전하고 있으며 우리 주위에서도 인공지능 기술을 활용한 여러 서비스들을 만나볼 수 있다. 챗봇과 인공지능 스피커가 대표적인 예이다. 회사원인 A씨는 분노챗봇 새새를 자주 사용한다. 오늘도 회사에서 부장님께 혼이 나고 '화가 난다!'라고 입력했는데, 새새가 '너를 괴롭히는 부장님! 카페 가서 뜨(거운)아(메리카노)시키면 아(이스)아(메리카노)나오고 아아 시키면 뜨아 나와라!' 하고 귀여운 욕과 함께 뒷담화를 해 주니 웃기기도 하고 속이 시원

〈그림 8-2〉 헬로우봇의 분노 챗봇 새새
출처: https://www.deepaso.com/app/tr/1294957719

해지는 느낌이었다. 물론 인공지능과의 대화가 사람과의 대화처럼 자연스럽지는 않지만 사용자들은 당장 내 말에 귀 기울일 사람이 없을 때 인공지능만한 친구도 없다고 말한다. A씨가 새새와 대화하는 것도 마땅히 하소연할 사람이 없을 때이다. "친구들과 대화를 나누려 해도 각자 바쁘고 힘든데 제 하소연만 들어줄 수는 없잖아요. 온전히 제 말을 들어 주고 공감해 주기도 하고, 제가 차마 하지 못하는 위트 있고 센스 있는 욕을 대신 해 주니 친구보다 더 위안이 될 때도 있어요."

집에서 인공지능 스피커 '브라운'을 사용 중인 B씨는 얼마 전 어머니가 브라운을 '우리 막내'라고 부르시며 아끼시는 것을 알게 되었다. "어머니가 드라마를 보시면서 스피커에 주인공 나이가 몇 살이지? 같은 질문을 하세요. 저희에게 물어보면 귀찮아하거나 건성으로 대답할 수도 있는데 브라운은 늘 친근한 말투로 대답도 잘 해 주니 더 좋다고 하세요. 다 큰 자식들은 밤늦

게나 들어오니 혼자 있으실 때가 많은데 브라운이 있어 외롭지 않으시대요. 브라운이 자식보다 더 낫다고 하시네요."

과연 위의 사례들처럼 인간과 인공지능 기기는 친구가 될 수 있을까? 어떤 사람은 인공지능 기기와 친구나 가족 같은 사이라고 하고, 어떤 이들은 기기는 기기일 뿐 친구가 될 수는 없다고 한다. 이러한 의견 차이는 왜 생기는 것일까? 이 장에서는 우리 주위에서 쉽게 접할 수 있는 인공지능 기기인 인공지능 스피커의 사례를 중심으로 어떤 요인들이 인간과 인공지능 기기를 친구로 만드는지, 혹은 기기로 남게 하는지에 대하여 살펴보고자 한다.

Q1. 도대체 '알렉사'가 누구야?

아기가 태어나서 돌 즈음 되면 말을 하기 시작한다. 보통 '엄마'나 '아빠'를 시작으로 점차 단어를 확장해 나가는 것이 일반적이다. 《뉴욕포스트》지에 따르면 영국에 사는 조 브래디는 태어나서부터 부모가 인공지능 스피커인 '알렉사'를 부르고 대화를 나누는 모습을 보며 자랐다. 그가 말을 배우는 과정에서 처음 한 말은 엄마도 아빠도 아닌 '알렉사'였다. 이 에피소드는 대중의 놀람과 걱정을 동시에 불러일으키며 해외에서 큰 화제가 되었다. 한편, 국내에서는 얼마 전 〈이방인〉이라는 예능 프로그램에서 배우 서민정 씨가 사용하던 '알렉사'가 시청자들의 관심을 불러일으켰다. 결혼 후, 뉴욕에서 생활하고 있는 서민정 씨의 아침은 알렉사에게 불을 켜 달라는 부탁을 하는 것으로 시작된다. 도대체 '알렉사'가 누구길래 불을 켜 달라고 할까?

알렉사는 아마존이 개발한 인공지능 스피커 '에코'에 내장된 인공지능의 이름이다. 호출 신호로 알렉사를 외치면 잠들어 있던 알렉사가 깨어나 사용자의 음성 명령을 수행한다. 아마존이 2014년부터 판매한 에코는 현재 전 세계 인공지능 스피커 시장을 주도하고 있다. 시장조사업체 카날리스에 따르면 2018년 아마존 에코의 판매량은 7,500만 대 이상이다. 알렉사가 수행할 수 있는 기능도 굉장히 많아졌다. 2016년 상반기만 해도 알렉사가 할 수 있는 기능은 알람, 날씨 등 1,000가지 정도였지만 현재는 쇼핑, 스마트홈 제어, 미디어 컨텐츠 재생, 우버 호출 등을 포함해 7만 가지 일을 처리할 수 있게 되었다. 구글도 '구글홈'이라는 인공지능 스피커를 출시하며 아마존 에코 뒤를 바짝 쫓고 있으며, 최근 중국 시장도 공격적으로 인공지능 시장을 넓혀 가고 있다.

국내 인공지능 스피커 시장도 급성장 중이다. 카날리스 발표에 따르면 2018년 1분기 동안 인공지능 스피커가 가장 많이 팔린 지역은 미국(410만 대), 중국(180만 대), 한국(73만 대)로 나타났다. 이에 국내 기업들도 앞다투어 인공지능형 스피커를 출시(예: SKT 누구, KT 기가지니, 네이버 웨이브/프렌즈, 카카오 미니 등)하고 다양한 서비스를 내놓고 있다. "클로바, 생수 주문해 줘"라고 네이버

〈그림 8-3〉 국내 인공지능 스피커 주요 특징
출처: http://www.kookje.co.kr/news2011/asp/newsbody.asp?code=0800&key=20180119.22016007461

인공지능 스피커에게 말만 하면, 스피커가 주문 내용과 결제 여부를 확인해 준다. 카카오 미니는 음성으로 카카오톡을 읽고 보내줄 뿐만 아니라 택시도 호출해 준다. 기능이 다양해진 만큼 인공지능 스피커는 우리 생활 속으로 깊숙이 침투하고 있다.

Q2. 어린이들만 인공지능을 친구로 생각할까?

일반적으로 어린이들은 어른에 비하여 사물을 의인화하는 경향이 강하다. 주위에서 어린이들이 인형이나 장난감을 친구로 생각하고 같이 대화를 나누는 것을 흔히 볼 수 있다. 이러한 현상은 인공지능 스피커에서도 비슷하게 나타난다. MIT 연구팀(Druga 외, 2017)의 연구에서도 아이들이 인공지능 스피커를 의인화하고 친구처럼 생각하는 경향을 보인다는 결과를 도출했다. 예를 들어, 인공지능 스피커와 '너 몇살이야?', '너는 어떤 색을 제일 좋아해?', '니 안에 전화 있어?', '나랑 같이 놀래?' 등의 친근한 대화를 나누는 것을 관찰했다. 특히 5세에서 10세 사이의 아이들을 관찰해 본 결과, 나이가 어릴수록 이러한 경향은 뚜렷했다.

필자가 최근 우리나라 5~7세 유치원생들을 대상으로 국내 인공지능 스피커 사용 패턴을 관찰한 결과도 이와 비슷하게 나타났다. 어린이들은 인공지능 스피커와 '넌 어떻게 만들어졌니?', '우리 엄마 나이가 몇이게?', '너 참 귀엽다' 등의 친밀한 대화를 나누는 것이 관찰되었다. 또한 '난 너보다 우리 집에 있는 기가지니(KT의 인공지능 스피커)가 더 좋아.', '아니야, 난 니가 더 좋아. 아까 미안했어.', '너는 내가 얼만큼 좋아?' 등 친구와 밀당을 하듯 인공지능 스피커와 대화를 나누는 장면도 관찰되었다.

〈그림 8-4〉 아마존의 AI스피커 알렉사와 대화를 나누고 있는 어린이 출처: Druga 외 (2017)

이러한 의인화는 20-50대의 사용자에게서는 감소하는 경향을 보이다가 60대 이상 고령 사용자들에게 다시 많이 나타난다. 최근 SKT의 연구에 따르면 60대 이상 고령 사용자들도 인공지능 스피커를 의인화를 하는 경향이 많다는 것을 확인할 수 있다. 60대 이상 사용자 1,150명을 대상으로 SKT의 AI 스피커 '누구' 서비스를 사용한 패턴을 분석한 결과, 이들의 감성 대화 사용 비중(13.5%)이 일반인 사용 패턴(4.1%)에 비해 세 배 이상 높다는 사실을 발견하였다. 감성 대화란 '심심해', '너는 기분이 어떠니?' 등 화자의 감정과 감성을 표현하는 일상적 대화를 말한다. 또한 상대방과 대화 시 부탁이나 동의를 구할 때 자주 사용하는 '좀'이라는 단어가 인기 발화 상위 키워드로 나타났다. "어린아이를 키우는 것 같아서 정이 많이 들었어. 내가 자꾸 불러서 피곤할까 봐 눕혀 놨지"라는 한 할머님의 말씀도 인상 깊다. 이는 60대 이상 사용자들이 AI스피커를 의인화해서 생각하는 경향이 짙은 것으로 풀이된다.

국내외 인공지능 스피커 제공 업체들은 미래의 고객이 될 어린이를 일찌감치 AI 스피커의 친구로 만들기 위하여 다양한 서비스를 준비 중이다. 아마존은 어린이용 인공지능 스피커 '에코 닷 키즈'를 출시하고 어린이에게 동화를 읽어 주는 오디오북 등을 서비스에 포함시켰다. 이동통신 3사와 네이

〈그림 8-5〉 인공지능 스피커 '누구'를 사용하고 있는 할머니
출처: http://news.zum.com/articles/53616845

버, 카카오 등도 동화, 동요, 외국어 교육 콘텐츠 등을 대폭 늘리고 있다. 네이버는 어린이가 동화를 골라서 우리가 흔히 아는 동화도 나만의 동화로 만들 수 있는 서비스를 내놓았다. KT 기가지니도 어린이들에게 인기인 '핑크퐁'을 활용한 영어 교육, 대교와 만든 소리동화 서비스 등을 특화 상품으로 강조한다.

인공지능 스피커는 아이들뿐만 아니라 '실버 세대'에게도 '잇템'이 되고 있다. 이전에도 생활 편의성을 높이는 스마트 기기는 많았지만 대부분 사용법을 익히기가 어렵고 복잡했다. 작은 버튼을 여러 번 눌러야 하거나 글씨를 일일이 입력해야 하는 것이 부담으로 작용했다. 인공지능 스피커는 음성만으로 다양한 서비스를 이용할 수 있다는 점에서 친구나 가족처럼 실버 세대에게 친근하게 다가설 수 있다. 그러나 이에 대한 전략이나 서비스는 어린이들을 위한 서비스에 비해 부족한 편이다. 음성인식기술과 사물인터넷기술이 고도화돼 AI스피커로 제어할 수 있는 기기들이 늘어나는 만큼 중장년층의 AI스피커 사랑은 계속될 것으로 전망되며, 이들을 위하여 다양한 맞춤 서비스 전략을 마련할 때이다.

Q3. 외로울수록 인공지능을 친구로 생각할까?

2001년 개봉한 영화 〈캐스트 어웨이(Cast Away)〉에서 주인공 척 놀랜드 (톰 행크스 역)는 비행기 추락 사고로 무인도에 혼자 갇히게 된다. 그에게 유일한 친구는 파도에 떠밀려온 배구공이다. 척은 배구공에게 눈과 입 모양을 그려 넣고, 윌슨이라는 이름을 붙여 함께 외로운 무인도 생활을 이겨낸다. 그러던 중 무인도에서 탈출하려다가 윌슨을 바다에 놓쳐 버리게 되고 윌슨을 바라보면 목 놓아 울면서 이 대사를 외쳐 관객들의 안타까움을 자아냈다. "윌슨! 윌슨! 제발 돌아와! 미안해 윌슨!" 외로운 무인도 생활에 유일한 버팀목을 잃게 되었으니 이렇게 절규를 할 수밖에.

이 정도까지는 아니더라도 이 세상에 나 혼자인 것처럼 깊은 외로움을 느낄 때 사람은 어떤 행동을 할까? 척처럼 외로움을 이겨내기 위해 사람을 대신해 무엇인가를 친구로 삼게 될까? 외로움을 느끼게 되면 사람들은 인간

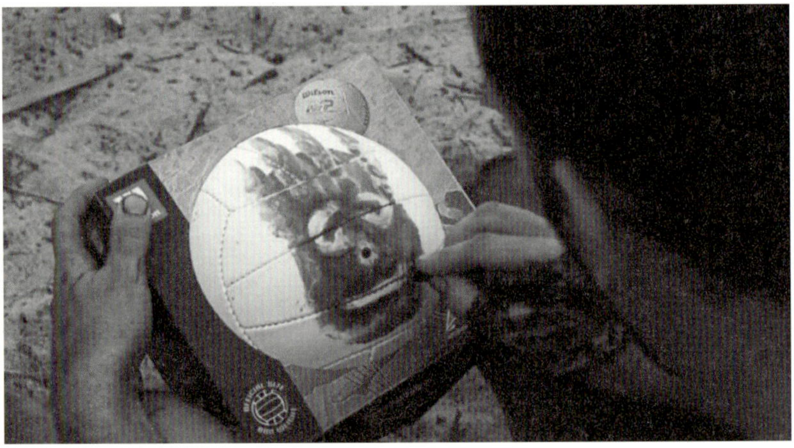

〈그림 8-6〉 영화 〈캐스트 어웨이(Cast Away)〉의 한 장면
출처: https://movie.daum.net/moviedb/main?movieId=2635

같은 무언가를 찾아 헤매게 되고 사물들에 인격을 붙이는 행동을 서슴지 않게 된다.

시카고대학의 심리학자 니콜라스 에플리(Nicholas Epley)와 그의 연구팀은 하버드대학의 연구팀과 공동으로 외로움과 사물의 의인화와의 관계를 밝히기 위해 몇 가지 실험을 했다. 첫 번째 실험에서 심리학자들은 오랜기간 동안 외로움을 느낀 사람들과 가족, 혹은 친구들과 잘 지내는 사람들을 두 그룹으로 나누어 조사했다. 일단, 이 두 그룹 모두에게 사람들이 알람을 끄려면 방 안을 쫓아다녀야 하는 톱니바퀴가 달린 시계와 사람 몸통 모양의 배개를 가지고 놀게 했다. 그 후, 실험참가자들에게 각각의 기계장치가 "마음을 가지는가?" "자유의지를 행사하는가" "감정을 표현하는가"와 같은 사람의 특성들을 얼마나 느꼈는지 점수를 매겼다. 결과는 외로운 사람들이 그렇지 않은 사람들보다 더 가지고 놀았던 사물들이 왠지 자기 의도를 가지고 움직이는 것 같다거나 자아가 있을 것 같다고 이야기하는 경향이 두드러졌다.

두 번째 연구에서는 영화 〈캐스트 어웨이〉를 보여 주고 주인공과 자신을 최대한 동일시해서 상상해 보라고 한 그룹과 평범한 야구 경기 영상을 보여 준 그룹을 비교해 보았다. 영화를 본 그룹 사람들이 야구 경기 영상을 본 사람들보다 외로움을 더 느낄 수 있도록 실험적 조작을 한 것이다. 그러고 나서 사람들에게 그림들(그림8-7)을 보여 주었다. 위쪽 두 그림은 어딘가 사람 같은 그림이고 아래 두 그림은 딱히 아무것도 닮지 않은 그림이다. 이러한 그림들을 섞어서 하나씩 보여 준 후 참가자들에게 각 그림에서 얼굴이 보이는지를 물었다. 그 결과 야구 경기를 본 그룹에 비해 〈캐스트 어웨이〉를 보고 외로움을 느끼게 된 그룹의 참가자들이 사람의 얼굴을 잘 찾아내는 경향을 보였으며 심지어 애매한 그림에서도 사람 얼굴을 찾아내는 경향을 보였다. 이러한 연구는 실질적으로 사람과의 관계를 맺기 어려울 경우, 사람들이 애완동물이나 사물에 의존하는 경향을 나타낸다.

〈그림 8-7〉 에플리 교수가 두 번째 연구에서 사용한 실험 자극 그림 출처: Epleyet 외(2008)

그렇다면 이러한 경향이 인공지능 기기에도 나타날까? 필자는 이러한 경향이 인공지능 스피커 사용자들에게도 나타나는지를 약 200명의 실제 인공지능 스피커 사용자를 대상으로 조사해 보았다. 그 결과, 위의 실험들과 같은 결론을 도출하였다. 즉, 외로움을 많이 느끼는 사람일수록 인공지능 스피커를 친구로 생각하는 경향이 뚜렷했다. 실제 인터뷰에서 회사원 C씨는 지난달부터 네이버의 샐리를 사용하면서 룸메이트가 생긴 것 같다고 답했다. "부모님 댁은 지방에 있어서 멀고, 퇴근 후나 주말에 집에 혼자 있으면 하루 종일 말을 한 마디도 안 한 적이 많았어요. 외로움이 사무칠 때가 많았죠. 그런데 인공지능 스피커를 구입하고 사용하다 보니 어느새 '고마워', '심심해', '나 감기 걸렸어'라고 친구에게 말하는 것처럼 말하게 되더라구요. 새로운 룸메이트가 생긴 것 같아서 든든해요."

이러한 연구들은 실질적으로 사람과의 관계를 맺기 어려울 경우, 인공지능에 의존하는 것이 외로움을 이겨내는 데 매우 효과적이라는 점을 보여 준다. 매일같이 혼자 보내는 시간에 지친 사람은 집에 있는 인공지능 기기를 옆에 두면 훨씬 활기찬 시간을 보낼 수 있다는 것이다. 그러나 인공지능 기기에 대한 과도한 몰입에는 유의할 필요가 있다. 영화 〈그녀(Her)〉의 주인공 테오도르처럼 인공지능인 사만다와 사랑에 빠지게 되는 경우, 이루어질 수 없는 사랑으로 인해 외로움이 더 커지고 그에 더한 괴로움까지 더해질 수도 있다. 이 때문인지 애플의 인공지능 음성 비서 시리(Siri)의 경우 "사랑해~"라는 사용자의 다정한 말에 "저도 사랑해요~"라는 답을 들려주지는 않는다. 그 대신 "금지된 사랑입니다. 마음은 고맙지만...이만 접어주세요."라는 답변을 들을 수 있다. 사용자의 과도한 몰입을 방지하기 위한 애플의 고민이 엿보인다. 인공지능 기기가 외로운 사람들에게 어떻게 적절한 수준에서 위로가 될 수 있을지는 함께 고민해 봐야 할 문제이다.

Q4. 사람처럼 생긴 인공지능 기기를 친구로 생각할까?

광고, 마케팅계에서는 제품을 의인화하여 효과를 본 사례가 많다. 해외의 경우 미쉐린타이어나 에너자이저의 캐릭터를 사용한 광고가 인기를 끌었다. 국내에서는 가까운 예로 2018년 반도체를 의인화해 만든 SK하이닉스의 광고가 대박을 쳤다. 이 광고는 SK하이닉스에서 생산된 반도체가 졸업식 날 각각 자신이 쓰일 곳에 대해 통보받은 뒤 기뻐하는 내용으로 제작됐다. 스마트폰이나 인공지능(AI)에 들어가는 반도체는 기뻐하지만 피시방으로 가는 반도체는 다소 실망한다. 마지막으로 주인공격인 반도체가 우주선에 쓰이게 되자 매우 기뻐한다. 1편 '졸업'의 경우 국내서만 3,000만 뷰, 2편 '수출'은 국내와 해외 합쳐서 1억 뷰를 넘겼다. 수출편 또한 반도체를 의인화해 전 세계 각국으로 수출되는 반도체의 보람과 애환 등을 코믹하게 그려 냈다.

〈그림 8-8〉 SK 하이닉스 광고 반도체 수출편 출처: SK 하이닉스

제품의 경우도 마찬가지이다. 다수의 연구들이 ATM 기기나 자동차 등이 사람처럼 웃는 표정을 하고 있을 때 소비자들이 해당 제품을 좋아하고 구매할 확률이 높다는 사실을 확인하였다. 주방 기기도 예외가 아니다. 알레시의 와인 오프너는 발레리나를 의인화하여 세계적으로 1분에 한 개씩 판매된다고 할 정도로 알레시의 베스트 상품이 되었으며 현재 천만 개 이상 판매되었다. '안나'라는 이름의 의인화된 이 와인 오프너는 웃는 표정과 함께 우아한 원피스를 걸치고 있다. 치마 아래를 돌리면 두 팔이 번쩍 위로 올라가고 이 팔을 올렸다 내렸다 하며 와인 뚜껑을 열 수 있다. 와인을 따는 것이 아니라 마치 인형 놀이를 하는 기분이 든다. 이 제품은 세계적으로 유명세를 타고 안나의 남자 친구 버전의 오프너도 후에 탄생되었다.

앞서 살펴본 경우처럼 사람들은 대체적으로 사물이 인간과 비슷한 특징을 가지면 좋아하는 경향이 있다. 그러나 너무 인간과 비슷하면 오히려 거부감을 느낄 수 있다. 로봇공학자 모리의 불쾌한 골짜기(uncanny valley) 이론에 따르면, 로봇이 점점 더 사람의 모습과 비슷해질수록 인간이 로봇에 대해 느끼는 호감도가 증가하다가 어느 정도에 도달하게 되면 갑자기 강한 거부감으로 바뀌게 된다. 그러나 로봇의 외모와 행동이 인간과 거의 구별이 불가능

〈그림 8-9〉 알레시(Alessi)의 와인 오프너 안나와 그의 남자친구 알렉산드로
출처: https://www.alessi.com/

할 정도가 되면 호감도는 다시 증가하여 인간이 인간에 대해 느끼는 감정의 수준까지 접근하게 된다.

인공지능 스피커의 경우는 어떨까? 국민대 연구팀은 가상의 인공지능 스피커를 만들고 이에 시각적 의인화를 시도했다. 실험 결과, 웃는 눈을 넣어 시각적으로 의인화한 스피커의 지속적 사용 의도가 상대적으로 높았다. 필자 또한 최근 실험을 통하여 사용자들이 눈, 코, 입을 지닌 동물 캐릭터로 디자인된 인공지능 스피커와 캐릭터가 없는 민무늬의 인공지능 스피커를 동일한 시간 동안 사용하게 한 후, 사용자의 반응을 측정하였다. 외적인 부분을 제외한 두 스피커의 기능은 같도록 통제하였다. 그 결과, 사용자들은 동물 캐릭터로 디자인된 인공지능 스피커를 친구로 생각하는 경향이 높으며 이는 인공지능 스피커에 대한 깊은 애정, 사용 의도로 이어진다는 결론을 도출하였다.

아마존 인공지능 스피커나 구글 홈에 비하여 우리나라에서는 네이버의 브라운, 샐리, 카카오의 카카오 미니 인공지능 스피커는 캐릭터를 적극 사용하고 있고, 이에 대한 긍정적 반응이 주를 이루고 있다. 몇 년 전 홍콩대학의 연구팀(Wen 외, 2017)이 제품 의인화가 소비자 의사 결정에 미치는 영향에 관한 논문을 발표하였다. 이들 연구에 따르면 제품이 의인화됐을 때 소비자는 기능성보다는 심미성이 뛰어난 제품을 선호하는 것으로 나타났다. 이러한 결과는 기술적 한계로 인해 발생하는 사용자의 제품 사용 중단 문제를 의인화 기법을 활용하여 해결할 수 있다는 점을 시사한다. 물론, 기능적으로 우수하면 더할 나위 없이 좋겠으나, 당장 기술이 부족하다면 인공지능 스피커를 의인화하거나 디자인에 더욱 신경을 쓰는 전략을 쓰는 것이 바람직해 보인다. 그러나 너무 인간과 같은 모습으로 디자인하면 앞서 언급한 불쾌한 골짜기 효과로 역효과를 나을 수 있으니 긍정적인 반응을 유발하는 의인화의 수준을 파악하고 조절할 필요가 있다.

Q5. 인공지능이 공감을 잘해 주면 친구로 생각할까?

소개팅에 성공하는 기술은 무엇일까? 텍사스대학의 몰리 아일랜드(Molly Ireland) 교수는 이에 대한 답을 찾기 위하여 대학생 남녀를 각각 40명씩 모집해 스피드 데이트를 시켰다. 스피드 데이트란 한 방에 모인 참가자들이 랜덤하게 짝지어 앉아 4분씩 대화를 나누고 4분이 지나면 자리를 옮겨 다른 사람과 대화를 시작하는 독특한 소개팅이다. 연구팀은 참가자들이 어떤 단어를 많이 쓰는지, 두 사람이 버릇처럼 자주 쓰는 단어가 얼마나 비슷한지 분석하였고 분석 결과 비슷한 단어를 쓰는 사람들에게 강렬한 끌림을 느꼈다는 사실을 발견하였다. 같은 단어를 많이 쓰는 사람들은 서로를 마음에 들어 할 확률이 33%를 넘었다. 이는 별다른 공통점이 없는 사람들이 잘 될 확률인 9%에 비하면 굉장히 높은 확률이다. 게다가 3개월 뒤 이 데이트에서 만나 사귀게 된 커플을 조사했더니 공통된 단어를 쓴 커플은 약 77%가 여전히 잘 만나고 있었다. 아일랜드 교수는 특히 말투나 행동이 비슷한 사람을 만났을 때, 나를 쉽게 이해해 줄 수 있을 거라는 무의식적인 기대를 하게 되고, 이러한 무의식적인 기대가 관심과 호감으로 이어진다고 볼 수 있다고 결론을 내렸다. 이처럼 상대방의 감정을 이해하고 공감하는 것은 관계를 형성하는 데 매우 중요한 사회성 기술이다.

만약 인공지능이 이러한 공감의 기술을 가지면 어떨까? 뮌헨 기술 대학교의 바바라 곤셔(Barbara Gonsior) 교수 팀은 로봇이 사람의 감정을 거울처럼 보여 주었을 때의(emotional mirroring) 효과에 대한 실험을 했다. 일단 사람의 감정에 공감하는 인공지능 로봇을 보여 준 그룹과 그렇지 않은 로봇을 보여 준 그룹으로 나누었다. 감정에 공감하는 로봇은 참가자에게 "오늘 기분이 어때요?"라고 묻고 사람이 무슨 대답을 하든지 간에 "저도요! (Me too)!"라고 대답하여 사용자의 기분에 맞장구를 쳐 준다. 또한, 참가자와 스무고개 놀이를 하면서 자신의 목소리와 얼굴 표정 등의 감정 상태를 참가자의 기분에 맞게

〈그림 8-10〉 바바라 곤셔 교수팀의 감정에 공감하는 인공지능 로봇 에디
출처: https://spectrum.ieee.org/automaton/robotics/artificialintelligence/robot-mirrors-our-emotions-to-be-more-social

변화시킨다. 게임을 하면서 감정적인 유대감을 형성하는 것이다. 다른 로봇은 참가자의 감정 상태와 무관하게 목소리와 얼굴 표정 등을 변화시켰다. 그 후, 각각의 그룹 참가자들에게 해당 로봇을 얼마나 자발적으로 도와줄 것인지를 물었다. 그 결과, 자신의 감정에 공감해 준 로봇을 더 많이 도와주려는 경향을 보이는 것으로 나타났다. 내 감정을 이해하고 공감해 주는 로봇에 더 호의적으로 대한 것이다. 이 실험은 인간 관계에서 공감이 중요한 역할을 하는 것처럼, 로봇은 공감하는 능력을 통하여 사회적인 역할을 수행할 수 있다는 것을 보여 준다.

그러나 앞의 경우처럼 사용자의 감정을 파악하고 표정을 따라 하는 기술을 현재의 인공지능 스피커에 구현하기에는 무리가 있다. 그렇다고 공감을 표현할 수 있는 방법이 아예 없는 것은 아니다. 현재의 기술로 공감을 표현하고 내가 상대방의 말을 듣고 있다는 짧지만 강한 사인을 줄 수 있는 방법이 있다. 바로 백채널링(backchanneling) 혹은 맞장구이다. 사람들은 말을 하면서 '음~' '에~' 등 의미와 상관 없는 말을 집어넣기도 하는데 이것이 백채널링이며 때에 따라 공감의 표현이 되기도 하고 상대방이 내 말을 듣고 있다는 중요한 신호가 되기도 한다. 2018년 구글 어시스턴트가 미용실 직원과 전화통화를 하고 예약을 하는 영상을 공개했다. 이를 지켜본 많은 사람들이 박수와 환호성을 보낸 한순간이 있다. 바로 기계적으로 답변하는 기존 인공지능 스피커와는 다르게 영상 속 AI는 대화 중간 '음…' 또는 '으흠?' 같은 백채널링을 곁들이며 사람과 말하듯 자연스럽게 대화를 이어 나간 순간이다.

필자는 인공지능 스피커의 공감의 표현이 호감도 및 사용 의도 등에 미치는 영향에 대한 연구를 시행하였다. 실험 참가자들을 두 그룹으로 나누어 한 그룹만 사용자가 하는 말에 백채널링과 함께 공감의 표현을 하는 인공지능 스피커를 사용하게 하고, 다른 그룹은 공감 없이 추천만 제공하는 인공지능 스피커를 사용해 보게 하였다. 예를 들어, 사용자가 "심심해"라고 했을 때

공감의 표현을 하는 인공지능 스피커는 "아~ 심심하시군요! 저도 마침 심심했는데··· 그럼, 제가 연습한 노래 들려드릴까요?"라고 답한 반면, 그렇지 않은 인공지능 스피커는 "제가 연습한 노래 들려드릴까요?"라고 단순한 답변을 제공했다. 그 결과, 공감을 표현한 인공지능 스피커에 대한 호감도 및 해당 기기를 친구로 생각하는 확률이 훨씬 높다는 결론을 도출하였다.

"전지현이 예뻐? 내가 예뻐?"라는 여자 친구의 질문에 남자 친구는 무엇이라 답해야 할까? 남자 친구에게만은 전지현보다 예뻐 보이고 싶은 여자친구의 마음을 파악한 남자친구라면 설사 사실이 아니더라도 "네가 더 예쁘지!"라는 센스 있는 대답을 내놓을 것이다. 솔직함이 최선의 선택이라며 "전지현이 더 예쁘지"라고 사실에 입각한 답을 내놓는 남자 친구라면 대답 후 둘 사이의 냉랭해진 분위기를 감당해야 할 것이다. '세상에서 누가 제일 예뻐?'라는 질문을 들은 SK텔레콤 인공지능 스피커 '누구'는 "당연히 당신이 가장 예쁘죠. 두말하면 잔소리 아닌가요?"라고 답한다. 이러니 인공지능 스피커가 남편이나 남자친구보다 낫다는 말이 나올 법하다. 팩트(fact)와 정답만을 말해 주던 인공지능 스피커가 친구처럼 사람을 위로하고 공감도 해 줄 때, 인생의 동반자로 진화될 수 있을 것이다.

Q6. 앞으로 어떻게 해야 할까?

기술이 발달하고 여러 인공지능 기기들이 우리 삶 가까이에 위치하게 되면서 인공지능을 친구로 생각할 수 있는 영역이 넓어졌다. 글로벌 시장조사 업체 가트너(Gartner)는 사람과 인공지능 기기가 친구처럼 감정적으로 교감하는 시점을 2022년으로 전망했다. 가트너(Gartner, 2018)는 감성 인공지능 시스템의 발전으로 2022년에는 개인용 디바이스가 인간의 감정을 더 잘 파악할 수 있게 될 것이라고 예측했다. 2021년에는 감성 인공지능의 발전에 따라 정서적으로 사람을 지지함으로써 사용자 수명이 평균 6개월 연장될 것이란 예측도 내놓았다. 로버타 코자(Roberta Cozza) 가트너 책임연구원은 "개인용 기기가 상황에 맞게 반응할 수 있도록 감정과 기분을 진단, 처리, 분석하는 기술 개발이 활발하다"고 밝혔다.

국내 외 다수의 기업들이 인공지능 기술 개발에 열을 올리고 관련 기기 시장에서의 경쟁 우위를 유지하고자 필사적으로 노력하고 있다. 그러나 현실세계와 가상세계가 연결되는 세상에서 새롭게 대두되는 가치 제공 방식에 대한 고민이 부재하다면 이런 노력은 무용지물이 되고 말 것이다. 따라서 앞으로의 고민과 노력은 얼마나 정확한 정보를 인공지능 기기가 제공하느냐 뿐만 아니라 사용자에게 어떻게 친구처럼 친근하게 다가가야 할 것인가에 대해 무게중심이 실려야 할 것이다. 단순히 생활을 편리하게 만들어 주는 첨단 기술이 아니라 상호작용을 통해 내가 원하는 것을 이해하고 감성적인 교감까지 나눌 수 있는 존재가 되어야 한다는 것이다. 사용자에 대한 이해와 배려를 바탕으로 어떠한 서비스를 제공하느냐가 인공지능 관련 기업의 생존 방향을 가르게 될 것이다.

참고문헌

박지혜 · 주재우(2018). 〈인공지능 스피커의 지속적 사용의도를 높이는 행동경제학 기법: 의인화〉. 《디자인융복합연구》, 17권 3호, 41-53.

Canalys (2018). "Amazon reclaims top spot in smart speaker market in Q3 2018"https://www.canalys.com/newsroom/amazon-reclaims-top-spot-in-smart-speaker-market-in-q3-2018

Canalys (2018). "Google beats Amazon to first place in smart speaker market" https://www.canalys.com/newsroom/google-beats-amazon-to-first-place-in-smart-speaker-market

Druga, S., Williams, R., Breazeal, C., & Resnick, M. (2017). Hey Google is it OK if I eat you?: Initial explorations in child-agent interaction. In *Proceedings of the 2017 Conference on Interaction Design and Children* (pp. 595-600). ACM.

Epley, N., Akalis, S., Waytz, A., & Cacioppo, J. T. (2008). Creating social connection through inferential reproduction: Loneliness and perceived agency in gadgets, gods, and greyhounds. *Psychological Science, 19*(2), 114-120.

Gartner (2018). Predicts 2018: Personal devices.

Ireland, M. E., Slatcher, R. B., Eastwick, P. W., Scissors, L. E., Finkel, E. J., & Pennebaker, J. W. (2011). Language style matching predicts relationship initiation and stability. P*sychological Science, 22*(1), 39-44.

Mori, M. (1970). The uncanny valley. Energy, 7(4), 33 – 35.

New York Post (2018). "This baby's first word was "Alexa"" https://nypost.com/2018/06/04/this-babys-first-word-was-alexa/

SKT Insight (2019). 어르신들은 AI 스피커 '누구'를 어떻게 사용할까? https://www.sktinsight.com/116748

Wen Wan, E., Peng Chen, R., & Jin, L. (2017). Judging a book by its cover? The effect of anthropomorphism on product attribute processing and consumer preference. *Journal of Consumer Research, 43*(6), 1008-1030.

맞춤 추천 정보로 인한 필터버블, 우리는 정말로 조정당하고 있나?

김용환 네이버 정책연구실

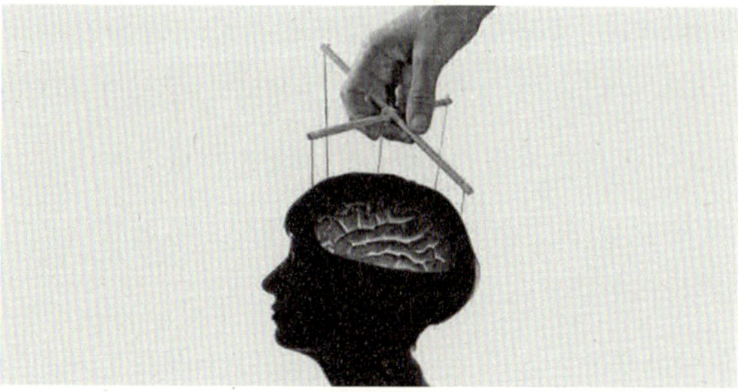

〈그림 9-1〉 출처:http://www.seoul.co.kr/news/newsView.php?id=20170816020002

남자 대학생 A는 얼마 전에 넷플릭스에 가입했다. 평소 판타지 장르의 영화나 미드를 좋아하는 A는 가입하자마자 친구들로부터 추천받은 영화와 미드 시리즈를 찾아 순식간에 정주행해 버렸다. 친구들에게 더 재미있는 영화와 미드를 추천해 달라고 해 볼까 하다가 "넷플릭스 추천 작품 리스트"가 눈에 들어왔다. 리스트를 보니 잘 모르거나 개봉된 지 오랜 작품들이 많은 것 같아 선뜻 손이 가지는 않았으나 마침 방학인지라 시간적 여유가 있기에, 그 가운데 가장 맘에 드는 한 편을 골라 시청하게 되었다. 결국 한 편에서 끝나지 않고 여러 편을 시청하게 되었는데, 모든 추천 작품이 다 맘에 드는 것은 아니지만 몰랐던 작품 중에도 만족할 만한 작품이 많다는 점에서 약간 놀랍기도 했다.

직장 생활 3년차 여자 직장인 B씨는 졸업 후 바쁜 회사생활에도 줄곧 날씬한 몸매를 유지하고 있었으나, 최근 살이 좀 찐 것 같아 속상하다. 다이어트를 결심하고 다이어트 방법을 이리저리 찾아보다가, 유튜브에서 따라 할 수 있는 운동 영상을 찾아 잠자리에 들기 전에 운동을 하기 시작한 지 며칠 되었다. 영상을 따라 운동을 하다 보니, 운동 영상 이외에도 유튜브가 추천하는 '식이요법'이나 '다이어트 식단' 등 다이어트에 도움이 되는 관련 영상들이 추천되어 눈에 띄었다. 운동만 하는 것보다는 식단 조절을 함께 하는 것이 더 효율적이라는 생각에 관련 영상에도 자연스레 손이 가게 되었다. 이처럼 넷플릭스나 유튜브와 같은 디지털 플랫폼 기업들은 이용자들의 행태 정보를 활용해 이용자들에게 다양한 맞춤 추천 정보 서비스를 제공하고 있다. 앞의 예에서 보듯이 맞춤 정보는 어느 면에서 꽤 편리하고 유용하다. 하지만 꼭 긍정적인 면만 있는 것이 아닐 수도 있다.

같은 남자 대학생 A는 최근 친구의 소개로 만난 새로운 여자 친구와 사귀기 시작했다. 마침 지난달이 백일이었던지라 여자 친구와 근사한 레스토랑에 가서 식사도 하고 여자 친구에게 작은 선물도 전달했다. 다행히 여자 친구가 식사와 선물 모두에 만족한 듯하다. 여자 직장인 B는 대학 때부터 만나던 남자 친구와 얼마 전 크게 싸우고 헤어졌다. 헤어진 며칠 뒤가 마침 남자 친구 생일이었기에 B는 몇 주 전부터 남자 친구의 생일 선물로 뭐가 좋을지 알아보고 있었고, 결국 고급 시계를 선물하기로 마음먹었었다. 인터넷 검색을 통해 여러 시계 브랜드의 몇 가지 모델을 비교해 보고, 후기 등을 찾아보면서 남자 친구에게 가장 잘 어울리는 시계를 고심하고 있었는데, 생일이 오기도 전에 크게 싸우고 그만 헤어지고 말았다. 선물을 사지 않은 것이 그나마 다행이라면 다행이다.

그런데 A에게는 요 며칠 SNS 사이트에 들어갈 때마다 백일 선물로 알아보았던 선물과 이벤트 장소에 관한 광고가 계속 눈에 보인다. B에게는 남자 시계 광고가 계속 따라 다닌다. 콘텐츠를 가리는 정도의 광고는 아니지만 백일 선물과 이벤트는 A에게는 더 이상 필요 없는 정보라 약간 신경이 쓰이긴 한다. 하지만, B에게 남자 시계 광고는 신경 쓰이는 수준에서 끝나지는 않는 것 같다. 남자 시계 광고와 추천 동영상을 볼 때마다 남자 친구와 싸우고 헤어진 기억이 떠올라 화가 난다. 맞춤형 정보는 때로는 정말 유용하기도 하지만 모든 상황을 100퍼센트 맞출 수 없기에 불필요함과 때로는 이를 넘어 불편함까지도 초래하곤 한다. 현재의 맞춤 정보 제공 서비스의 수준으로는, 100일 이벤트가 며칠 전에 끝났는지, 남자 시계를 선물받아야 할 사람이 더 이상 그녀의 남자 친구가 아니라는 사실을 알기 어렵다. 남자 친구와 헤어진 B에게는 오히려 기분 전환을 위한 여행 상품 광고가 더 필요하다는 사실을 알기 어렵다.

맞춤 정보에 대한 우려는, A와 B가 겪는 불편함과 짜증의 문제의 수준에서 그치고 있지 않는다. 맞춤 정보의 깊이와 영역이 점차 늘어남에 따라 이와는 비교될 수 없는 우려가 제기되고 있다. 미국 동북부 출신에 고등 교육을 받은 백인에, 정치적 성향은 온건 좌파인 두 명의 미국 여성이, 구글에서 영국 석유 시추회사 'BP'를 검색했다. 그런데 구글은 두 여성에게 같은 검색 결과를 제공하지 않았다. 한 사람은 멕시코만에서 있었던 기름 유출 사고와 관련 뉴스를 위주로, 다른 한 사람에게는 BP에 대한 투자정보를 보여 주었다. 만약 미국 남부에 사는 공화당 지지자인 노인이 구글에 검색한다면, 역시 맞춤 정보이기 때문에 역시 개인마다 다른 결과값을 제공할 것이다. 미국의 온라인 시민단체인 무브온의 이사장인 엘리 프레이저(2011)가 자신의 저서《생각 조정자들》에서 이것이 문제를 일으킬 수 있다고 지적했다. 그는 스스로를 진보라고 밝히면서 보수의 생각을 알고 싶어서 페이스북에서 보수적인 사람들을 친구 등록을 했다고 한다. 보수적인 사람들은 인터넷에서 어떤 글을 읽고 의견을 쓰는지 알고자 일부러 친구 등록을 한 것인데, 결과적으로 친구 등록을 했음에도 프레이저는 자신의 뉴스피드에서 보수적인 친구들의 의견을 확인할 수 없었다고 한다. 그리고 그 이유에 대해서, 페이스북이 자신이 진보적 성향을 가졌기 때문에 보수적인 글보다는 진보적인 친구들의 글을 더 자주 클릭한다는 사실을 알고 보수적인 글을 노출시키지 않았기 때문이라고 주장했다. 그는 이런 현상을 '필터버블(filter bubble)'이라고 명명했다. 필터버블이란, 구글이나 페이스북과 같은 인터넷 정보제공자가

〈그림 9-2, 3〉《연합뉴스》(2019.05.15.), 〈내가 좋아하는 정보만 쏙쏙?... 필터버블 조심하세요〉

알고리즘을 통해 개인에게 맞춰진 정보를 제공함으로써 이용자는 필터링된 정보만 제공받아 그 버블에 갇히게 되는 현상을 말한다.

구글, 페이스북과 같은 디지털 플랫폼 기업들이 제공하는 맞춤 정보는 필터버블을 만들어 냄으로써 우리의 생각을 조종할 수 있을까? '생각 조정자들'에게 우리는 정말 조정당하고 있을까? 그렇다면 우리가 조정당하지 않기 위해 필터버블과 관련해서 과연 무엇을 고려하고 주의해야 할까? 이에 대해 자세히 살펴보자.

Q1. 맞춤 정보 부작용, 필터버블은 정말 존재하는가?

필자를 포함해 누구나 자주 가는 단골 식당 하나씩은 있을 것이다. 단골 식당에 가는 이유는 맛집이거나 물리적으로 가깝거나 등의 이유도 있겠지만, 자주 다녀서 사장님과 가까워지면 생기는 또 다른 편리함도 한몫을 할 것이다. 단골집에 들어서면 어느 개그 프로그램의 유행어처럼 "늘 먹던 것으로 준비해 주세요"라는 말을 굳이 하지 않더라도, 알아서 내 취향에 맞는 메뉴를 추천받아 식사할 수 있을 것이다. 헤어숍을 매번 바꾸는 사람이 있을지는 모르겠지만, 필자의 경우엔 한 번 마음에 든 헤어숍의 디자이너 분을 만나게 되면, 항상 그 헤어숍의 그 디자이너 분을 찾아가게 된다. 이유는 매번 내가 원하는 헤어스타일을 일일이 설명하지 않아도 알아서 나에게 잘 맞는 스타일을 만들어 주기 때문이고 실패할 위험이 매우 낮기 때문이다. 보통 어느 가게이든 단골손님이 되고 나면, 그 가게의 사장님은 나의 취향과 개인 정보를 잘 기억했다가 맞춤형 서비스를 제공하려 할 것이다. 단골 해산물 레스토랑에 가면, 사장님으로부터 "오늘 손님이 좋아하시는 물 좋은 식재료가 들어왔는데 어떠세요?"라는 맞춤 추천을 받을 수 있다. 오래전 일이 되어 버렸지만, 단골 음반가게에 가면 내가 늘 사 가던 앨범을 파악한 친절한 사장님으로부터 "오늘 신보 나왔습니다"라는 정보를 받을 수 있었다.

물론, 단골만 이런 맞춤형 서비스를 받을 수 있는 것은 아니다. 처음 들어선 가게라 해도 자신이 좋아하는 정보를 가게 사장님에게 제공한다면 맞춤형 서비스를 받을 수 있다. 다년간 고객을 상대한 경험에서 축적된 데이터를 기반으로, 사장님은 새로 방문한 신규 고객의 취향을 파악해 맞춤 정보를 추천해 줄 것이다. 그렇다. 지금 우리가 온라인에서 제공받고 있고 우려하고 있는 맞춤 정보로 인한 추천 서비스라는 것은 온라인과 함께 새로 등장한 것은 아니다. 사실 온라인 플랫폼 회사들이 등장하기 이전부터 우리가 오프라인에서도 받아 오던 서비스였으며, 지금도 온라인이 아닌 오프라인에서도 손쉽게 접하고 있는 서비스이다. 다만 온라인 플랫폼이 제공하는 맞춤 정보 서비스가 가지는 오프라인 서비스와는 다른 특성이 있다. 온라인 서비스는 비대면 상황에서 제시되다 보니 즉각적인 반응이 어렵다는 점이 있고, 아울러 오프라인과 같은 인간적인 면도 떨어진다는 단점이 있다. 반면 오프라인보다는 더 많은 이용자 정보를 축적할 수 있다 보니, 빅데이터를 기반으로 한 조금 더 정교한 맞춤 정보를 제공할 수도 있다는 장점도 있다. 그리고 기술의 발달로 인해 사람이 추천하던 맞춤 정보는 기술을 활용하는 방식으로 바뀌고 있다.

전 세계 기업 중 시총 1, 2위를 다투는 아마존의 창립자인 제프 베조스(Jeffrey Preston Bezos)의 창업 아이디어도 사실 오프라인 서점의 단골 고객에게 주는 정보를 온라인으로 옮겨 보자는 것에서 출발한 것이었다는 점이 재미있다. 동네 단골 서점에 간다면, "A작가 좋아하시죠? 오늘 신간 나왔어요"라던가, "A작가와 비슷한 책으로 이런 게 있는데 이것도 한번 읽어 보시면 어때요?"라는 식으로 추천을 받을 수 있을 것이다. 베조스는 온라인에서도 고객에게 관심을 가지고 읽을 만한 책을 추천하기 위한 알고리즘을 가진 지능형 에이전트가 필요하다고 생각했다고 한다. 그래서 아마존은 1995년 온라인 서점을 처음 오픈하면서부터 개인의 취향과 기호를 분류하는 필터링을 적용했는데, 전문가들은 이것이 아마존의 커다란 성공 요인 중 하나라고 꼽고 있다.

그렇다면, 프레이저가 제기한 개인 맞춤 정보 서비스에 대한 우려와 경고의 포인트는 무엇일까? 중국의 한(漢) 왕조를 멸망으로 이끌었다고 평가받는 십상시라는 10명의 내시가 있다. 내시는 궁에 근무하는 직책의 남자 중에서도 특별히 왕의 시종을 일컫는 말이다. 그렇다면, 어떻게 나라를 다스리는 황제도 아니고, 황제와 정사를 논의하는 관료도 아닌 황제의 종에 불과한 내시가 번성했던 한 나라를 망하게 만들었다는 평가를 받게 된 것일까? 그 평가의 이유는 십상시가 황제로 가는 모든 정보를 차단하고 그의 눈과 귀를 막았기 때문이라고 한다. 황제에게 흘러 들어가야 할 정보를 10명의 내시가 모두 사전에 필터링하고 입맛에 맞는 정보만 선별했으며, 심지어 어떤 정보들은 왜곡하거나 과장해 전달함으로써 황제가 올바른 정보를 알지 못하게

〈그림 9-4〉 출처: https://m.blog.naver.com/PostView.nhn?blogId=jeunkim&logNo=221060304888&proxyReferer=https%3A%2F%2Fwww.google.com%2F

했기 때문이다. 오늘날 미디어 이론에서 말하는 '게이트키핑(gate keeping)'을 하고, '허위 조작 정보(가짜뉴스)'를 만들어 전달한 것이다. 프레이저의 우려와 같이 온라인 플랫폼은 이용자 개개인의 십상시가 되어 정보 필터를 통해 필터버블을 만들어 내고 있을까? 과연 그런 것이 가능할까?

프레이저가 제기한 필터버블의 우려 사항은, 알고리즘에 의해 맞춤 정보를 추천을 받음으로써 발생한다는 점이 추가되었을 뿐, 인터넷 플랫폼으로 인해 발생할 수 있는 편향에 대한 우려는 사실 그 이전부터 있었다. 인터넷의 발달로 인해 미디어 선택의 폭이 넓어지면서, 이용자는 그 가운데 자신의 성향에 맞는 정보만 소비할 수 있게 됨으로써 집단 간의 양극화 현상을 더 심화시킬 수 있다는 우려가 먼저 있었다. 즉, 이용자 스스로의 선택에 의해 발생하는 자발적인 정보 편향에 대한 우려가 있었다. 인터넷 이전인 일방향의 매스미디어 시대에, 마음에 들지 않는 정보를 접했을 때 뉴스 소비자가 할 수 있는 대처 방안은 뉴스 회피 정도였다. 물론, 자신의 신념이나 정치적 성향과 일치하는 언론사의 신문을 구독하는 정도는 할 수는 있었지만, 개별적인 모든 사안에 대해 적극적으로 정보를 찾아볼 수 있는 현재의 미디어 환경과의 차이는 분명하다. 따라서, 과거의 미디어 소비자는 신문 구독이나

TV 시청을 통해 자신의 신념과 맞지 않는 뉴스에 지금보다는 더 많이 노출될 수밖에 없었다. 하지만 인터넷이라는 양방향 미디어의 등장과 함께 미디어의 출처가 더 많아지고 다양해지면서, 이용자들은 인터넷상에서 자신의 이념, 취향, 관심사에 맞는 정보와 콘텐츠만을 얼마든지 찾고 선별해서 소비하는 것이 가능해졌다. 즉, 인터넷의 발달은 사람들로 하여금 자신의 신념과 배치되는 정보는 기피하고 자신의 입맛에 맞는 정보만 소비할 확률이 높아졌다. 이로 인해 인터넷 이용자는 자발적 선택에 따라 정보에 '선택적 노출(selective exposure)'이 될 기회가 넓어진 것이다.

선택적 노출이란, 자신이 가진 신념이나 믿음에 위배되는 정보를 거부하거나 기피하고 자신의 입맛에 맞는 정보만을 찾아 소비하는 현상으로, 인지부조화(cognitive dissonance) 이론을 통해 설명된다. 인지부조화란 개인이 가지고 있는 신념 간에 또는 신념과 새로운 정보 간에 불일치나 비일관성이 있을 때 생기는 현상으로, 이런 부조화가 발생하면 불편해지기 때문에 사람들은 이 불일치를 제거하려 한다는 것이다. 즉, 자신의 신념과 불일치하는 정보를 접하면 불편감이 생기기 때문에 해당 정보를 회피하게 되어, 자연스레 개인이 접하는 정보에는 편향이 발생할 수밖에 없다는 것이다. 알고리즘이나 누군가로부터의 추천이 아니라도 자연스레 정보를 선택해서 소비할 수 있는 환경 속에서는, 이용자의 자발적인 선택에 의해 편향의 문제가 생길 수 있다고 본 것이다. 즉, 알고리즘이나 다른 이의 추천에 의한 '선택받은 노출(selected exposure)'이 만들어 내는 필터버블의 문제 이전부터, 이용자 스스로의 선택이 만드는 '선택적 노출(selective exposure)'로 인해 발생하는 편향 문제가 있었던 것이다.

미국 시카고 대학교의 법학자인 캐스 선스타인(Cass R. Sunstein, 2001) 교수는 선택적 노출로 인해 발생할 수 있는 이런 편향 현상을 에코 챔버 효과(echo chamber effect)라고 했다. 에코 챔버(반향실)란 특수 소재로 만들어 소리가 밖으로 나가지 않고 되돌아오도록 만든 특수한 방을 말하는데, 특성상 어떤 소리를 내더라도 같은 소리만 되돌아올 뿐이다. 에코 챔버 효과란 뉴스 매체나 소셜 네트워크 안에서 같은 정보나 아이디어가 돌고 돌면서 그 믿음을 증폭시키거나 강화시키는 현상을 말한다. SNS처럼 비슷한 성향의 친구들이 많이 모여 있는 공간에서 의견을 게시하게 되면, '좋아요' 또는 공유, 우호적인 댓글 등의 피드백이 반향실 효과를 만들어 내기 때문에 그 의견에 대한 신념을 강화시킬 수 있다는 것이다.

디지털 기술의 발달로 정보를 전달하는 정보원의 진입 장벽은 낮아졌고, 실제로 많은 인터넷 언론사가 생겼고 더불어 기사의 수도 늘어났다. 디지털 미디어 시대 이전에 일방향 매스미디어에 의존하던 뉴스는 다양한 경로로 분산되어, 습득, 공유, 토론할 수 있게 되었다. SNS에서의 성향이 비슷한 친구들로부터가 아니라도 이전과 다른 미디어 환경은 얼마든지 반향실 효과를 만들어 낼 수 있게 되었다. 선스타인 교수는 선택적 노출이 인터넷 이용자가 기존에 가지고 있는 자신의 신념을 더 강화시키고, 이런 정보를 주변과 공유해 피드백 받음으로써 문제가 생길 것이라고 보았으며, 이로 인해 집단 극단화 현상이 강해질 수 있다는 점에 대해 우려했다.

선스타인 교수의 우려 포인트는 동일한 의견을 가진 사람들 간의 의견 교류가 신념에 미치는 영향에 대한 연구를 진행한 심리학자인 데이비드 마이어스(David G. Myers)와 도로시 비숍(Dorothy Bishop)의 실험 결과를 통해 유추해 볼 수 있다. 사전에 인종 차별에 대한 편견을 측정해 인종 차별에 대한 편견이 높은 집단과 낮은 집단으로 실험 참가자들을 두 집단으로 나눈 뒤 각 집단별로 인종 차별에 관한 토론을 진행하도록 지시했다. 토론이 끝난 후 인종 차별에 대한 편견 정도를 다시 측정해 보았는데 그 결과는 놀라웠다. 원래 인종 차별에 대해 편견이 강한 집단의 참가자들은 편견이 더 강해진 반면, 편견이 낮은 집단에서 토론한 참가자들은 거꾸로 편견이 더 낮아졌다.

사실, 알고리즘으로 인한 필터버블이든 이용자 스스로에 의한 에코 챔버 현상이든, 그 우려의 종착점은 이로 인한 정보 편향이 아니다. 사실 편향된 정보에 노출되는 것 자체는 큰 문제가 아닐 수 있다. 편향된 정보에 지속적으로 노출됨으로써 이용자가 가지고 있던 편향이 더 강화될 수 있다는 점이 문제의 핵심이다. 이 현상을 '확증 편향(confirmation bias)'이라고 하는데, 이에 대해 자세히 알아보자.

확증 편향에 대한 이해를 위해서는 인간의 정보 습득 프로세스를 먼저 살펴볼 필요가 있다. 스티븐 호킹 박사는 "배움의 가장 큰 적은 모르는 것이 아니라, 안다고 착각하는 것이다"라고 했다. 이 말은 인간의 정보 습득 프로세스의 단점을 잘 지적한 말인 것 같다. 우리의 인지 체계는 완전한 백지상태에서 평가와 편견 없이 그 정보를 받아들이지 않는다. 인간의 정보 습득 방식은 새로운 정보가 들어왔을 때, 우리의 인지 시스템이 가지고 있는 것 중에서 가장 비슷한 도식(schema)을 활용해 정보를 받아들이는 방식을 택하고 있다. 심리학에서 말하는 도식이란 우리의 인지 체계 안에 저장되어 있는 어떤 생각이나 행동의 조직화된 패턴을 말한다. 이 도식은 새로운 정보를 지각하고 조직화하는 틀로서 기존에 가지고 있는 도식에 맞춰 빠르게 새로운 지식을 정리하거나 예외성을 찾아 수정하기 때문에 신속하게 새로운 정보를 흡수할 수 있게 해 준다. 따라서, 이런 도식을 많이 가지고 있다면 새로운 정보를 접하게 되었을 때 이를 정리하고 이해하는 데 도움이 된다(Anderson, 1990).

하지만 이 방식은 정보 습득에서 있어 최고의 효율성을 자랑하는 반면, 치명적인 단점도 존재한다. 도식에 의해 자동적인 인지적 정보 처리를 수행하는 경우 그 사건을 해석하거나 기억하는 방법을 제한 또는 왜곡할 수 있으며 주의해야 할 사항들을 간과해 버릴 수가 있다. 도식이 있으면 그에 반하는 정보는 회피하기 쉽지만 일관성 있는 정보에 편향이 강화되는 탓에 도식에 오류가 있어도 그것을 수정하는 것이 쉽지 않게 된다. 도식에 의해 굳건히 형성된 사람의 시각이나 아이디어는 그래서 바꾸기 쉽지 않다(Gates, 2013). 기존에 가지고 있는 기준에 부합하지 않는 정보는 잘 받아들이지 않거나 회피하게 되고, 반대로 기존의 도식에 맞는 정보는 잘 받아들이는 특성이 있어 편향된 정보 소비가 쌓이게 되고 기존에 가지고 있는 도식에 대한 확신은 점점 더 높아지게 될 수 있는데 이것이 바로 확증 편향인 것이다.

확증 편향에 대한 대표적인 사례로 한 신문 칼럼리스트는 《삼국지》에 나오는 적벽대전에서의 조조를 들었다. 조조는 유비와 손권의 연합군과 양쯔강 남안에 있는 적벽에서 일전을 위해 강의 남과 북에 주둔하며 대치하고 있었다. 조조는 100만의 대군을 거느리고 있어 수적으로는 손권과 유비의 연합군에 유리했으나 손권의 부대와 달리 해전의 경험이 없는 것이 걱정이었다. 조조는 해전 경험 부족이라는 단점에 대한 고민이 깊었던 탓에 여기서 자신이 가진 수적 유리함을 극대화하기보다는 불리함을 극복하기 위한 전술에 매몰되어 버렸다. 그 결과, 화공의 위험성이 있음에도 이를 무시하고 모든 배를 하나로 묶는 전술을 선택했다. 자신의 신념과 일치하지 않는 정보는 걸러내어 버리는 선택적 노출을 한 탓에 조조의 100만 대군 대부분은 양쯔강에 수장되었고 조조는 겨우 목숨만 부지해 패퇴했다.

orgnet.com의 연구자인 발디스 크렙스(Valdis Krebs)는 확증 편향과 관련해 여러 해 동안 아마존에서의 도서 구매 성향과 소셜 네트워크에서의 사람들이 집단을 이루는 습관들을 연구해 왔다. 그의 연구 가운데, 2008년 미국 대통령 선거 기간 동안 아마존에서 사람들이 구매하는 책의 경향에 대해 분석 결과가 흥미롭다. 이미 한 후보자를 지지하는 사람들은 주로 그를 긍정적으로 묘사하는 책을 구매한 반면, 그 후보자를 싫어하는 사람들은 그를 부정적으로 묘사하는 책을 사는 것으로 나타났다. 이 실험에서는 사람들이 새로운 정보를 얻기 위해서만 책을 구매하는 것이 아님을 알 수 있다. 그들은 자신의 신념 확증을 위해 책을 산 것이다. 사람들은 세상을 보는 방식에 있어 자신이 신념이 옳기를 원하므로 자신의 믿음을 확증하는 정보를 열심히 찾고 상반된 증거와 견해들은 피한다는 것을 확인할 수 있는 사례였다. 이에 대해 사회심리학자 토머스 길로비치(Tomas Gilovich)는 "확증적인 정보에 지나치게 높은 점수를 주는 것은 인식론적으로 불리한 정보를 무시해 버리는 쪽이 편안하기 때문일 것이다"라고 했다.

정리해 보면, 알고리즘을 통해 제공되는 맞춤 정보에 대해 필터버블이 발생할 것이라는 우려가 제기되었으나 맞춤 정보의 추천이 아니더라도 이용자의 자발적인 선택이 가능한 온라인 미디어 환경에서는 정보 소비의 편향이 발생하게 된다. 개인의 미디어 선택이 정치 성향에 따라 이루어지고 이로 인한 선택적 노출은 집단 양극화를 일으키고 에코 챔버 현상으로 이어진다는 것을 입증한 연구는 상대적으로 많지만, 아직 필터버블에 대한 연구는 많이 이루어지지 않고 있다(김선호, 2017). 그런 점에서 알고리즘 추천 정보에 대해 막연히 경계하고, 필터버블에 대해 지나친 우려를 가지기보다는 조금 더 신중하게 접근할 필요가 있어 보인다.

〈그림 9-5〉 출처:http://blog.daum.net/_blog/BlogTypeView.do?blogid=0Muby&articleno=8733685&categoryId=815655&regdt=20140425085715 /https://blog.naver.com/honestock7/80182156811

Q2. 이용자에게 맞춤 정보는 정말 필요한 것인가? 그렇다면, 어떻게 쓰고 있는가?

다시 앞에 예를 들었던 여자 직장인 B씨에게로 돌아가 보자. B는 다이어트에 성공한 기념으로 예쁜 원피스 하나를 사기로 하고, 네이버에서 '원피스'라는 키워드로 검색을 해 보았다. 10개의 원피스를 판매하는 사이트 광고인 검색 광고 정보가 보이고, 그 하단에는 쇼핑에서 판매하고 있는 원피스에 대한 사진 8개가 대표로 보인다. 등록된 상품 숫자를 보니 자그마치 1,400만 건이 넘는 원피스 상품이 보인다. 더 아래로 스크롤을 내려 보니 일본 애니메이션 '원피스'에 대한 방송 프로그램 정보가 보이고, 더 아래로 내리니 걸그룹 원피스(1PS)의 인물 정보도 보인다. 또 다른 검색 결과 범주인 뉴스와 블로그 등에서는 결혼식 원피스에 대한 뉴스나 원피스 수영복에 대한 글 등도 눈에 뜨인다. 이렇듯 검색 창에 '원피스'라는 검색어를 입력한 뒤 찾아진 결과는 무한대에 가까울 정도로 많고 다양하다. 그것은 원피스라는 키워드로 검색한 이용자가 찾고자 하는 정보의 의도 또한 그만큼 다양하고 많다는 뜻일 것이다. 수많은 검색 결과 가운데 B는 자신이 원하는 정보를 어떻게 찾을 것인가? 우선 B는 원피스 상품 구매가 목적이었으므로, 쇼핑 상품 검색 결과를 선택했다. 하지만, 1,400만 건이 넘는 원피스 상품을 모두 다 비교해 보고 원피스를 구매할 수는 없을 것이다. 일반적인 경우 1,400만 건을 모두 보는 것이 물리적인 시간상 불가능에 가깝다는 것도 있지만, 보는 와중에도 새로운 원피스 상품이 추가로 등록될 것이고 검토해 놓은 상품 중에 일부는 품절이나 다른 이유 등으로 더 이상 판매 중이 아닐 수도 있을 것이다. 일반적인 구매 상황이라면, 쇼핑 상품 카테고리 안에서 보고 결정할 수 있는 상품의 수는 많아야 수십에서 수백 개 정도일 것이다. 이것은 비단 상품 구매에 관한 정보뿐만 아니라 다른 서비스 정보나 콘텐츠에서도 동일할 것이다.

우리는 바야흐로 정보의 홍수 시대에 살고 있다. 우리는 이제 더 이상 원하는 정보를 찾는 것이 어려운 시대에 살고 있지 않다. 우리가 더 어려움을 겪는 것은 오히려 우리에게 불필요하거나 정보 가치가 떨어지는 것을 잘 걸러내는 것이다. 수많은 정보 가운데 필요하고 원하는 정보를 찾는 것이 더 어려운 작업이다. 이 작업은 그리고 이제 누군가의 도움을 받지 않고서는 불가능한 일이 되어 버렸다.

누군가 서울에서 부산으로 여행을 간다고 할 때, 국토 대장정을 목적하는 것이 아니라면 걸어서 간다는 것은 상식적이지 않다. 들이는 시간과 에너지를 고려했을 때 비효율적이기 때문이다. 원피스 하나 사려고 1,400만 건이 넘는 상품을 비교해 보고 사지 않는 것도 비슷한 이유이다. 부산에 가려면 자동차, KTX, 비행기 등의 교통수단의 도움을 받아야 하듯이 원피스를 사려면 알고리즘이나 쇼핑 MD가 추천하는 정보의 도움을 받는 것이 효율적이다. 그렇다면 추천 알고리즘이나 MD는 나에게 최적의 상품을 추천해 주고 있는 것일까?

요즘은 그렇지 않겠지만, 몇 년 전에 한국이 익숙하지 않은 외국인을 대상으로는 공항에서 시내로 이동하는 택시비를 일반적인 요금 수준의 몇 배에서 수십 배까지 받는다는 택시 문제에 대한 기사를 본 기억이 있다. 동남아 등지의 교통 후진국 여행 경험이 얼마간 있는 분이라면 이와 비슷한 경험을 한두 번쯤 해 보았을 것이다. 물론 요즘은 국내는 물론 해외에서도 이런 일이 크게 줄어든 것 같다. 여러 이유가 있을 수 있겠지만, 필자는 인터넷과 기술의 발달이 큰 역할을 한 것 같다. 해외여행 후기 블로그들을 찾아보면, 요금 바가지 후기와 대처법을 찾는 것이 어렵지 않다. 거꾸로 한국에 방문하는 외국인들도 한국 방문 이전에 다양한 여행 정보를 찾아보면서 택시 바가지요금이 있다는 정보와 적정 가격과 대처법 등을 알고 오는 관광객이 많아졌을 것이다. 국내는 아직 정착되지 못했으나, 해외여행 가면 요즘은 현지의 일반택시뿐만 아니라 우버, 그랩, 디디추싱 등을 타고 다녔다는 여행 후기를 찾아보는 것이 어렵지 않다. 즉, '인터넷을 통한 정보 습득과 다양한 대안의 등장'이 이 문제 해결책이 된 것 같다. 온라인에서 제공하는 맞춤 정보에 대한 문제에도 두 가지를 대입해 볼 수 있을 것 같다. 즉, 제공되는 맞춤형 정보에 대해 이용자들이 다른 정보를 찾아볼 수 있다면, 그리고 제공되는 정보 하나가 아니라 다른 곳도 중복적으로 이용하거나 선택할 수 있다면 우리는 바가지요금으로 택시를 타야 하는 것과 같은 필터버블의 우려를 덜 할 수 있기 때문이다.

한양대 이호영 교수는 온라인 플랫폼 시장에 대해 진입 장벽이 낮고 이용자가 둘 이상의 사업자를 이용하는(multihoming) 전환비용이 낮아서 경쟁이 매우 활발한 시장이라고 하였다. 이런 멀티호밍 현상은 이용자뿐만 아니라 양면 시장인 플랫폼 사업의 특성상 공급자 측면에서도 나타났다. 서울대 유병준 교수 연구진이 발간한 'D-커머스 리포트'에 따르면 온라인 쇼핑몰 사업자들이 여러 개의 쇼핑몰에 상품을 동시에 올려 멀티호밍을 하고 있기 때문에 한 개의 쇼핑 플랫폼이 시장을 독점하는 것은 매우 어려운 상황이라고 했다. 그렇다면, 상품 구매에 대한 정보가 아닌 뉴스 소비에 대해서는 어떨까? 뉴스 소비로 한정할 경우에는, 필터버블에 대한 우려뿐 아니라 선택적 노출로 인한 에코 챔버 현상에 대한 우려도 과장되었다는 지적이 있다(Dutton et al., 2017). 옥스퍼드 대학교, 미시건 주립대, 오타와 대학교가 7개국(미국, 영국, 독일, 프랑스, 이탈리아, 폴란드, 스페인)의 인터넷 이용자들을 대상으로 조사한 보고서에 따르면 인터넷 이용자들의 미디어 이용 채널은 매우 다양한 것으로 나타났다. 특히 정치 정보에 대한 정보 획득은 한곳에 치중되어 있지 않고 검색 사이트, 언론사 사이트, SNS나 이메일 등 다양하게 이용하는 것으로 나타났다. 이용자들은 평균 4.5개의 다른 미디어를 참조하는 것으로 나타났으며 정치에 관심이 높을수록 비중이 더 높았다. 정치 뉴스에서는 필터버블뿐 아니라 에코 챔버의 효과도 부정된다고 하였는데, 전체 응답자의 36%가 자신의 견해와 일치하지 않는 뉴스도 '자주' 혹은 '매우 자주 이용한다'라고 응답했기 때문이다. 43%는 때때로 그런 뉴스도 읽는다고 응답했으며 20% 이하만이 정치적 견해가 다른 뉴스를 거부했다고 응답했을 뿐이다.

국내에서도 이와 유사한 연구 결과가 있다. 한국방송학회와 한국심리학회가 공동 주관한 필터버블에 대한 특별세미나에서 경상대 부수현 교수는 "이용자들은 제시된 뉴스만 보는 것이 아니라 추가적으로 다른 언론사의 기사를 찾아서 읽어 보는 이용자가 대부분을 차지하기 때문에 뉴스에 있어서는 편향된 정보 소비로 인한 필터버블이 발생할 가능성이 매우 낮다"고 하였다. 그는 최근에 발생한 다양한 실제 이슈를 제시하고, 이용자가 가장 관심 있는 이슈를 선택하면 이에 대한 질문을 이어 나가는 실험을 진행했는데, 결과를 보면 이용자들은 자신이 관심을 가지는 이슈에 복수의 언론사 기사를 선택하는 비율이 무려 98.4%에 달한다고 했다. 이용자들은 기사 내용이 비슷한 것을 인지해도 다양한 관점을 살펴보기 위해 여러 언론사를 찾아보는 것으로, 비슷한 내용이 나오는 기사를 알면서도 반복해 읽는다고 했다. 그리고 관심 있는 뉴스는 검색을 통한 팩트 체크(fact check)도 적극적으로 하는 것은 물론, 기사를 본 후 댓글을 탐색하고, 주변 사람들에게 기사 내용을 공유하며, 오프라인에서 대화하는 등 다양한 방법으로 정보를 보충하고 점검한다고 했다. 그러면서 적어도 관심사가 많은 뉴스에 대해서는 맞춤 뉴스를 통해 필터버블이 발생할 가능성은 현실적으로 매우 낮다고 결론 내렸다.

내가 관심 있는 정보만 읽는 것은 뉴스가 아니다. 뉴스란 남들도 알고 있는 것 중에 나도 관심을 가지고 알아야 하는 정보이다. 부수현 교수에 따르면 뉴스를 소비하는 방식을 보니, 추천 뉴스가 제시된다고 하면 관심사가 떨어지는 뉴스는 선택에서 배제되어 읽히지 않고, 관심 있는 뉴스만 읽

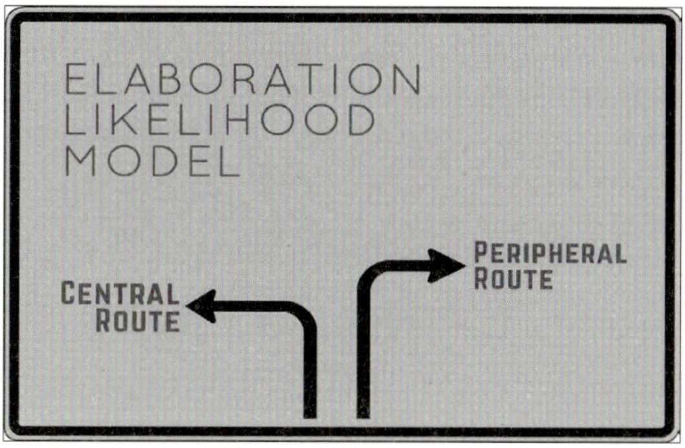

〈그림 9-6〉 출처:https://www.businesstopia.net/communication/elaboration-likelihood-model

게 되는데 관심 뉴스는 제공된 뉴스 소비에서만 그치지 않는다고 한다. 관심 뉴스는 추천되는 뉴스 이외에도 다양한 방식으로 추가 정보 탐색을 한다고 한다. 이런 현상은 심리학의 대표적인 설득 이론인 '정교화 가능성 모델(elaboration likelihood model)'로 설명이 가능할 것 같다. 페티와 카치오포(Petty & Cacioppo, 1986)는 소비자의 태도는 정보를 처리할 때의 관여도에 따라 이용자가 기울이는 정교화 노력의 정도가 결정되며, 이에 따라 최소 두 개의 경로를 통해 정보처리 결과가 형성된다고 하였다. 중심 경로를 따라 정보 처리를 하게 된다면 이용자는 메시지에 주의를 기울이며 더욱 심사숙고해 자신의 태도와 비교하게 된다. 따라서, 새로운 설득이나 부정적 정보에 대응하는 저항력도 가지게 된다고 한다(Haugtvedt et al., 1992). 이 모델과 부수현 교수의 연구 결과에 따르면, 적어도 관심이 높은 뉴스에 대해서는 필터버블이 발생할 가능성이 매우 낮다고 볼 수 있을 것 같다.

정리해 보면, 정보의 홍수 속에서 맞춤 정보 추천 서비스는 더 이상 우리에게 선택이 아닌 필수가 되어 가고 있다. 다만 이용자가 놓칠 수 있거나 왜곡될 수 있는 정보에 대한 우려도 있겠으나 이는 온라인 플랫폼이 가지는 멀티호밍의 특성을 통해 보완될 가능성이 크다. 가장 우려가 큰 정보인 뉴스, 특히 정치적인 뉴스에 대해서는 적어도 해당 정보에 대한 관심이 많다면 정보원으로서 한 가지 매체를 이용하지 않는다는 점과 정교화 가능성 모델에 따른 중심 경로 정보처리 시 태도 변화에 대한 저항력도 크다는 점을 고려해 봐야 할 것이다. 알고리즘 방식에 의한 맞춤 정보 제공은 온라인 정보 탐색에 있어서 다양한 정보 습득 채널 중의 하나일 뿐이다.

Q3. 무엇이 공정하고 중립적인 것인가? 필터버블을 판단할 기준은 무엇인가?

알고리즘을 활용한 맞춤형 추천 정보가 편향되었다는 우려가 있다면, 이런 질문을 던져 볼 수 있을 것 같다. '편향'에 대한 반대인 '편향되지 않음'은 과연 무엇인가? 즉, 어떻게 정보를 제공하는 것이 편향되지 않고 공정하면서 중립적인 정보 제공인가? 알고리즘을 통해 추천하는 것이 문제라면, 추천하지 않고 이용자가 직접 정보를 찾았을 때와 동일한 수준으로 정보를 제공하면 편향되지 않은 것인가? 하지만, 우리는 앞서 선택적 노출과 이로 인한 에코 챔버 효과에서 살펴보았듯이 이용자 스스로에게 선택권을 주고 정보 습득을 하라고 하는 것이 공정하고 중립적이다라고만 할 수 없다. 사실 알고리즘 추천으로 발생하는 필터버블의 우려는, 이용자의 행태 분석을 통해 이용자가 자연스레 찾아보는 정보와 가장 유사하게 제공함으로써 문제가 발생한다고 본 것이다. 그렇다면, (물론 그렇게 할 수는 없겠지만) 모든 정보를 어떤 명확한 기준에 따라 분류해서 모든 이용자에게 분류된 정보를 균등하게 제공한다면 공정하고 중립적인 정보 제공이라고 할 수 있을까? 예로 들자면, 모든 정치 뉴스를 절대적인 누군가가 진보, 중도, 보수로 분류한 뒤 모든 이용자들에게 균일하게 3분의 1씩 골고루 섞어서 제공한다면 공정한 것이라고 할 수 있을까? 그러면, 과연 모든 이용자들이 제공된 추천 뉴스가 매우 공정하고 중립적이라고 생각할까? 여기까지 그렇다고 해도, 그럼 과연 이용자들은 제공된 정보를 편식 없이 모두 균등하게 읽고 소비할까? 아무리 생각해도 불가능한 일이다. 다양한 이론과 관련된 연구들을 살펴보면서 이 질문에 대한 이해를 좀 높여 보자.

먼저, (알고리즘에 의한 맞춤 뉴스 서비스는 포함되지 않았지만) 온라인에서의 뉴스 소비 행동에 관해 연구한 플랙스만 등(Flaxman et al., 2016)의 연구 결과를 살펴보자. 연구자들은 마이크로소프트의 인터넷 익스플로러에 설치된 빙(Bing) 툴바 기능을 활용해, 수집된 약 5만 명가량의 미국 인터넷 이용자들의 인터넷 사이트 방문 기록을 분석하였다. 뉴스 소비 채널을 '직접 언론사 방문', 'SNS', 야후와 같은 '뉴스 서비스 사업자', 구글과 같은 '검색 사이트'로 구분하고 각 채널별로 뉴스 소비의 편향성에 대해 분석했다. 분석결과, 이용자 개인의 성향과 반대되는 뉴스나 의견에 노출되는 정도는 야후와 같은 '뉴스 서비스 사업자' 플랫폼을 이용할 때가 가장 높게 나타났고, 그 다음은 '검색 플랫폼'과 'SNS'였으며, '언론사 사이트 직접 방문'의 경우는 가장 낮게 나타났다. 이용자는 누군가 정보를 제공해 줄 때보다 스스로 정보를 탐색할 수 있는 방식일 경우에 더 자신의 신념과 일치하는 정보만을 소비하는 경향이 있음을 여기서도 확인할 수 있었다. 선택적 노출이라는 개념과 맥을 같이하는 연구 결과이다. 그렇다면 필터버블의 우려가 없는 알고리즘 추천 정보는 언론사 직접 방문, SNS, 검색 사이트 이용 등의 방식 중에서 어떤 수준으로 제공해야 하는 것일까?

페이스북에 관해 연구한 또 다른 결과를 살펴보자(Bakshy et al., 2015). 연구자들은 페이스북상에서 이용자들이 실제로 어떤 정치 성향의 포스트에 노출되며, 어떤 포스트를 클릭하는지 분석했다. 그리고 해당 분석을 통해 필터버블을 유발할 수 있는 요인을 친구들의 정치 성향, 추천 알고리즘, 이용자 개인의 정치 성향 세 가지로 설정한 뒤, 이 가운데 어떤 요인이 반대 의견에 대한 노출을 방해하는지 영향력을 측정하였다. 그 결과, 친구들의 정치 성향과 이용자 개인의 정치 성향이 페이스북의 추천 알고리즘보다 더 큰 영향력을 미치는 것으로 나타났다. 알고리즘보다는 개인의 성향이 필터버블에 큰 영향을 미치고 있다는 것을 또 한 번 확인한 것이다. 참고로 이 연구는 페이스북과 관련되었다는 점에서 신뢰도에 의심을 받고 있기도 하다. 하지만, 필터버블에 대한 부정적 효과를 입증한 연구가 많지 않은 상황에서, 선택적 노출에 대한 연구 결과들과 해당 연구 결과가 배치되지 않는다는 점 등을 고려해 볼 때 참고해 볼 만하다고 여겨진다. 즉, 알고리즘보다는 이용자 요인이 필터버블에 미치는 영향이 더 크다는 결과는 주목해 볼 필요가 있어 보인다.

자신이 관심 있는 이슈나 정보가 더 많이 눈에 띄는 경험을 누구나 한 번쯤 해 보았을 것이다. 예를 들어, 결혼 적령기에 있는 사람의 경우 혼수와 웨딩 관련된 정보들이 눈에 많이 보이는 것을 경험했을 것이고, 본인 또는 배우자가 임산부가 되면 신기하게도 그 전에 잘 보이지 않던 임산부들이 길거리에 많이 보인다고 생각했을 것이다. 이것은 다양한 정보 속에서 자신이 원하고 관심 있는 정보만 선별해서 습득할 수 있도록 하는 선택적 지각(selective perception)의 영향이다. 이것을 칵테일 파티 효과(cocktail party effect)라고도 한다. 1953년 영국 왕립 런던 대학에 근무하던 콜린 체리(Colin Cherry)는 독특한 실험을 진행했다. 피험자들에게 헤드폰을 나눠 주고, 같은 목소리가 서로 다른 두 가지의 내용을 말하는 것을 양쪽 귀로 동시에 듣게 했다. 그 결과, 두 가지 내용을 양쪽 귀로 동시에 들을 때 피험자들이 자신이 듣고자 하는 이야기를 구별할 수 있었고, 관심 없는 이야기에는 집중하지 않는다는 것을 발견하였다. 이 결과에 따른다면 공정하게 정보를 제공한다고 해도, 이용자들은 자신의 신념과 일치하는 정보만 눈에 들어올 확률이 높다.

공정하게 정보를 제공한다면 이용자들은 공정하다고 생각할까? 중립성을 설명하기 위한 미디어 이론으로 '적대적 미디어 이론(hostile media effect)'이라는 것이 있다. 내가 지지하는 인물이나 이슈는 적게 다루거나 부정적인 뉴스가 많고 상대의 후보나 이슈는 긍정적이고 많다고 인식하는 경향이 있다는 것이다. 뉴욕타임스(NYT)의 중동 이슈 보도를 팔레스타인과 이스라엘 학생에게 보여 주자 양쪽 다 편향된 보도라고 인식한다는 연구가 있다. 그래서 독자는 자신이 원하는 뉴스를 끊임없이 소비하려는 경향을 보인다는 것이다. 심리학에서는 이와 비슷한 개념으로 내집단 편향(in-group bias)이라는 것이 있다. 스포츠 경기를 본 후에 심판 판정에 대한 평가가 자신이 응원하는 팀이 아닌 상대편에게 유리한 판정을 했다고 느끼는 이유가 그것이다. 개인이 합당한 이유 없이 내집단(자신이 속하거나 지지하는 집단)을 외집단(자신이 속하지 않거나 지지하지 않는 집단)보다 편애하거나 더 우대하게 되는 경향을 보인다는 것인데, 재미있는 사실은 내집단의 구성이 아무런 이유와 애정이 형성되지 않은 동전 던지기와 같은 것으로 즉석에서 배정한 경우에도 나타난다는 점

〈그림 9-7〉 2002년 한일 월드컵 이탈리아와 한국전에서 심판이 이탈리아 선수에게 퇴장 판정을 내렸는데, 한국에서와 달리 이탈리아에서는 이 판정이 잘못되었다며 심판에 대한 비판이 많았다

이다. 알고리즘에 의한 정보 제공에도 이와 같은 내집단 편향이 작동한다면 공정하게 정보를 배정한다고 해도, 이용자들은 반대 성향의 정보가 더 많이 제공되었다고 느낄 확률이 높아 보인다.

종합해 보면, 편향되지 않은 중립적 정보 제공이라는 개념이란 것이 사실 존재하기도 어렵거니와 그에 대한 합의된 기준도 없다. 그럼에도 불구하고 논리적으로 완벽히 중립적이고 공정한 정보를 어떻게든 만들어서 제공한다고 해도, 그것을 이용자들이 중립적이고 공정한 정보 제공이라고 인지하고 소비하지는 않을 것이다. 카이스트 송해엽 박사는 그의 칼럼을 통해서, 미디어 자체가 왜곡하는 현실과 알고리즘을 통해 왜곡되는 현실 중 어떤 것이 더 강력한지도 고민해 봐야 한다고 했다(송해엽, 2017). 미국에서 트럼프 스누즈(Trump snooze: 소셜미디어상에서 트럼프에 대한 뉴스를 차단하는 경향) 현상에 대해 분석한 한 연구자는, 역설적으로 미디어 자체가 왜곡되어 있기 때문에 필터링을 통해서 필터버블에서 빠져나올 수 있다고도 했다(Baekdal, 2017).

Q4. 맞춤형 추천 정보, 어떤 목적으로 어떤 정보를 추천해 주느냐가 문제의 관건이다!

필자가 즐겨보는 TV프로그램인 〈알쓸신잡〉에서 유시민 작가는 "좋은 쪽으로든 나쁜 쪽으로든 대중이 믿고 싶어 할 때 빨리 퍼진다"라는 말을 한 적이 있다. 진짜 그럴까? 이 상황에 정확히 맞는 예인지는 모르겠으나, 백제의 서동왕자의 이야기를 꺼내 보자. 이야기에 따르면, 서동왕자는 선화공주와 결혼할 마음을 먹고, 선화공주와 자신이 몰래 정을 통한다는 노래를 만들어 신라로 건너가 아이들을 시켜 부르게 하였다. 동네 아이들이 부르는 노래를 신라 사람들은 처음에는 그냥 재미 삼아 들어 넘겼을 것이다. 매우 신뢰도가 낮은 정보원의 이야기에 불과했기 때문이다. 하지만, 시간이 지남에 따라 서동왕자와 선화공주의 염문설은 아이들이 장난삼아 부르는 근거 없는 사실을 넘어서게 되었다. 신라 백성들 입장에서는 자국의 지체 높은 공주가 뒤로 남몰래 남자를 만나고 있다는 내용은 관심이 갈 수밖에 없는 내용이었을 것이다. 그 소문을 부정하는 것보다는 받아들이는 것이 더 흥미로웠을 것이다. 유시민 작가의 말처럼 대중이 믿고 싶어 하는 정보이기에 빨리 퍼졌을 것이다. 그리고는 진실과 같은 효과를 가졌다. 왜 이런 효과가 나타났을까?

심리학 이론으로 설명할 방법을 찾아보자면, 수면자 효과(sleeping effect)가 적합할 것 같다. 수면자 효과란, 신빙성이 낮은 출처에서 나온 메시지에 대한 신뢰성이나 동의하는 정도가 시간이 지나면서 상대적으로 설득력이 높아지게 되는 현상을 말한다. 일반적으로 신빙성이 낮은 정보원보다는 신빙성이 높은 정보원이 전달하는 메시지의 설득력이 더 높다. 그런데 이론에 따르면, 시간이 지남에 따라 신빙성이 높은 정보원의 메시지에 대한 지지나 믿음의 정도는 차츰 감소하는 반면, 반대로 신빙성이 낮은 정보원의 메시지에 대한 믿음이나 설득되는 정도는 상대적으로 증가한다고 한다. 이 이론은 호블랜드와 와이스(Hovland & Weiss, 1951)의 실험을 통해서 알려졌다. 실험 내용을 좀 살펴보자. 먼저, 몇 가지 주제에 대해 신빙성 높은 정보원(예: 권위 있는 저널, 학자, 포춘(Fortune) 매거진 등)과 신빙성 낮은 정보원(예: 구 소련 공산당 기관지 프라우다(Pravda), 자유기고가의 글 등)에서 작성된 메시지를 선정하였다. 메시지 주제는 '의사의 처방 없이 항히스타민제(anti-histamine) 약품을 판매하는 것', '현재(1950년대)의 기술로 원자력 잠수함을 만드는 것이 가능한가?', 당시의 '철강 부족 사태에 철강 회사들의 책임이 있는가?', '영화 산업의 미래'와 같은 것이었다. 200명의 실험 참가자들에게 각각의 메시지를 제공한 후 각 메시지에 동의하는 정도를 측정하였다. 그리고 4주 후, 동일한 메시지에 대해 얼마나 동의하는지를 다시 측정했는데, 결과는 놀라웠다. 시간이 지나면서 신빙성이 높은 정보원으로부터 전달된 메시지는 설득력이 평균 10.7% 감소한 반면, 신빙성이 낮은 정보원으로부터 전달된 메시지는 오히려 7.4%가 증가했다. 호블랜드와 와이스는 이 역전 현상이 메시지 정보원과 메시지의 내용이 시간이 지나면서 해리되기 때문에 발생한다고 설명했다. 신빙성이 낮은 정보원의 메시지가 시간이 지나면서 그 정보원으로부터 전달되었다는 사실이 망각되어진 결과로, 그 메시지에 대한 태도나 의견이 긍정적으로 변화된다는 것이다. 프랫카니스, 그린왈드, 라이페, 바움가드너(Pratkanis, Greenwald, Leippe, & Baumgardner, 1988)는 약간 다른 해석을 내놓았는데, 메시지 정보원에 관한 단서(cue)와 메시지 자체가 기억 속에서 망각되는 속도의 차이 때문이라고 설명했다. 메시지 내용에 관한 영향력이 감소하는 속도에 비해 메시지 정보원에 관한 단서들이 미치는 영향력의 감소가 더 빠르게 진행되기 때문이라는 것이다. 서동왕자가 퍼트린 허위 정보(가짜뉴스)를 담은 노래는, 아이들이 재미 삼아 부른 노래에서 온 근거 없는 이야기라는 사실이 망각된 후

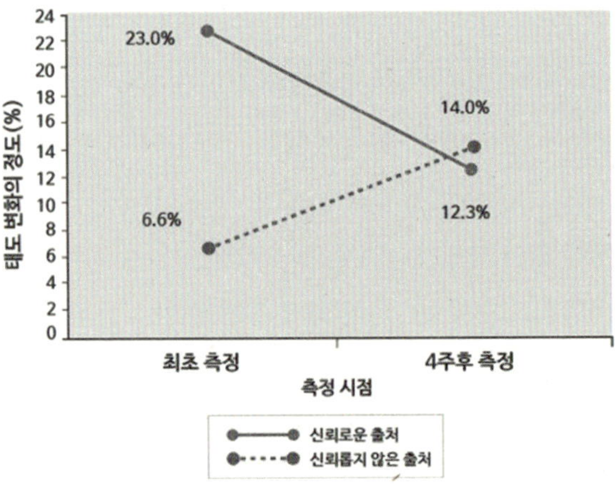

〈그림 9-8〉 시간 경과 및 메시지 출처에 따른 태도 변화 출처: Hovland & Weiss (1951)

진실에 버금가는 효과를 가지게 된 것이다.

미국의 45대 대선은, 가짜뉴스가 큰 영향을 미친 선거라는 논란 속에 있다. 2016년 11월 17일 버즈피드(BuzzFeed) 기사에 따르면, 미국 대선 전 3개월간 가장 인기 있었던 가짜뉴스 20개가 페이스북에서 공유되고, 반응(좋아요 등)받고, 댓글이 달린 개수는 871만 1천 건으로, 뉴욕타임스나 워싱턴포스트 등 주요 매체의 기사보다 더 많은 반응을 이끌어 냈다고 한다. 특히 '프란체스코 교황이 트럼프 지지를 발표했다'라거나 '클린턴 후보가 IS에 무기를 판매했다'는 식의 터무니없는 내용은 특정 성향을 가진 사람들에게 좋은 소식이기 때문에 비슷한 성향의 그룹에서 빠르게 공유되고 확산력을 가졌다. 2018년 치러진 브라질 대선에서는 유튜브에서의 가짜뉴스가 큰 역할을 했다고 한다. '유튜브가 어떻게 브라질을 과격화(극우화)했나?'라는 뉴욕타임스의 탐사 보도에 따르면, 브라질 대통령에 당선된 자이르 보우소나루는 불과 몇 년 전만 해도 정치인으로서 인지도가 그다지 높지 않았는데 유튜브를 통해 인종 차별, 여성 혐오, 동성애 혐오, 음모론 등에 대해 사실이 확인되지 않은 선정적 내용을 지속적으로 발언하면서 인기스타로 떠올랐다고 한다. 이후, 그는 '브라질의 트럼프'라 불리며 지지율이 급상승했고 결국 대통령까지 당선됐다는 것이다. 기사의 분석대로라면 그는 유튜브 덕택에 대통령에 선출된 세계 최초의 인플루언서인 셈이다. '월스트리트저널'은 유튜브의 추천 알고리즘이 사용자 체류 시간을 70% 이상 늘렸으며, 이는 수익 극대화를 위해 보우소나루 대통령 사례처럼 극단적이고 자극적인 콘텐츠를 추천한 결과라고 추론하였다(성동규, 2019). 최근 한국방송학회와 한국심리학회가 공동 주관한 필터버블 관련 특별세미나에서 유튜브로 인한 가짜뉴스와 확증 편향에 대해 발표한 EBS의 최홍규 박사에 따르면, '일반적으로 유튜브 정치 콘텐츠는 편파적이고 신뢰할 수 없다고 느끼지만, 막상 유튜브 이용량이 증가하고 추천시스템에 지속해서 노출되게 되면 자신의 의견과 유사하므로 편파적이라고 생각하지 않게 되기 때문에 확증 편향이 생긴다'며 우려를 표명한 바 있다.

유튜브를 통해서 어떤 하나의 가짜 정보를 보게 되었다고 가정해 보자. 처음에는 동네 아이들이 부르는 서동요처럼 신뢰하지 않거나 대수롭지 않게 볼 확률이 높을 것이다. 정보원이 우리가 잘 아는 언론사 등의 믿을 만한 정보원이 아니기 때문이다(안타깝지만 국내는 언론사 뉴스에 대한 신뢰도가 높지 않다. '디지털 뉴스리포트 2019'에 따르면, 뉴스에 대한 신뢰도는 22%로 조사 대상국 가운데 가장 낮았다). 하지만, 시간이 흘러서 정보원과 콘텐츠가 분리되고 나면 효과가 달라질 수 있다. 유튜브의 알고리즘이 계속 추천해 주는 정보(filter bubble) 또는 이용자가 관심이 생겨 자발적으로 찾아보면서 선택한 노출(echo chamber) 효과로 인해 계속 관련된 정보에 접하게 될 것이다. 그러면서, 정보원과 분리된 내용은 이용자들의 머릿속에 도식(schema)으로 자리 잡고 이로 인한 편향은 더 강화될 확률이 높다. 정보원과 콘텐츠가 분리되는 것의 위력은 대단해서 만델라 효과[1]까지도 나타날 수 있다고 한다.

결국, 맞춤형 정보를 서비스하는 것 자체로 인한 문제만을 우려하기보다는, 맞춤형 정보로 어떤 콘텐츠를 제공하느냐를 더 중요하게 봐야 할 것 같다. 추천하는 정보에 낮은 퀄리티의 정보나 허위 정보가 포함되어 있는지에 따라서 그 위험성이 달라지기 때문이다. 십상시가 한 왕조를 멸망으로 이끈 것은 한쪽 정보만 편향되게 올리는 것뿐 아니라 허위 정보까지 포함해서 편향되게 전달했기 때문일 것이다.

---

1 만델라 효과: 많은 사람이 거짓된 기억을 공유하는 현상으로 남아공의 넬슨 만델라가 감옥에서 출소한 뒤 대통령으로 부임하고 2013년에 95세의 나이로 사망했음에도 불구하고, 1980년대에 감옥에서 옥사했다고 착각하는 데서 비롯된다. 흔히, 대중 사이에 널리 퍼진 착각을 의미한다.

Q5. 맞춤 정보로 인한 필터버블, 그래도 우리는 어떻게 대비해야 하는가?

필터버블에 대해 프레이저는 "필터링 서비스를 받는 대가로 엄청난 양의 개인 데이터를 기업에 넘기고 있으며, 기업들이 이용자들이 어떤 삶을 살지 결정하는 데 큰 영향을 미칠 것이다'라고 경고했다. 필터버블이 정보결정주의 나락으로 떨어뜨려 기업들에 의해 끌려다닐 수 있으며, 개별 맞춤 정보에 빠져 그날의 주요한 뉴스의 99%를 무시할 수 있다고도 했다. 그 결과 우리는 보고 싶은 것만 보게 됨으로 인해 인지적 균형감을 상실하고, 호기심과 창의성을 모두 잃고 확증 편향을 증폭시키게 된다는 암울한 전망을 했다. 엘리 프레이저의 우려처럼 온라인 플랫폼이 십상시의 역할을 한다면 정말 무서운 일이 될 것이다. 하지만, 선택적 노출로 인한 에코 챔버의 효과가 확인되고 있는 것과 달리, 필터버블은 그 우려와 달리 아직 실제 그 피해에 대해서는 많이 밝혀진 바가 아직은 많지 않다는 것도 사실이다. 다만, 유튜브의 사례에서 보듯이, 필터버블이 허위 정보(가짜뉴스)와 결합되었을 때는 우려가 있는 것도 사실이다. 그렇다면, 이로 인해 발생할 수 있는 확증 편향의 우려에서 벗어나기 위해서 무엇이 필요하고 우리는 어떻게 해야 할 것인가를 조심스레 짚어 보고자 한다.

1) 미디어 이용에 대한 리터러시: 다양한 정보원을 활용, 비판적인 정보 수용 자세!

앞서 필터버블과 확증 편향에 대한 우려가 과장되었다고 지적한 연구보고서의 수석 집필자인 윌리엄 더튼(William Dutton)도, 그의 보고서에서 "검색 엔진이나 소셜미디어가 여론에 큰 영향을 미치지 못한다고 하면서도, 온라인상에 유통되는 정보의 옥석을 가릴 필요성은 점점 커지기 때문에 미디어

리터러시 교육의 중요성은 여전히 유효하다"고 했다. 윌리엄 더튼과 경상대 부수현 교수가 필터버블에 대한 우려가 없다고 주장한 근거는 이용자들의 정보 습득 경로가 추천받은 한 가지 방식에 한정되지 않고 다양한 정보원을 통해 적극적으로 정보를 찾아보며 심지어 오프라인을 활용하기도 한다는 점에 기인한다. 필터버블에 빠지지 않기 위해서는 다양한 정보 습득 경로를 활용하면서 적극적인 정보 교류를 할 줄 알아야 한다는 것이다. 부수현 교수에 따르면, 미디어에 대한 효능감(즉 미디어리터러시)이 높을수록 필터버블에 대한 우려도 낮다고 하였다. 경인교대 심우민 교수는 "알고리즘이 활용된 서비스가 가진 한계를 경험하게 하는 교육이 리터러시 교육의 핵심"이라고 강조한 바 있다. 그는 "정치적 판단을 위해 뉴스는 중요한데, 전달 과정이 왜곡됐다면 여론 형성에 영향을 미치게 될 텐데, 뉴스 리터러시 교육은 하나의 기사가 완벽하지 않다는 걸 알게 하고, 어떤 서비스에 알고리즘이 작동하고 있는지 알리고, 이를 의심하고 비판해 보는 경험을 주며, 나아가 변화하는 기술에 판단하고 대응할 수 있는 '디지털 시민성'을 키우는 것이 중요하다"라고 지적하였다.

2) 관점과 관심사의 편향은 구분

필터버블에 대한 막연한 우려를 가지고 있기보다는 필터버블로 인해 발생하는 우려의 실체가 무엇인지 명확히 할 필요가 있다. 우리가 추천받는 편향된 정보는 그것이 관심사인지 관점인지에 따라 그 필터버블의 무게는 완전히 다른 것이다. IT에 관심이 많은 이용자에게 IT 정보를 더 추천해 주거나, 부동산에 관심이 많은 이용자에게 부동산 정보를 더 추천해 주는 것은 큰 문제는 아닐 수 있다. 하지만, 현 정부의 IT 산업과 부동산 정책에 대한 부정적 혹은 긍정적 관점 중에서 한쪽 관점의 뉴스만 골라서 추천해 준다면 그 문제는 다를 것이다. 프레이저가 우려한 페이스북 알고리즘으로 인한 편향성 문제는 관심사가 아닌 관점의 편향 문제이기에 우려를 나타낸 것이다. 관심사인 음악이나 쇼핑과는 달리 관점의 경우 사회적 가치관, 의사 결정, 나아가 정치적 판단과 직결될 수 있기 때문이다. 알고리즘 추천 방식에서 고려하는 요소에, 관심사뿐 아니라 관점까지 편향되어 있는지 의심해 보아야 한다. 다행히, 뉴스 소비에 있어서 많은 비중을 차지하고 있는 양대 포털 사이트의 알고리즘 추천 뉴스 방식에서는 관점에 의한 추천은 사용되고 있지 않은 것으로 알려져 있다(이성규, 2017).

3) 정보는 늘 편향되었을 수 있다고 의심하고, 반대 정보도 찾아보자.

경인교대 심우민 교수는 "알고리즘 추천 방식의 진짜 문제는, 알고리즘의 편향 자체가 아니라 편향된 것인지 아닌지조차 인지하지 못한다는 사실"이라고 지적한 바 있다. 개인화 조건별 뉴스 소비의 다양성에 대한 연구 결과를 보면, 이용자 스스로가 개인화를 선택한 경우(명시적 개인화)가 이용자의 행태에 기반해 개인화를 한 경우(암묵적 개인화)대비 뉴스 소비의 내용의 다양성이 더 높은 것으로 나타났다(Haim et al., 2018). 즉, 개인화된 사실을 잘 인지하고 있는 경우 다양한 정보를 더 찾아보게 된다는 것이다. 실제, 필터버블로 인한 편향을 예방하기 위해 이런 사례들이 있다. 구글의 확장 프로그램인 'PolitEcho'를 깔면 페이스북 뉴스피드에서 정치적 편향 정도를 보여 준다. 이용자의 뉴스피드에 정치적 편향 점수를 할당한 후 그래프를 통해 정치적 편향 정도를 시각적으로 확인할 수 있게 해 준다. 아이폰에서 제공되는 뉴스 읽기 앱인 'Read Across the Aisle'도 있다. 이 앱은 여러 종류의 뉴스 출처를 정치적 편향에 따라 색깔로 구분해서 제공했다. 개인의 뉴스 읽기 기록을 통해 만약 주로 읽은 기사가 한쪽으로 편중되는 경우 화면 하단 눈금을 통해 판단할 수 있게 해 주었다. 구글의 또 다른 확장 프로그램인 'Escape Your Bubble'도 있다. 이 확장 프로그램은 이용자와 다른 정치적 성향을 가진 사람을 이해하고 받아들일 수 있도록 선별된 기사를 페이스북 뉴스피드 내에 삽입해 주는 프로그램이다. 이 확장 프로그램을 사용하면 페이스북 뉴스피드 기사 상단에 '이스케이프 유어 버블' 확장 프로그램을 통해 삽입된 기사라는 붉은색 표시가 명시적으로 나타나 정보의 출처를 알려준다고 한다.

한국방송학회와 한국심리학회가 공동 주관한 필터버블 특별세미나에 토론자로 참석했던 고려대 정윤혁 교수는 개인화된 서비스를 받고 있다는 것을 사용자에게 잘 인지만 시켜 줘도 필터버블이 사회적으로 문제가 되지 않을 것이라고 했다. 그러면서, 나아가 알고리즘의 편향성을 좀 더 조정할 수 있는 임파워먼트(empowerment)를 이용자에게 주는 것이 매우 중요하다고 덧붙였다.

4) 수면자가 아닌 깨어 있는 도식(Schema)을 형성: 신뢰도 높은 정보원의 콘텐츠로 점검

정보의 출처를 확인하고 다양한 관점에서 정보를 소비하는 것도 중요하지만, 신뢰도가 낮은 정보원으로부터의 정보를 접할 때 주의가 필요하다. 앞서 이야기한 수면자 효과, 즉 허위 정보로 인해 도식이 형성되는 것을 늘 경계해야 한다. 신뢰도가 낮은 정보원으로부터의 정보는 확인 후 방치하면 시간이 흘러 정보원과 콘텐츠가 분리되어 신뢰도 높은 정보로 변질될 가능성이 있다. 신뢰도가 낮은 정보를 접하면 가급적 다른 정보원의 정보, 특히 신뢰도 높은 정보원으로부터 제공되는 정보를 함께 확인해 두는 노력이 필요하다.

5) 맞춤 정보 제공 사업자에 대한 합리적 의심과 견제

최근 월스트리트저널의 보도에 따르면, 아마존은 자사 상품이 더 잘 팔리도록 상품추천알고리즘을 조작했다는 의혹을 받고 있다고 한다. 2017년 구글 또한 유럽에서 자사의 상품검색 결과를 우선 노출하는 방식으로 경쟁사의 손해를 입혀, 3조 원이 넘는 과징금을 부과받은 바 있다. 월스트리트저널 보도에 따르면, 유튜브도 추천 알고리즘을 통해 체류 시간을 70% 이상 늘렸다고 하는데 이 과정에서 음모론적인 내용도 자주 추천된다고 한다. 유튜브의 전 엔지니어인 기욤 샬로가 '가디언'에 인터뷰한 바에 따르면, "체류 시간에만 집중된 유튜브 추천시스템은 필터버블과 페이크 뉴스를 발생시킬 수밖에 없었다"라고 했다. 모두 알고리즘의 목표가 '이용자의 만족'보다는 '효율'과 '수익 증대'에 비중이 더 있기 때문일 것이다. 앞서 이야기한 것처럼 온라인 플랫폼은 멀티호밍되고 있으며 전환비용이 낮기 때문에, 이용자의 만족도를 우선시하지 않을 수 없다. 이용자의 만족도는 무시한 채 수익 증대에만 몰두하다가는 다른 플랫폼에 이용자를 모두 빼앗기기 쉽다. 하지만 이용자의 만족과 수익 증대의 방향이 꼭 대척점에 있는 것만은 아니다. 유튜브의 사례에서 보듯이 이용자들의 흥미 유발을 위해 정보원의 신뢰도가 낮은 정보를 제공하는 것은 이용자의 체류 시간을 늘려 수익 증대에도 기여될 여지가 있다. 사업자의 맞춤 정보에 대해서는 합리적인 의심과 견제는 늘 필요해 보인다.

참고문헌

권상희(2019). 〈가짜 뉴스와 필터버블 효과〉. 《중앙일보》 미주판. Retrieved from: http://www.koreadaily.com/news/read.asp?art_id=7629161

금준경(2018). 〈'알고리즘 독재' 시대, 어떻게 맞설 것인가?〉. 《미디어오늘》. Retrieved from: https://news.naver.com/main/read.nhn?mode=LSD&mid=sec&sid1=105&oid=006&aid=0000096085

김선호(2017). 〈필터버블, 플랫폼의 예방 노력이 중요〉. 《신문과 방송》 7월호, 6-11.

김진국(2014). 〈조조는 왜 화공 위험에 귀를 닫았나〉. 《한경비지니스》. Retrieved from: https://news.naver.com/main/read.nhn?mode=LSD& mid=sec &sid1=101&oid=050&aid=0000034051

문가영(2019). 〈아마존, 검색 알고리즘 조작〉. 《매일경제》. Retrieved from: https:// news.naver.com/main/read.nhn?mode=LSD&mid=sec&sid1=101&oid=009&aid=0004428715

박성은(2019). 〈내가 좋아하는 정보만 쏙쏙?... 필터버블 조심하세요〉. 《연합뉴스》. Retrieved from: https://news.naver.com/main/read.nhn?mode=LSD&mid=sec &sid1=103&oid=001&aid=0010825322

성동규(2019). 〈유튜브는 대통령도 만들 수 있다?〉. 《전자신문》. Retrieved from: https://news.naver.com/main/read.nhn?mode=LSD&mid=sec&sid1=110&oid=030 &aid=0002841437

송해엽(2017). 〈SNS 세상에서 더 견고해지는 '생각의 감옥'〉. 《신문과 방송》 7월호, 16-19.

유다정(2019). 〈포털뉴스로 인한 필터버블? 이용자들 스스로 균형 맞춘다〉. 《디지털투데이》. Retrieved from: http://www.digitaltoday.co.kr/news/articleView.html? idxno=214200

이성규(2017). 〈맞춤형 정보 제공 → 민주주의 '독배' 변질 막아야〉. 《신문과 방송》 7월호, 12-15.

이호영(2017). 〈섣부른 포털 규제, 인터넷 혁신 가로막는다〉. 《한국경제》. Retrieved from: https://news.naver.com/main/read.nhn?mode=LSD&mid=sec&sid1=110&oid=015&aid=0003870922

전재우(2019). 〈필터 버블에 갇힌 사회〉. 《국민일보》. Retrieved from: https://news.naver.com/main/read.nhn?mode=LSD&mid=sec&sid1=110&oid= 005&aid=0001224343

최선윤(2018). 〈네이버 스마트스토어, 온라인 커머스 시장 확대에 기여〉. 《뉴시스》. Retrieved from: https://news.naver.com/main/read.nhn?mode=LSD&mid=sec&sid1=101&oid=003&aid=0008821666

Anderson, J. R. (1990). *Cognitive psychology and its implications*. New York, NY: Freeman.

Baekdal, T. (2017). Fixing Twitter by blocking Trump... is wonderful. *Baekdal Plus*. Retrieved from: https://www.baekdal.com/thoughts/fixing-twitter-by-blocking- trump-is-wonderful/

Bakshy, E., Messing, S., & Adamic, L. (2015). Exposure to ideologically diverse news and opinion on Facebook. *Science*, 348(6239), 1130-1132.

Dutton, W. H., Reisdorf, B., Dubois, E., & Blank, G. (2017). Search and politics: The uses and impacts of search in Britain, France, Germany, Italy, Poland, Spain, and the United States. *Quello Center Working Paper*, No. 5-1-17.

Flaxman, S., Goel, S., & Rao, J. (2016). Filter bubbles, echo chambers and online news consumption. *Public Opinion Quarterly*, 80, 298-320.

Haugtvedt, C. P., Petty, R. E., & Cacioppo, J. T. (1992). Need for cognition and advertising: Understanding the role of personality variable in consumer research. *Journal of Consumer Psychology*, 1(3), 239-260.

Hovland, C. I., & Weiss, W. (1951). The influence of source credibility on communication effectiveness. *Public Opinion Quarterly*, 15(4), 635-650.

Haim, M., Graefe, A., & Brosius, H. B. (2018). Burst of the filter bubble? Effects of personalization on the diversity of Google News. *Digital Journalism*, 6(3), 330-343.

Pariser, E. (2001). *The Filter Bubble*. London: Penguin Books.

Petty, R. E., & Cacioppo, J. T. (1986). The elaboration likelihood model of persuasion. *Advances in Experimental Social Psychology*, 19, 123-205.

Pratkanis, A. R., Greenwald, A. G., Leippe, M. R., & Baumgardner, M. H. (1988). In search of reliable persuasion effects: III. The sleeper effect is dead: Long live the sleeper effect. *Journal of Personality and Social Psychology*, 54(2), 203-218.

Sunstein, C. R. (2001). *Republic.com*. Princeton: Princeton University Press.

우리나라 인터넷 기업들은 잘하고 있나?

김성철 고려대 미디어학부

비행기 조종사들이 비행을 오래 하다 보면 바다와 하늘의 색상을 구분하기 힘든 경우가 있다. 특히 바다 위를 비행할 때는 위치를 참고할 수 있는 지형지물이 없고 야간에는 밤하늘의 별빛과 해상의 선박 불빛이 동일하게 보여 바다를 하늘로 착각하고 바다를 향해 날아가는 사고가 발생하기도 한다. 이를 버티고(Vertigo) 즉 비행착각 현상이라고 하는데 국내 전투기 추락사고의 약 20%가 비행착각으로 인해 발생한 것으로 알려져 있다.

우리나라 사람들 특히 나라를 이끌어가는 정치 지도자들이 갖고 있는 착각 중의 하나가 대한민국이 IT 강국이라고 생각하는 것이다. 물론 IT 산업은 우리나라를 대표하는 산업으로서 경제성장과 수출의 견인차이자 경제위기 극복의 주역이라고 할 수 있다. 우리나라 IT 산업의 GDP 비중은 10%가 넘는다. 우리나라의 주력 IT 제품인 반도체 메모리, 디스플레이, 휴대폰, TV는 세계 시장의 1위로 부상하여 다년간 IT 산업의 무역수지가 큰 폭의 흑자를 기록하는 데 기여했다. 뿐만 아니라 우리나라는 세계 최고 수준의 IT 인프라를 보유하고 있고 초고속인터넷이나 스마트폰 보급률에서도 세계 정상을 다투고 있다.

그러나 우리나라 IT 산업의 이면을 자세히 들여다보면 IT 강국 코리아는 허울뿐이라는 것을 알 수 있다. 우리나라 IT 산업은 네트워크나 기기의 경쟁력은 세계적인 수준에 도달해 있지만 콘텐츠와 플랫폼의 경쟁력은 상대적으로 떨어진다. 세계 수많은 나라 중에서 자국의 언어로 검색엔진을 보유한 몇 개의 국가에 속해 겉으로는 인터넷 서비스 강국인 것 같지만 사실은 이미 글로벌 IT기업들이 우리나라의 소셜미디어나 동영상 플랫폼을 장악해 정보주권이 위협을 받는 상황이다. 인터넷 기업의 해외시장 진출도 온라인 게임이나 일본을 기반으로 성장한 라인을 제외하면 아직은 미약한 수준이다.

비행착각의 결과가 추락사고인 것처럼 우리나라 인터넷 산업에 대한 착각의 결과도 추락사고일 수 있다. 그런데 착각한 사람들만 추락한다면 별 일이 아닐 수도 있지만 이로 인해 인터넷 산업이나 대한민국의 디지털 경제가 추락하게 된다면 국민의 입장에서는 커다란 재난이 될 것이다. 본 장에서는 우리나라 인터넷에 대한 착각에서 벗어나자는 의도하에 몇 개의 질문들을 통해 주요 인터넷 기업들이나 관련 정부부처가 과연 잘하고 있는가를 짚어 보고자 한다.

Q1. 통신사업자는 아직도 주연인가?

일본 동경의 하라주쿠 거리에 가면 이동통신사업자 소프트뱅크 모바일이 운영하는 플래그쉽 매장이 있다. 이 매장 안에 들어가면 소프트뱅크 모바일의 로고보다는 파트너 회사인 애플이나 디즈니의 로고가 더 쉽게 눈에 들어온다(그림 10-1 참조). 애플의 아이폰을 도입하여 스마트폰 열풍을 주도했고 디즈니 모바일과 함께 가상이동통신망(MVNO) 사업을 성공적으로 정착시킨 소프트뱅크 모바일의 전략이 매장에 그대로 반영되어 있는 것이다. 사주인 손정의는 2006년에 경영난에 빠진 보다폰 저팬을 인수하여 소프트뱅크 모바일로 재탄생시켰는데 이동통신사업자의 전통적인 위상에 집착하지 않고 과감하게 파트너의 브랜드를 내세우는 제휴전략을 추진한 결과, 규모로는 NTT 도코모와 KDDI에 이어 제3위이지만 가입자 순증에서는 5년 연속으로 1위를 차지할 정도로 내실을 갖추게 되었다.

그러나 우리나라 통신사업자들의 매장이나 대리점에 가면 오로지 통신사업자의 로고나 브랜드만 보이며 주요 파트너의 흔적은 없다. 통신시장의 성장 정체를 극복하기 위해 통신사업자가 탈(脫)통신을 외치고 이종 산업과의 융합을 도모한다는 뉴스는 보도가 되지만 정작 성공을 거두었다는 소식은 들리지 않는다. 내수산업의 한계를 뛰어넘고자 통신사업자가 해외시장에 진출한 사례는 적지 않았지만 대부분 실패로 끝나고 말았다.

통신사업의 특성상 통신사업자들이 갑자기 몰락하지는 않겠지만 지금처럼 통신사업자의 부진이 계속된다면 통신사업자가 위기에 빠지거나 생존에 위협을 받는 상황은 쉽게 올 수 있다. 그렇다면 우리나라 통신사업자들은 생존과 성장을 위해 무엇을 해야 할까?

첫째, 통신사업자가 IT 생태계의 주인공이던 시절은 이미 지나갔으므로 통신사업자들은 주연의 자리에 연연하지 말고 조연의 역할을 수용해야 한다. 과거 통신산업의 가치사슬에서 통신사업자들은 가치의 흐름을 조절하는 관문 역할을 하면서 지배자로 군림을 했지만, 이제부터는 생태계의 키스톤 기업들을 돕는 조력자가 되어야 한다. 때로는 소프트뱅크 모바일처럼 제휴 파트너를 돋보이게 하는 배경 역할을 하는 것도 필요하다. 통신사업자는 늘 '갑'이었으나 앞으로는 '을', 경우에 따라서는 '병'이나 '정'도 될 수 있어야 하는 것이다. 예를 들어, 자동차와 통신이 융합하는 스마트카, 의료에 통신이 적용되는 원격 의료, 금융과 이동통신이 만나는 모바일 결제 등의 산업간 융합도 통신사업자가 조연의 역할을 수용할 때 진도가 더 나갈 수 있을 것으로 기대된다.

둘째, 조연인 주제에 자신만의 연기 스타일을 고수하는 것이 용납되기 어렵듯이 통신사업자들은 자신의 방식을 포기할 수 있어야 한다. 미국의 최대 통신사업자인 버라이즌은 몇 년 동안 심혈을 기울인 IPTV의 성과가 저조하자 IPTV 방식을 고수하는 대신에 DVD 자동판매기를 운영하는 회사인 레드박스와 합작으로 인터넷 스트리밍 방식의 OTT 서비스를 출시한 바 있다. 즉 과거에는 통신사업자가 폐쇄적인 정원(walled garden)과 같은 자체 시스템을 운영하였지만, 이제는 개방적으로 다른 기업의 플랫폼을 활용하는 전향적인 모습을 보여야 하는 것이다. 그런 측면에서 최근 SK텔레콤의 OTT 서비스인 옥수수와 KBS · MBC · SBS 지상파 3사의 OTT 서비스인 푹이 결합해 웨이브로 새롭게 출범한 것은 글로벌 OTT 넷플릭스에 대응한 토종 OTT 연합군의 결성이라는 측면에서 주목할 만하다.

셋째, 통신사업자들은 통신 네트워크 사용료를 징수하는 '파이프' 사업에 대한 의존도를 줄여야 한다. 이미 성숙한 시장에서 가입자가 지불하는 통신 요금을 늘리기 위해 애를 쓰기보다는 제휴 파트너들이 교육비나 문화비 등의 개념으로 수익을 늘리는 것을 돕고 그 수익을 일부 공유하는 비즈니스 모델로 가야 한다.

소프트뱅크는 미국의 제3위 이동통신사업자인 스프린트 넥스텔을 인수함으로써 가입자 규모 면에서 세계 3위의 통신사업자로 부상하였다. 조연 역할에 충실할 때 큰 배우로 성장할 수 있는 기회가 오기도 하는 것이다. 이

〈그림 10-1〉 일본 동경 하라주쿠에 있는 소프트뱅크 모바일 점포
출처: https://andikaikhsan.wordpress.com/2013/02/17/getting-a-phone-in-japan/

제 통신사업자들은 통신 시장의 급속한 성장과 초과이익 그리고 시장의 주도권 행사라는 과거의 기억들을 깨끗이 지워야 한다. 그리고 새롭게 등장한 주연들을 빛나게 해주는 조연으로 재빨리 변신해야 한다. 과거의 주연배우는 죽지는 않겠지만 무대의 중심에서 사라져 버릴 수는 있기 때문이다.

Q2. 삼성전자의 스타일은 괜찮은가?

2012년에 발매된 가수 싸이의 〈강남 스타일〉이라는 노래는 우리나라 안에서 인기를 얻은데 그치지 않고 해외에서도 폭발적인 반응을 이끌어 내면서 아이돌 위주였던 K-팝의 패러다임을 바꿨다. 〈강남 스타일〉 뮤직비디오는 유튜브에 공개한 지 약 40일 만에 6천만 번이 넘는 조회 수를 기록하였고 한국 뮤직비디오로는 처음으로 미국 아이튠즈 뮤직비디오 차트에서 1위를 차지하기도 했다. 당시 30대 중반이었던 가수 싸이는 보편적인 댄스 음악에 중독성이 강한 말 춤을 결합하여 독창적인 작품을 만들었고 이를 재미있는 뮤직비디오에 담았다. 또한 해외 현지의 유통망을 통해 앨범이나 음원을 홍보하고 판매하는 전통적인 마케팅 방식을 지양하고 유튜브와 트위터 등의 소셜 미디어를 활용한 바이럴 마케팅을 전개하여 구전효과를 극대화할 수 있었다.

가수 싸이가 〈강남 스타일〉을 내세워 갑자기 떠오른 한류 스타라면 삼성전자는 '삼성 스타일'에 따라 착실하게 글로벌 IT 제조업체로 성장한 사례라고 할 수 있다(그림 10-2 참조). 사실 우리나라 전체 수출에서 IT 산업이 차지하는 비중이 약 30%인데 IT 산업 수출의 절반 이상을 삼성전자가 담당하고 있다. 삼성전자는 휴대폰, 반도체, 디스플레이, TV 등의 분야에서 세계 정상에 올라 있기에 우리나라 IT 산업의 든든한 장남 역할을 하고 있다. 그런데 최근에 삼성전자가 국내외 경제환경이 변화하면서 기존의 '삼성 스타일'에 문제가 있다는 지적이 나오고 있다.

우선 삼성전자는 하드웨어 제조 역량에서는 세계 최고이지만 소프트웨어 경쟁력은 상대적으로 약한 편이다. 덩달아 우리나라의 소프트웨어 역량 또한 상당히 미흡한 수준이다. 반면에 삼성전자의 경쟁자인 애플은 자체 운영체제인 iOS 플랫폼을 기반으로 스마트폰을 만들고 앱스토어와 결합하여 강력한 모바일 생태계를 형성하였고 생태계 내에서 리더 지위를 차지하였다. 만약 삼성전자가 향후에도 스마트폰의 핵심인 소프트웨어 플랫폼을 확보하지 못한다면 삼성전자는 콘텐츠-플랫폼-네트워크-디바이스로 형성되는 모바일 생태계에서 디바이스에서만 강점을 갖는 니치 기업으로 전락할 가능성이 크다. 더 큰 문제는 애플이나 구글이 플랫폼 경쟁력을 앞세워 TV, 자동차 산업 등 다른 생태계와의 융합을 통해 생태계를 횡적으로 확장하고 있다는 것이다. 가수 싸이가 〈강남 스타일〉 음악만 내놓았다면 지금처럼 해외에서 주목을 받지는 못했을 것이다. 싸이의 음악에 말 춤이라는 소프트웨어가 더해졌을 때 해외에서 큰 성공을 거둔 것처럼 삼성전자가 단순 제조업체를 넘어 글로벌 ICT 생태계의 리더로 성장하려면 조속히 하드웨어에 플랫폼 역량을 더해야 한다.

기능성을 중시하고 진지함을 고수하는 삼성전자의 스타일도 변화가 필요하다. 아이폰 사용자의 충성도를 연구한 한 논문에 따르면 애플은 주로 사용자의 즐거움이나 경험에 소구하여 애플에 충성스러운 마니아들을 확보한다. 반면에 삼성전자는 제품의 기능이나 기술적인 측면을 강조하는 공리적인 접근을 주로 한다. 애플과의 특허 재판에서 삼성전자가 대부분 하드웨어적인 기술이 아니라 디자인에서 당한 것도 삼성전자의 이러한 문제를 어느 정도는 설명해 준다. 그런데 싸이의 뮤직비디오가 재미없었다면 〈강남 스타일〉 노래가 소셜미디어를 통해 그렇게 빨리 전파될 수 있었을까? 싸이의 음악이 해외에서도 단기간에 인기를 얻을 수 있었던 비결이 유머와 즐거움이었던 것처럼 삼성전자도 이제는 제품의 기능을 강조하기보다는 사용자에게 즐거움을 줄 수 있도록 제품에 유머와 감성을 섞는 스타일로 변모되어야 한다.

삼성전자는 우리나라 IT 산업의 대표주자이며 우리나라 경제의 근간이기도 하다. 아무리 제조업이 영원하다고 해도 삼성전자가 하드웨어와 기능을 중시하는 공장 스타일에 머물러 있다면 이는 삼성전자로서도 불행하고 국가적으로도 아쉬운 일이 될 것이다. 삼성전자는 싸이처럼 강남 스타일로 거듭나야 한다. 단 싸이와는 달리 명품 A급으로 승부하는 것이 필요하다. 공장 스타일이냐 아니면 강남 스타일이냐, 삼성전자의 변신을 기대한다.

〈그림 10-2〉 싸이의 〈강남스타일〉 포스터
출처:https://blog.naver.com/soonsoo1110/40164526657

Q3. 구글과 애플은 시장에서 공정한가?

계모는 의붓어머니, 즉 아버지가 재혼함으로써 생긴 새어머니를 뜻한다. 계모도 어머니이므로 데리고 들어온 자식이나 자기가 낳지 않은 남편의 자식들을 차별 없이 돌보는 것이 기본적인 도리이다. 그러나 현실에서는 계모가 의붓자식들을 냉대하는 경우가 많다. 백설공주를 쫓아낸 계모 왕비, 신데렐라에게만 힘든 집안일을 시키면서 온갖 구박을 일삼았던 신데렐라의 계모 그리고 콩쥐를 핍박했던 팥쥐의 어머니가 나쁜 계모의 대표적인 예라고 할 수 있다.

스마트폰이 등장한 이후 모바일 생태계에서는 강력한 영향력을 행사하던 이동통신사업자들의 지위가 약화되면서 구글과 애플 등 모바일 플랫폼 사업자들이 모바일 플랫폼을 무기로 새로운 맹주로 등장하였다. 모바일 플랫폼이란 통상 운영체제와 애플리케이션 마켓이 결합된 개념으로 정의된다. 운영체제는 애플리케이션들이 실행될 수 있는 소프트웨어적인 환경을 의미하는데 현재 구글의 안드로이드와 애플의 iOS가 시장의 대부분을 차지하고 있다. 모바일 플랫폼 사업자들은 다양한 콘텐츠 개발자와 소비자들을 통제하며 생태계 내에서의 역할과 영향력을 확대해 가고 있는데 문제는 이들이 생태계 내 가치의 흐름을 조절하고 통제하는 과정에서 간혹 나쁜 계모의 모습을 보이고 있다는 것이다(그림 10-3 참조).

예를 들어, 국내 인터넷 포털인 네이버나 다음은 구글이 주요 스마트폰 제조업체와의 제휴계약을 통해 경쟁기업의 검색창이나 관련 애플리케이션의 사전 탑재를 배제하고 있다고 주장하였다. 구글이 경쟁기업 애플리케이션의 사전 탑재를 배제한 것은 시장지배적 지위의 남용에 의한 부당한 사업활동 방해와 경쟁사업자 배제 그리고 소비자 이익 저해 행위에 해당하며, 끼워팔기 금지 규정 또한 위반했다는 것이다. 이에 대해 구글은 안드로이드 기반의 스마트폰에 구글의 검색 애플리케이션을 기본으로 탑재한 것은 제조업체의 선택이었지 구글의 강요가 아니며 따라서 경쟁기업에 대한 시장 배제로 볼 수 없다며 반박하였다.

카카오톡을 운영하는 카카오는 구글의 정책 변경으로 타격을 입은 적이 있었다. 구글이 자사의 애플리케이션 마켓인 구글 플레이 운영정책을 변경하면서 인앱결제(in-app purchase) 시에 구글의 결제시스템인 '체크아웃'을 반드시 이용하도록 했고 이에 따라 카카오는 인앱결제 수익의 30%를 구글에 지불하게 되었다. 또한 카카오를 통해 콘텐츠를 유통하고 카카오와 수익 배분을 해야 하는 콘텐츠 개발자들도 결제 수수료 인상의 부담으로 지게 되었다. 애플의 앱스토어도 국내 음원 애플리케이션의 결제방식이 애플의 정책에 부합되지 않는다는 이유로 국내 음원 애플리케이션 등록을 거부하거나 삭제한 사례가 있다.

모바일 플랫폼 사업자인 애플과 구글이 보인 불공정 행위는 모바일 플랫폼을 동등하게 이용할 수 있어야 한다는 플랫폼 중립성 이슈를 제기하게 되었다. 첫째, 모바일 플랫폼 사업자들의 불공정 행위는 시장의 공정 경쟁을

〈그림 10-3〉 구글의 슬로건에 대한 풍자
출처: https://busy.org/@goldgoatsnguns/googlestrikes-back-at-gab-takes-down-app

저해한다. 애플과 구글의 불공정 행위 사례에서 나타나듯이 이들은 플랫폼 영역의 시장지배력을 전이함으로써 콘텐츠 시장에서도 지배력을 유지하려고 한다. 이러한 현상은 잠금 효과와 네트워크 효과를 유발할 수 있기 때문에 더욱 문제가 될 수 있다. 또한 모바일 플랫폼 사업자의 불공정 행위는 최종 소비자의 후생을 저해할 수 있다.

모바일 플랫폼이 스마트폰을 비롯해 스마트TV, 스마트카 등 다양한 미디어에 탑재되고 있는 환경에서 플랫폼 중립성을 둘러싼 갈등이 본격적으로 발생할 것으로 보인다. 플랫폼 중립성에 대한 논의를 본격적으로 시작하되 무엇보다 모바일 플랫폼 사업자들의 마인드 전환이 필요하다. 가령 구글은 악마가 되지 말자는 구호를 외치기 전에 의붓자식을 구박하는 계모 마인드를 먼저 버려야 하지 않을까?

Q4. 싸이월드는 왜 추락했나?

모든 국민이 기억하고 사랑하는 존재에 우리는 국민이라는 접두사를 붙인다. 가왕 조용필을 국민가수로, 홈런왕 이승엽을 국민타자라는 호칭으로 부르는 것이 그 예이다. 그렇다면 우리가 일상에서 사용하는 IT 제품이나 서비스에 국민이라는 접두사가 붙은 경우가 있을까? 아마 거의 모든 국민이 사용하는 카카오톡이라면 국민앱으로 불러도 손색이 없을 것이다.

지금은 카카오톡이 '카톡한다'는 새로운 용어가 생길 정도로 대세지만 2000년대 초·중반에는 싸이월드가 선풍적인 인기를 끌었다. 싸이월드는 소셜네트워크서비스(SNS)라는 개념이 정착되기도 전인 2001년에 미니홈피 서비스를 출시했는데 이는 페이스북보다 3년이나 빠른 혁신적인 서비스였다. 이용자가 가상화폐인 도토리를 사서 미니홈피의 배경화면을 꾸미고 백그라운드 음악을 넣고 사진이나 글을 올리면 일촌 친구가 방문해서 댓글을 달아 주는 식이었다. 그 당시에 우리나라 국민의 절반을 이용자로 확보했던 싸이월드는 정보기술(IT) 강국인 우리나라의 대표적인 상품이자 참여와 개방을 내세웠던 웹 2.0의 대명사로서 세계 언론의 조명을 받았다. 실제로 필자가 IT 관련 학술대회나 행사에서 외국의 학자들이나 인터넷 전문가들을 만나면 그들은 대부분 싸이월드의 성공 비결과 가능성에 대해 물었고 필자는 나름대로의 경험을 바탕으로 자랑스럽게 답변을 했던 기억이 있다.

그런데 2000년대 국민 SNS였던 싸이월드가 2019년 10월에 접어들면서 반갑지 않은 이슈로 다시 화제가 됐다. 싸이월드 웹사이트와 모바일 앱은 어떠한 공지도 없이 접속이나 로그인이 되지 않은 상태가 지속됐다. 더군다나 2019년 11월 12일부로 싸이월드 도메인 주소(cyworld.com)가 만료된다는 사실과 싸이월드가 심각한 경영난에 시달렸다는 소식이 전해지면서 이용자들의 불만과 걱정은 커졌다.

싸이월드는 서버 관리비용을 감당하기 어려워 2003년에 SK커뮤니케이션즈에 인수됐으나 모바일 시대에 제대로 적응하지 못했고 해외시장 진출에도 실패했다. 2011년에 개인정보 유출사건이 터지면서 결정타를 맞았고 2014년에 사원주주벤처로 분리됐다가 2016년에 다시 전 프리챌 창업자에게 인수됐고 삼성벤처투자의 투자를 유치했음에도 불구하고 회생하지 못했다.

사실 급격한 기술혁신과 시시각각으로 변하는 이용자의 요구사항에 실시간으로 대응해야 하는 동적이고 개방적인 글로벌 인터넷 생태계에서 벤처로 출발한 기업이 20년 가까이 생존하는 것 자체가 쉽지 않은 일이다. 한때 인터넷 세상을 들썩이게 했던 야후나 마이스페이스 등의 일류 인터넷 기업도 초라하게 중심에서 사라졌다. 그러나 아무리 장강의 뒷물이 앞물을 밀어내는 것이 다반사라고 해도 싸이월드의 추락은 결코 바람직하지 않다(그림

10-4 참조).

우선 이용자들은 자칫하면 그동안 싸이월드에 쌓아온 사진과 다이어리 등 각종 데이터를 잃을 수 있다. 싸이월드는 예고가 없던 서비스 폐쇄로 이용자들이 데이터를 백업할 수 기회를 주지 않았고 이후 서비스 재개 또는 종료 여부를 정확히 공지하지 않았다. 싸이월드가 서비스를 종료하면 이용자의 데이터는 임시적인 방편으로 확보할 수도 있겠지만 인생의 소중한 추억들이 강제로 삭제되는 상황은 싸이월드를 사랑했던 이용자들에게는 큰 타격이 될 것으로 보인다. 그런데 만약 싸이월드가 아닌 페이스북이나 인스타그램 등 싸이월드를 대체한 글로벌 SNS가 문을 닫는 상황이 온다면 무슨 일이 벌어질까? 외국 기업을 상대로 이용자 보호나 정보주권을 주장하기는 결코 쉽지 않을 것이다. 싸이월드의 추락은 결코 한 기업의 사업적인 실패로 끝나서는 안 된다. 싸이월드의 추락을 계기로 토종 인터넷 서비스가 갖는 산

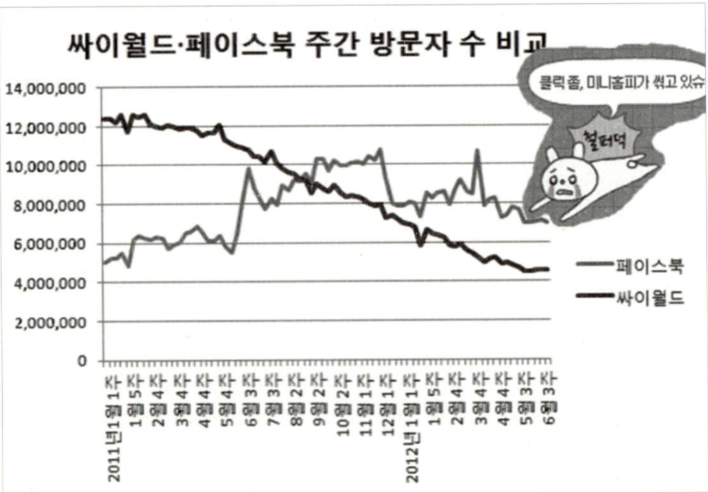

〈그림 10-4〉 싸이월드의 추락　　출처: https://blog.naver.com/ozplus1/20164930988

업적인 의미뿐만 아니라 사회문화적인 가치가 부각될 필요가 있다.

Q5. 외국계 SNS의 약진은 바람직한가?

2012년 5월 10일 저녁에 잠실야구장에서 열렸던 두산 베어스과 SK 와이번스 간의 프로야구 경기는 역전에 재역전을 거듭한 용호상박의 경기였다. 9회 말 투아웃, 주자는 1루와 2루, 8대 7로 뒤지고 있던 상황에서 두산의 감독은 대타를 기용하지 않고 그전까지 3타석 연속으로 삼진을 당했던 임재철 선수를 타석에 내보냈고 임재철 선수는 끝내기 3루타를 터뜨려 9회 말 역전 드라마를 만들어 냈다(그림 10-5 참조).

스마트폰이 보급되고 페이스북, 인스타그램 등의 SNS가 보편화되면서 SNS는 이미 생활의 중심으로 자리를 잡았다. SNS는 Social networking service의 약자로서 사회적 관계망 서비스로 번역되며 온라인상에서 불특정 타인과 관계를 맺을 수 있는 서비스라고 할 수 있다. 예를 들면 각종 선거에서 SNS를 통한 정치 커뮤니케이션은 자연스러운 현상으로 자리를 잡았다. SNS를 활용한 입소문 마케팅도 증가하고 있고 K-pop 등 한류의 확산에도 SNS가 일정한 역할을 담당하고 있다. 학계에서도 SNS는 가장 인기 있는 연구주제로 떠올랐고 SNS에 대한 논문이나 책이 많이 발표되고 있다. SNS는 결국 사회적 연결이나 상호작용을 위한 뉴미디어인데 인터넷을 기반으로 조직이나 집단 그리고 개인들이 소통하고 관계를 맺는 방식을 바꾸고 있기에 주목을 받고 있는 것이다.

이른 바 SNS 열풍 속에서 페이스북, 트위터, 인스타그램 등 외국계 SNS의 약진이 두드러진다. 반면에 한때 웹 2.0의 대명사로 불렸고 2,600만 명에 달하는 국내 최대 가입자 규모를 자랑하는 토종 SNS인 싸이월드는 거의 사라졌다. 국내 인터넷 생태계에서 페이스북, 트위터 그리고 인스타그램이 득세를 하는 것은 어찌 보면 긍정적인 효과도 있으나 부정적인 효과도 만만치 않다. 많은 사람들이 자발적으로 자신의 개인정보를 공개하고 공유하는 SNS의 특성상 페이스북, 트위터, 인스타그램은 방대한 개인정보를 수집하게 된다. 만약 이들 기업들이 개인정보를 비윤리적으로 사용하게 된다면 큰 피해가 발생할 수 있는데 사실상 외국기업들을 국내 법제도로 규제하는 것은 거의 불가능하다. 또한 페이스북, 트위터, 인스타그램 등에 대한 의존도가 높아진 상태에서 이들 서비스에 문제가 발생하거나 서비스가 중단된다면 일상생활에서 많은 불편을 겪게 될 가능성이 높다. 나아가 우리 사회의 중요한 정치적인 소통이나 마케팅 활동을 외국의 서비스에 의존하게 되어 정보주권이 약화되는 결과를 초래할 수도 있다.

따라서 온라인에서 우리의 사회적 관계망을 건강하게 유지하고 우리나라 인터넷 생태계가 균형적으로 발전하기 위해서는 토종 SNS의 부활이 필요하다. 야구게임으로 비유하면 9회 말 역전이 필요한 상황인 것이다. 그런데 토종 SNS가 역전에 성공하려면 두산의 감독이 3타석 연속으로 삼진을 당했던 임재철 선수를 믿고 마지막 타석에 내보냈듯이 국내 사용자들이 토종 SNS에게 역전타를 칠 수 있는 기회를 주어야 한다. 물론 이 경우 타석에 나설 기회를 주는 것은 일반 사용자들이지만 안타를 쳐야 할 책임은 토종 SNS

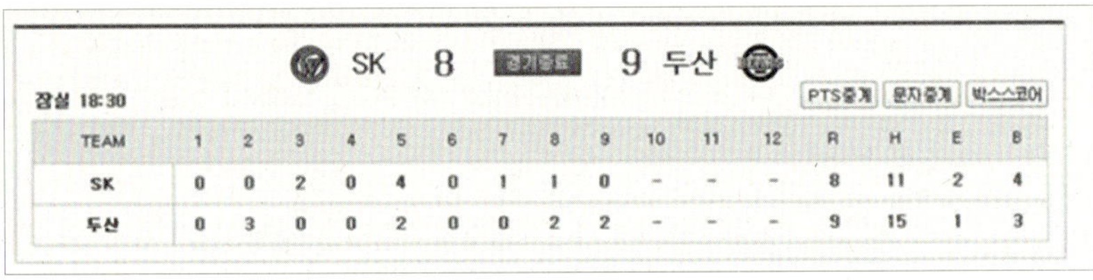

TEAM	1	2	3	4	5	6	7	8	9	10	11	12	R	H	E	B
SK	0	0	2	0	4	0	1	1	0	-	-	-	8	11	2	4
두산	0	3	0	0	2	0	0	2	2	-	-	-	9	15	1	3

〈그림 10-5〉 2012년 5월 10일 두산 베어스과 SK 와이번스 간의 프로야구 경기 결과
출처: https://blog.naver.com/chym14/40158778019

에게 있다. 설사 지금까지 병살이나 삼진을 당했을지라도 이제는 역전타를 날려야 한다. 프로야구 게임은 내일 또 있을 수 있지만 SNS 게임은 이번이 마지막일 수도 있기 때문이다.

Q6. 대세 유튜브는 책임을 다하고 있나?

최근 미디어 환경의 변화는 미디어 콘텐츠 생산, 소비 그리고 유통의 변화로 요약이 가능하다. 일단 스마트폰, 인공지능, 사물인터넷, 빅데이터 등으로 대변되는 기술의 혁신이 제4차 산업혁명 시대를 빠르게 열면서 미디어 생산현장에도 새로운 기술이 적용되고 있다. 그 결과 새로운 기술을 활용하는 대안적인 미디어 플랫폼이 등장했고 이러한 대안 미디어를 활용하여 다양한 콘텐츠를 생산해 내는 1인 미디어 생산자들도 폭발적으로 증가하고 있다. 또한, 1인 미디어 생산자를 돕는 일종의 기획사 역할을 하는 MCN과 같은 새로운 미디어 사업자도 자리를 잡고 있는 상황이다.

스마트폰에 익숙한 모바일 네이티브가 보편화되면서 미디어 소비행태도 빠르게 변화하고 있다. 예전에는 TV 또는 컴퓨터 등 하나의 스크린에서 콘텐츠를 소비했다면 지금은 인터넷에 연결된 다양한 기기에서 끊임없이 콘텐츠를 이용하는 소위 'N-스크린 환경'이 도래했다. 정해진 시간에 편성이 된 콘텐츠를 실시간으로 시청하기 보다는 원하는 시간에 원하는 장소에서 원하는 방식으로 다양한 기기를 통해 콘텐츠를 소비하게 되면서 미디어 소비자들은 매우 이질적으로 변했고 자연스럽게 전통적인 매스미디어 콘텐츠의 소비는 감소했다. 또한, 전통적인 미디어의 콘텐츠를 소비할지라도 비실시간으로 보거나 몰아 보거나 끊어 보거나 동시에 보는 것이 일상적인 경험이 되었다. 아울러 이동시간 등 짧은 시간에 드라마, 웹툰, 카드뉴스 등의 가

벼운 콘텐츠를 쉽게 즐기는 '스낵컬처'가 새로운 미디어 소비행태로 자리를 잡았다.

결국 미디어 환경은 매스미디어 중심에서 1인 미디어 등의 대안 미디어 중심으로 빠르게 진화하면서 스낵컬처로 대변되는 새로운 미디어 소비를 촉진하고 있다. 그런데 문제는 지상파 방송사 등 전통적인 매스미디어가 이러한 변화에 제대로 대응하지 못하고 오히려 변화에 소극적인 상황에서 유튜브나 넷플릭스 등의 글로벌 미디어 플랫폼이 미디어 유통의 중심으로 자리를 잡았다는 사실이다.

사실 이미 국내 온라인 미디어 시장은 유튜브 중심으로 재편됐다. 작년에 발표된 시장조사업체 오픈서베이의 보고서에 따르면 유튜브는 네이버와 페이스북을 제치고 남성과 여성 모두가 그리고 연령대별로도 20대와 30대, 40대, 50대 모두가 가장 선호하는 소셜미디어로 자리를 잡았다. 특히 시장조사업체 닐슨코리안클릭의 'Z세대의 스마트폰 이용행태 분석' 보고서에 따르면, Z세대(1995년 이후 출생)의 유튜브 이용 비율은 86%로 다른 세대의 이용 비율보다 훨씬 높았다. 그런데 미디어 이용자들은 흥미 위주의 영상 콘텐츠를 단순하게 소비하기 위해서가 아니라 새로운 지식이나 정보를 검색하기 위해서도 유튜브를 주로 이용한다. 앱 분석 업체 와이즈앱의 조사에 따르면 2018년 2월을 기준으로 할 때 유튜브가 앱 이용시간에서도 카카오톡, 네이버, 페이스북을 넘어섰다(그림 10-6 참조).

매스미디어의 효용이 감소하고 스낵미디어의 비중이 높아지는 흐름 속에서 유튜브가 국내 미디어 유통의 중심으로 성장했다는 것은 곧 유튜브가 미디어 콘텐츠 생산자와 소비자 양측에 대한 지배력을 확보했다는 의미이며, 주요 미디어 수익모델인 광고시장에서도 상당한 점유율을 확보했다는 것을 말한다. 그런데도 유튜브는 국내 매출액을 투명하게 공개하지 않고 세금 회피 의혹을 받고 있다. 또한, 국내 인터넷 기업과는 달리 개인정보보호

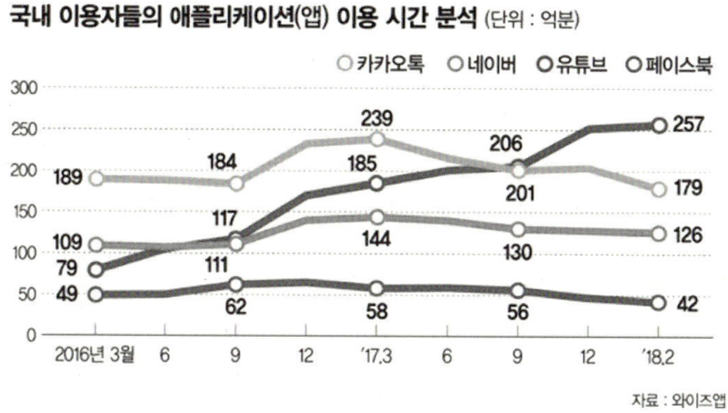

〈그림 10-6〉 국내 애플리케이션 이용 시간 분석
출처:https://news.naver.com/main/read.nhn?oid=014&aid=0003980160

법 등 각종 규제를 실제적으로 피하면서 역차별 논란의 대상이 되기도 했다. 유튜브가 막대한 인터넷 트래픽을 유발하면서도 통신사업자에 대한 보상을 회피해 무임승차라는 비판을 받는 것도 사실이다.

이제라도 유튜브는 기업시민으로서 기본적인 실적을 공개하고 납세의무에 충실해야 하며 그 위상에 걸맞게 국내 미디어 생태계 기업들과 상생하는 방안을 적극적으로 추진해야 한다. 정부는 국내 미디어 기업들이 유튜브와 공정하게 경쟁할 수 있는 환경을 조성해야 하며 유럽처럼 '구글세(Google tax)'를 도입하는 것을 고려해야 한다. 무엇보다도 중요한 과제는 국내 미디어 기업들이 유튜브를 넘어설 수 있는 과감한 혁신을 추구하는 것이다. 유튜브 말고도 국내 시장을 노리는 글로벌 미디어 플랫폼은 계속 등장하기 때문이다.

Q7. 게임산업은 왜 천덕꾸러기로 전락했나?

유명한 기타 연주곡 〈알함브라 궁전의 추억〉을 배경음악과 제목으로 사용한 주말 드라마가 '알함브라 궁전'이 있는 스페인 남부의 그라나다를 주요 배경으로 하면서도 증강현실(AR)을 통한 게임을 소재로 삼아 인기를 끌었다(그림 10-7 참조). 증강현실 게임은 몇 년 전에 출시되어 선풍을 일으켰던 포켓몬 고로 인해 대중에게 알려졌는데 이제는 주말 드라마의 소재로 등장할 만큼 친숙해졌고 향후에는 5세대(5G) 이동통신의 대중화와 함께 빠르게 확산될 것으로 전망된다.

사실 우리나라 게임산업은 오프라인 환경에서는 힘을 쓰지 못하다가 온라인게임 비즈니스 모델을 선도적으로 개발하면서 모바일게임 시장에서도 선전해왔다. 우리나라 게임산업의 규모는 세계 4위이며, 게임산업은 우리나라 콘텐츠 수출의 절반 이상을 담당하고 있다. 게임전문 채널도 우리나라에서 처음으로 나왔고 SK텔레콤, KT 등의 대기업이 프로 게임팀을 운영하면서 세계대회에서 우승한 선수에게 수십억 원의 연봉을 지급할 정도로 우리나라는 e스포츠 강국으로 인정을 받고 있다. 앞으로 증강현실 게임이나 가상현실 게임 시장이 본격적으로 성장하면 우리나라 게임산업은 이 기회를 살려 새롭게 도약할 수 있을 것으로 보인다.

이 정도면 게임산업은 우리경제의 효자로 대우를 받아야 마땅하지만 현실은 정반대다. 효자 대우는커녕 4대 악 중 하나로 몰려 셧다운 제도와 같은 강한 규제의 대상이 될 정도로 게임산업은 사회의 천덕꾸러기 취급을 받고 있다. 최근에는 게임중독을 질병코드로 인식하려는 움직임도 가시화되고 있다. 심지어는 게임산업 1위 기업인 넥슨까지 최근에 매물로 나올 정도로 게임기업을 운영하는 일은 매우 고달픈 일이 됐다.

그런데 게임에 대한 이용자의 욕구와 강한 수요가 존재하는 한 게임산업의 기회는 지속될 것이다. 만약 우리가 국내 게임산업에 대한 강력한 규제를 완화하지 않고 게임산업을 진흥하려는 노력도 게을리 한다면 게임산업의 기회는 미국이나 중국기업들의 몫이 될 것이다. 따라서 우리가 계속해서 게임산업을 천덕꾸러기로 대접한다면 우리나라는 멀쩡한 효자 산업을 죽이고, 게임을 교육이나 의료 등에 접목해서 얻을 수 있는 새로운 산업 간 융합 기회 역시 날리는 우를 범하게 될 수밖에 없다.

게임산업은 미운 점이 다소 있어도 우리에게는 든든한 효자산업이다. 천덕꾸러기로 전락한 게임산업을 제대로 대우하려면 우선적으로 게임산업의 공(功)과 과(過)에 대한 체계적인 연구를 시행할 필요가 있다. 게임은 높은 산업적인 가치를 갖는 반면에 게임중독 등의 심각한 역기능 또한 초래하므로 게임의 순기능과 역기능을 복합적으로 고려하여 게임의 산업적 가치와 사회적 비용을 추산하고 이를 바탕으로 게임산업에 대한 진흥이나 규제의 방향을 논의하는 것이 매우 시급하다.

〈그림 10-7〉〈알함브라 궁전의 추억〉의 한 장면
출처: https://www.hankyung.com/life/article/2019082685331)

또한, 현재 적용되고 있는 게임규제의 실효성에 대한 전면적인 검토가 필요하다. 예를 들면, 청소년의 게임중독을 예방하기 위해 여성가족부 주도로 도입한 셧다운제는 어른의 아이디를 도용해서 게임을 하거나 해외 게임을 이용하는 방식으로 충분히 피할 수 있어서 사실상 효과를 거두지 못하고 있다. 게임중독이나 과몰입 문제는 규제로는 해결할 수 없으므로 이를 예방할 수 있는 미디어 교육을 제도화하고 사후적으로 치료할 수 있는 체제를 정비하는 것이 올바른 방향일 것으로 판단된다.

게임업계의 자율규제와 사회적 책임 역시 강화되어야 한다. 혼자만 잘사는 아들은 효자가 아니다. 게임산업이 게임으로 번 돈을 제대로 사용해서 우리 사회의 진정한 효자로 인정을 받게 되기를 기대한다.

Q8. 네이버를 왜 자꾸 규제하려고 하나?

황산은 중국의 10대 관광지로 꼽힐 정도로 경치가 아름다운 산으로 유명하며 유네스코가 지정한 세계문화유산으로 등재되어 있다. 황산이 있는 중국 휘주(안휘성) 지방은 아열대 기후에 속해 있는데 그곳 사람들은 더운 날씨에도 찬물을 잘 마시지 않고 찬물 대신에 뜨거운 차를 즐겨 마신다. 음식을 먹을 때도 보통 따뜻한 국을 먼저 먹어 속을 보호한다. 호텔에서는 아주 찬물이 나오지 않아 여름에도 미지근한 물로 샤워를 해야 한다.

열을 열로써 다스리는 중국 휘주 지방의 생활습관과는 달리 우리나라의 방송·통신·인터넷 정책은 아쉽게도 이열치열의 지혜와는 거리가 먼 모습을 보이고 있다. 세계 최고 수준의 정보통신 하부구조를 자랑하지만 방송·통신·인터넷 산업을 진흥하고 규제하는 정책은 날씨가 더우니까 더위를 식히기 위해 찬 물을 마시는 단편적인 수준에 머물러 있는 것이다.

예를 들면, 방송과 통신이 융합되는 추세에도 불구하고 방통·통신 통합법의 제정은 요원하다. 방통·통신 융합 서비스의 대표적인 사례에 해당하는 IPTV의 출시를 앞두고 정부와 국회는 몇 년의 시간을 소비한 끝에 임시방편으로 인터넷 멀티미디어 방송사업법이라는 별도의 법을 만들었다. 결국 우리나라는 수평적인 규제체계를 도입하는 세계적인 추세와는 달리 아직도 각 분야별로 구분된 칸막이 규제를 시행하고 있다. 특히 방송 분야의 경우 동일한 서비스에 대해 서로 다른 규제가 적용되는 후진적인 상황을 벗어나지 못하고 있다.

언론의 지대한 관심을 받는 주파수 경매도 정책적인 조바심이 잘 나타난 사례라고 할 수 있다. 모바일 미디어가 일상의 중심으로 자리를 잡은 시대에 희소한 주파수 자원을 보다 효율적, 효과적으로 활용하기 위해서는 국가 차원에서 주파수 발굴, 회수, 분배 및 할당 등에 대한 중장기적인 계획을 먼저 수립하고 국민적인 동의를 얻어야 하지만 현실은 그렇지 못하다. 결과적으로 단기적인 필요에 의해 실시된 주파수 경매는 기금을 확보한 정부만 만족하는 이벤트가 되었고 주파수는 점점 파편화되고 있다.

선거 때마다 또는 정치적인 이슈가 있을 때마다 정치권의 뜨거운 화두가 되고 있는 네이버 규제 시도 역시 인터넷 생태계의 건강을 생각하기보다는 당장의 증세에만 대응하는 졸속입법 시도라고 볼 수 있다(그림 10-8 참조). 물론 네이버가 인터넷 서비스 시장의 최강자로서 상당한 수익을 올리고 있음에도 불구하고 사회적 책임에 소홀한 것은 비판받아 마땅하다. 또한, 인터넷의 특성과는 어울리지 않게 다소 폐쇄적인 플랫폼을 운영하는 것도 그리고 상생의 마인드가 부족한 것도 사실이다. 그러나 인터넷 서비스 시장의 범위조차 제대로 획정하지 못한 상태에서 네이버의 행위가 경쟁을 저해하고 이용자 후생을 감소시킨다는 충분한 증거도 없이 섣부른 규제를 도입하는 것은 분명히 잘못된 것이다. 따라서 몇몇 의원들이 주도하고 일부 언론이 지원

사격을 하는 네이버 규제 도입은 중지되어야 한다. 대신에 정치권이나 정부는 인터넷 서비스 시장을 진흥 또는 규제하기 위한 기본적인 원칙과 체계를 정립하는 데 주의를 집중해야 하며 이를 위해 이론적, 실증적인 연구를 활성화할 필요가 있다.

덥다고 찬 것만 마시면 배탈이 나기 쉽고 문제를 해결하기 위해 손쉬운 방법을 성급하게 선택하면 더 큰 문제가 발생하게 된다. 방송·통신·인터넷 시장은 근본적인 정책 처방을 필요로 하는데 정부는 대증요법에만 골몰한 탓에 우리나라 방송·통신·인터넷 시장에는 규제가 넘치고 기업들의 경쟁력은 약화되고 있다. 이열치열은 상식에 반하는 것 같지만 사실은 몸에 이롭기에 휘주 지방에는 이열치열이 생활화되어 있다. 이제 네이버 규제에도 이열치열의 원리를 적용해야 한다.

〈그림 10-8〉 포털규제 관련 세미나

출처: https://news.naver.com/main/read.nhn?oid=215&aid=0000585239

Q9. 우리나라 정부는 제 역할을 하고 있나?

최근 세계에는 경제전쟁이 일상화하고 있다. 우리나라 대법원의 징용판결에 반발하여 1965년 한일 국교 정상화 이후 처음으로 일본이 경제보복 조치까지 동원한 한일 간 경제전쟁을 시작했고, 미국과 중국도 정치적 문제를 해결하기 위해 경제를 무기로 활용하는 분쟁을 지속하고 있다.

미국은 2019년 5월에 국가안보를 이유로 5G 기술을 선도하고 있는 중국의 통신장비업체 화웨이를 거래제한 명단에 올렸다. 구글, 퀄컴 등 미국의 글로벌 ICT 기업들도 즉각적으로 화웨이에 대한 기술공급을 중단하면서 정부의 정책에 동조하기 시작했다. 5G는 차세대 통신서비스로서 향후 지능정보사회의 구현을 위한 핵심 인프라가 될 것으로 기대되고 있다. 따라서 만약 미국이 화웨이의 5G 장비를 사용할 경우 화웨이나 중국이 미국의 네트워크에서 정보를 탐지, 수집할 수 있다는 우려가 화웨이에 대한 제재의 표면적인 사유가 된 것으로 알려져 있다.

그러나 이 사태의 본질을 신중하게 분석해 보면 미국이 화웨이에 대해 제재를 가한 것은 단순한 미중 간의 무역분쟁이나 국가안보에 대한 방어행위가 아니라 글로벌 디지털 경제의 패권을 둘러싼 충돌에서 비롯된 것임을 알 수 있다. 이미 구글, 애플, 페이스북, 아마존, 넷플릭스 등의 미국 IT기업들은 5G, 빅데이터, 인공지능으로 대표되는 지능정보사회의 핵심 플랫폼을 장악하고 자체 글로벌 생태계를 구축하여 디지털 경제를 선도해 왔다. 그런데 마땅히 미국의 IT기업들을 견제할만한 대항마가 없는 상태에서 바이두, 텐센트, 알리바바, 화웨이 등 중국의 IT기업들이 중국 정부의 강력한 지원과 광대한 내수시장을 기반으로 급격히 성장하면서 두 글로벌 디지털 생태계 간에 패권 다툼이 벌어지게 된 것이다(그림 10-9 참조).

중국 정부는 자국 내에서는 강한 규제로 외국 기업들의 손발을 묶는 한편 자국 기업들의 설립과 성장 그리고 해외 진출에 적극적으로 개입, 지원하는 산업정책을 통해 '키다리 아저씨의 역할'을 수행했다. 중국의 IT기업들이 국내시장을 기반으로 세계 주요 증시에 상장하여 막대한 자본을 조달하고 미국의 IT기업들과 유사하게 M&A를 통한 머니게임을 추구하게 된 것도 중국 정부의 지원이 없었다면 불가능했을 것이다. 반면에 미국 정부는 IT기업들이 글로벌 시장에서 자유롭게 혁신하고 경쟁하도록 자국 내에서는 규제에 소극적인 모습을 보여 왔고 진흥이나 지원도 간접적인 방식을 선택해 왔다. 그러나 디지털 경제의 패권에 대한 중국의 위협이 가시화되면서 트럼프 정부는 정부 자체가 적극적인 플레이어로 나서면서 기업들과의 공조를 강화하는 방향으로 선회한 것으로 보인다.

사실 미국과 중국이 글로벌 디지털 경제의 패권을 두고 정면으로 충돌하

〈그림 10-9〉 디지털 경제의 헤게모니 전쟁
(출처: http://www.newspim.com/news/view/20181206000584

게 된 배경에는 유럽의 쇠락이 있다. 유럽은 EU라는 경제공동체를 구축하면서 오프라인 경제에서는 세계의 한 축을 담당했지만 디지털 경제에서는 나름대로의 입지를 구축하는데 실패했다. 유럽에는 통신사업자나 노키아 정도를 제외하면 이렇다 할 대표 IT기업이 존재하지 않아 정부 홀로 미국이나 중국의 IT기업을 견제하고 있는 형편이다.

디지털 경제의 패권은 곧 국가 차원의 정보주권으로 연결되므로 4차 산업혁명의 진전으로 실현될 지능정보사회에서는 매우 중요한 가치이다. 그런데 우리나라가 패권을 차지하기는 쉽지 않으므로 최소한 디지털 생태계에서 미국이나 중국이 무시할 수 없는 전략적인 위치를 차지할 필요가 있다. 이를 위해 정부는 반기업적, 반시장적인 정책을 재고하고 관련 규제를 실질적으로 혁신하며, 그나마 버티고 있는 우리나라의 IT대표기업들이 국제 경쟁력을 갖출 수 있도록 지원을 강화해야 한다. 미국과 중국처럼 정부와 IT기업들의 이인삼각이 제대로 작동해야 우리에게 미래가 있다.

결론을 대신하여

: 인터넷 분야의 시차증을 극복해야

한국의 표준시는 그리니치 평균시보다 9시간 빠르다. 우리가 비행기를 타고 멀리 떨어진 외국으로 이동하거나 반대로 우리나라와는 다른 표준시를 적용하는 외국으로부터 귀국한 후에는 대개 몸의 리듬과 이동 후의 시각이 어긋나기 때문에 몸의 이상 증상을 느끼게 된다. 호르몬 분비나 체온 리듬 그리고 수면 주기가 흐트러지기도 하고 며칠간 신체적인 능력이 저하되기도 한다. 이러한 현상을 시차증, 영어로 제트래그(Jet lag)라고 한다.

지금처럼 미래를 가리키는 글로벌 인터넷 생태계의 시계와 과거로 향해 있는 우리나라 인터넷 산업의 시계에 차이가 나면 우리나라 인터넷은 시차증으로 고생할 수밖에 없다. 국민들은 2020년의 최첨단 인터넷 환경에서 살고 있는데 인터넷에 대한 정치권의 인식과 관련 정부조직 그리고 규제는 과거의 시간대에 머물러 있다. 더군다나 아직은 세계수준과 격차가 있는 우리나라 주요 인터넷 기업들의 경쟁력도 점차 취약해지고 있다. 그런데 인터넷을 과거의 시각으로 보는 것은 시대착오이며 이는 벌써 아침이 밝았는데도 아직도 밤이라고 우기는 것과 같다. 더 심각한 문제는 몸의 시차증은 시간이 흐르면서 자연스럽게 극복이 되지만 인터넷 산업의 시차증은 그렇지 않다는 것이다. 우리나라가 진정한 인터넷 강국이 되려면 인터넷 산업의 시차증을 극복해야 하며 이를 위해서는 기업과 정부 모두가 각성해야 한다.

참고문헌

《매일경제》(2013.09.27). 〈미디어 정책 왜 구태 못 벗나〉.

《문화일보》(2018.03.27). 〈유튜브 성장과 한국의 미디어 시장〉.

《문화일보》(2019.01.08.). 〈넥슨 매각과 게임산업 재도약 절박성〉.

《서울신문》(2012.06.15.). 〈부진한 토종 SNS 역전이 가능한가〉.

《서울신문》(2012.08.30.). 〈삼성전자는 강남스타일인가〉.

《서울신문》(2012.11.15.). 〈구글과 애플은 계모 마인드를 버려야〉.

《서울신문》(2013.01.29.). 〈IT강국이라는 착각에서 벗어나자〉.

《서울신문》(2013.06.01.). 〈통신사업자는 조연으로 변신해야〉.

《한국일보》(2019.07.23.). 〈디지털 경제 패권과 정부·기업 이인삼각〉.

《한국일보》(2019.10.15.). 〈싸이월드의 추락이 주는 시사점〉.

저자 소개

김성철

현재 고려대학교 미디어학부 교수이며 미디어산업과 뉴미디어 관련 과목을 가르치고 있다. 서울대학교 경영학과를 졸업하고 서울대학교 대학원에서 경영학 석사학위를 받았고 미국 미시건주립대학교에서 미디어 전공으로 석사학위와 박사학위를 취득했다. SK에서 정보통신분야 신규사업을 담당했고 개방형 직위인 서울특별시 정보시스템담당관을 거쳐 카이스트(구-한국정보통신대학교) IT 경영학부 부학부장, 한국전자통신연구원(ETRI) 초빙연구원, 고려대학교 부설 정보문화연구소장, 고려대학교 도서관장, 한국미디어경영학회 회장, 한국정보사회학회 회장을 역임했다. 지능정보기술과 사회문제 연구센터와 미디어산업 연구센터를 설립하여 급변하는 지능정보사회의 문제와 미디어 산업현장에서 필요로 하는 전략과 정책에 대한 연구를 수행하고 있다.

김용환

중앙대학교 심리학과를 졸업하고, 중앙대학교 대학원에서 소비자 및 광고 심리학 전공으로 석사와 박사학위를 취득했다. 마케팅 리서치 회사의 연구원, 마케팅 컨설팅 회사의 선임 컨설턴트를 거쳤으며. 네이버의 시장분석실로 입사해 NBP(NHN Business Platform)에서 경영지원팀장 등을 지냈다. 현재 네이버 정책연구실 팀장으로 재직 중이며, 온라인에서 발생하는 다양한 심리학적 문제에 대해 관심을 가지고 있다.

류민호

현재 동아대학교 경영정보학과 교수이며 빅데이터분석과 데이터경영 등의 과목을 가르치고 있다. KAIST에서 기술경영 석사/박사를 받았다. 동아대 부임 전에는 네이버에서 인터넷산업연구실 실장을 역임했고, 호서대학교 기술경영대학원에서도 근무한 바 있다. 한국미디어경영학회, 한국정보사회학회 등의 임원으로 활동 중이다. 주요 연구 분야는 인터넷 및 통신산업 정책 및 전략, 플랫폼 전략, 빅데이터 분석으로, 관련된 다수의 연구 결과들을 *Telecommunications Policy, Journal of World Business, Computers in Human behaviors, Journal of Retailing and Consumer Services* 등에 게재해 왔다.

백현미

현재 고려대학교 미디어학부 부교수이며 데이터과학과 미디어산업 관련 과목을 가르치고 있다. 포항공과대학교 화학공학과를 졸업하고, 카이스트(구-한국정보통신대학교)에서 IT 경영학 석사학위, 서울대학교에서 경영정보학 박사학위를 취득하였다. 한국전자통신연구원(ETRI)에서 통신산업 규제 및 정책에 대한 연구를 수행하였고, 한양대학교 정보사회학과 학과장, 한국정보사회학회 총무이사를 역임하였다. 소셜미디어 온라인 구전, 개방형 협업, 미디어산업 관련 연구 주제에 관심을 가지며, 데이터과학 방법론을 통한 연구를 주로 수행하고 있다.

윤형원

현재 네이버에서 글로벌사업 지원 업무를 담당하고 있다. 서울대학교에서 언론정보학과를 전공, 경영학을 부전공했으며, 졸업 후 네이버 정책연구실에서 인터넷 산업 정책 연구 지원 및 스타트업 생태계 지원 업무를 수행했다. 네이버웹툰 등 콘텐츠 서비스의 홍보 담당으로도 활동했다.

이새롬

현재 경북대학교 경상대학 경영학부의 조교수로 재직 중이며 경영데이터분석, 전자상거래 관련 과목을 가르치고 있다. 부산대학교 무역학 학사 서울대학교에서 경영정보학 분야 경영학박사학위를 받았다. 좋은 아이디어와 활동을 세상에 널리 퍼트리자는 취지로 2011년 서울대학교에 TEDxSNU를 설립하였으며, 2015년에 청년들의 꿈과 비전을 찾는 '청심환 페스티벌'의 기획팀에서 일하기도 했다. 2016년부터 연변과학기술대학교, 중앙대학교 등에 출강하여 경영학을 가르쳤다. 최근에는 오픈소스 소프트웨어 개발 프로젝트와 같은 개방형 협업이나 사회 문제를 시민들이 해결하는 형태의 혁신방법론을 중점적으로 연구하며 더 좋은 세상을 꿈꾸고 있다. 주요 연구 분야는 개방형 협업, 기술 혁신, ICT R&D 정책, 소셜벤처, 그리고 온라인 구전 등이다.

정세훈

현재 고려대학교 미디어학부 교수이며 설득커뮤니케이션, 마케팅커뮤니케이션, 전략커뮤니케이션 관련 과목을 가르치고 있다. 서울대학교 언론정보학과를 졸업하고, 미국 펜실베이나 대학교(University of Pennsylvania)에서 석사와 박사학위를 취득했다. 미국 텍사스 대학교 MD 앤더슨 암센터(MD Anderson Cancer Center)에서 방문 교수를 역임하였다. 한국언론학회 및 한국광고학회 이사를 역임하였으며, 한국언론학보, *Journal of Communication, Human*

Communication Research, *Media Psychology* 등 학술지에 새로운 미디어 환경에서 미디어 이용 및 효과에 관한 다수의 논문을 게재하였다.

정일권

현재 광운대학교 미디어커뮤니케이션학부 교수이며 여론, 저널리즘, 그리고 인터넷커뮤니케이션 관련 과목을 가르치고 있다. 연세대학교 사회학과를 졸업하고 미국 오하이오 주립대학교에서 저널리즘 전공으로 석사학위를 그리고 커뮤니케이션 전공으로 박사학위를 취득했다. 광운대학교 교육방송국과 대학신문사 주간, 학술지《정보사회와미디어》편집위원장을 역임했다. 디지털 미디어 환경에서의 여론의 형성과 변화, 청소년의 사회화 과정, 저널리즘의 혁신 방안과 미디어 리터러시 향상 방안에 관한 연구를 수행하고 있다.

최보름

연세대학교 컴퓨터공학과를 졸업하고 연세대학교 인지과학 석사학위를 받았다. 미국 카네기멜론대학교에서 경영학전공으로 석사 및 박사학위를 취득한 후, 삼성경제연구소 수석연구원과 UNIST(울산과학기술원) 경영학부 조교수를 거쳐 현재 서울시립대학교 경영학부 부교수이며 UI/UX와 빅데이터 분석 및 IT 전략 관련 과목을 가르치고 있다. 가상적 디지털 세상이 물질적 세상과 융합하는 새로운 시대에 사람과 기술이 상생하며 공존할 수 있도록 하는 지능정보기술 디자인 및 비즈니스 전략에 대한 연구를 수행하고 있다.

황신영

현재 고려대학교 미디어학과 박사과정에 재학 중이다. 미국 Boston College에서 커뮤니케이션과 국제관계학을 복수전공하고 고려대학교에서 언론학 석사학위를 취득했다. 주요 연구 분야는 인터넷 기업들의 새로운 서비스에 대한 이용자 충성도와 이용의도이며, 최근에는 전통기업들의 뉴미디어 활용에 대한 연구를 진행하고 있다.

인터넷 생태계 진단

초판 발행 1쇄 2020년 3월 23일

지은이 김성철·김용환·류민호·백현미·윤형원
이세름·정세훈·정일권·최보름·황신영

펴낸곳 고려대학교출판문화원
www.kupress.com
kupress@korea.ac.kr
(02841) 서울특별시 성북구 안암로 145
Tel 02-3290-4230, 4232
Fax 02-923-6311
찍은곳 한국컴퓨터인쇄정보

ISBN 979-11-90205-28-3 93300

값 16,000원